U0402677

本书获得北京大学上山出版基金资助,特此致谢!

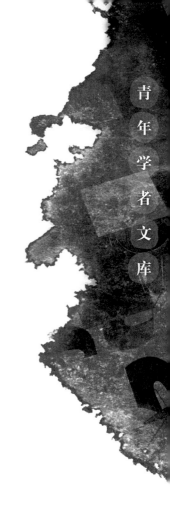

代议制的公司

中国公司治理中的权力和责任
Corporate as Representative Institution

邓峰 著

青年学者文库

北京大学出版社
PEKING UNIVERSITY PRESS

图书在版编目(CIP)数据

代议制的公司：中国公司治理中的权力和责任/邓峰著. —北京：北京大学出版社，2015.2
（青年学者文库）
ISBN 978-7-301-25467-7

Ⅰ. ①代⋯　Ⅱ. ①邓⋯　Ⅲ. ①公司—企业管理—研究—中国　Ⅳ. ①F279.246

中国版本图书馆 CIP 数据核字(2015)第 026497 号

书　　　名	代议制的公司：中国公司治理中的权力和责任
著作责任者	邓　峰 著
责 任 编 辑	王　晶
标 准 书 号	ISBN 978-7-301-25467-7
出 版 发 行	北京大学出版社
地　　　址	北京市海淀区成府路 205 号　100871
网　　　址	http://www.pup.cn
电 子 信 箱	law@pup.pku.edu.cn
新 浪 微 博	@北京大学出版社　@北大出版社法律图书
电　　　话	邮购部 62752015　发行部 62750672　编辑部 62752027
印 刷 者	北京虎彩文化传播有限公司
经 销 者	新华书店
	965 毫米×1300 毫米　16 开本　15 印张　248 千字
	2015 年 2 月第 1 版　2023 年 1 月第 5 次印刷
定　　　价	45.00 元

未经许可，不得以任何方式复制或抄袭本书之部分或全部内容。
版权所有，侵权必究
举报电话：010-62752024　电子信箱：fd@pup.pku.edu.cn
图书如有印装质量问题，请与出版部联系，电话：010-62756370

献给我的母亲，并纪念我的父亲

前　言

法律同异的考察

相同或近似的名词、规则并不能得到相同或近似的判断,相同或近似的要素组成也不能得到相同或近似的事物。作为一个移植而来的法律系统,这种相同的输入不能得到相同的输出的现象,在中国法上是极为常见的。这可以看成是一种移植的变异,类似淮南之橘变成淮北之枳,换个角度来说,也可以看成是一种制度和文化的嵌入性(institutional embeddedness),由此产生了既有制度和文化的自主性和对外来规则的抵抗。即使我们将法律的制度化(institutionalization)理解为是一个渐进演化的过程,也会存在着不同的判断:趋向于更有效率或内在合理一致性,还是保持生物种类的多样性。此类不同的价值取向、事实判断,构成了过往三十年中各方面理论争议的假定分歧。

1980年代开始的中国法学,争论众多,其中非常著名,并且与上述命题相关的一个是,法律更多是政治性或本土性的,因不同国家、地区、文化、制度、人而不同,还是更多是技术性的,与国籍、肤色、民族、信仰、性别等等因素并无关系。这种争论,涉及对法律和正义的认识,法律移植的可能和局限,乃至于法律内部的诸多划分。当然,争论的两个视角,不同的立场,也许只是强调了"同等情形同等调整,不同情形不同调整"这一法律永恒主题的不同层面。在实际制度的展开之中,两个层面都会存在着对各自有利并且有力的证据支持。

这种矛盾视角的、可以为人所接受的两极观点,在对立中可能形成的短期均衡,包括:(1) 公法和私法的划分,前者是由特定的政治、社会、文化特性决定着差异,而后者则因为是个人间的交易、互动、合作而趋向一致,这来自于近代国家观念下,并受基督教影响的流行解释;(2) 分配正义与校正正义的划分,如同弗里德曼[1]所说,偷盗相同的数额在不同的地方刑罚是不一样的,但是欠债相同的数额则并不随着债务人转换地点而不同,这可以追溯到伯利克里[2]和苏格拉底[3];(3) 集体和个人的划分,不同的群体有不同的合作、联合的组织方式,奉行直接或间接、明示或默示的多数原则,而个人所面临的事务则应当建立在人人相同的假定之上,这来自于亚里士多德。不过,后面两个短期均衡几乎没有在中国的讨论文本中出现,更多、更容易被接受的是公与私的划分,公法规则及其展开带有更多的制度嵌入性,而私法规则更容易与其他法域接轨。

不过,法律上的划分大都是描述性的[4],用这些划分、标准或原则去检验具体的情形,常常是"草色遥看近却无"。即使在私法、校正正义或者个人事务的层面上,相同的规则得不到相同的产出也是非常普遍的。这甚至无关开辟者、前行者和后来者的学习能力差别。近年来兴起的一种比较研究是用相同的事实去观察不同国家的司法裁判推理的差异。[5]即便是以校正正义为主的侵权,可以对其采用理性人的假定而予以成本收益的分析,是一般化的,但如果我们探求到具体情形和深入层次,那么

---

[1] 〔美〕劳伦斯·M.弗里德曼:《法律制度——从社会科学角度观察》,李琼英、林欣译,中国政法大学出版社1994年版,第34—35,76页。
[2] Thucydides, *The Peloponnesian War*, translated by Richard Crawley, Ranaom House, 1951, pp. 104—106; quoted from Donald Kagan Steven Ozment Frank M. Tumer, *The Western Herieage*. Fourth Edition, New York: Macmillan, 1991, p.81.
[3] See Plato, *Laws*, Avaible online at http://classics.mit.ean//plate/laws.html.
[4] 关于法律分类的法理学探讨,尤其是对法律体系、方法论等方面相关的探讨,可以参见 Roscoe Pound, Classification of Law, *Harvard Law Review*, Vol. 37, 1924, pp.933—969.
[5] 比如 See E. J. H. Schrage, *Unjust Enrichment and the Law of Contract*, Kluwer Law International, 2001. See also Philip R. Wood, *Comparative Law of Security Interests and Title Finance*, Second Edition, Sweet & Maxwell, 2007.

不同的价值、信念在不同的"市场"之中也会由于其差异而导致意义和权重的不同。"信念、理想和态度是我们法律的有机组成。无论是基于当下的宗教教义,或者是过去与宗教无关的信仰,都在我们最广袤的法律部门中塑造着可期待之合理行为的内涵。它们在特定的法律领域中的角色,既取决于该领域的需求和功能,也取决于该领域与其他法律领域的关系(它所施加以及向它施加的万有引力)。法律的每一个部分必须不仅仅实现个别的特定功能,同时必须回答我们的正义感的关键视角:满足与法律其他部分合理兼容的要求"。① 如果连以校正正义为基础的、私法色彩更重的、更多是个人之间的侵权领域,其司法解决最终也受制于信念、理想的时候,试图通过划分不同的规则领域来找到矛盾两端的中点,那么寻找两个极端论点的中间均衡点的中庸视角,也不过是对法律的理解停留在较为肤浅一些的理论基础上的结果而已。

当然,世界上本来就没有两片相同的叶子,相同与否的比较本来就需要一定的尺度和简化才能完成。按照柏拉图的绝对和相对尺度的说法,当我们宣称"等"或者"同"的时候,必然只是在某个角度、标尺、度量衡上而言。② 找到"同"不过是认识事物的无尽过程中的一个步骤而已。不过,如果我们不那么形而上学的"看淡一切",回到法律之中,解释相同的规则得不到相同的产出这一普遍存在的现象,更多是如何理解法律的问题。法律不是一套简单的规则系统,而是庞德、卡多佐所提出③,并由哈

---

① See Guido Calabresi, *Ideals, Beliefs, Attitudes, and the Law: Private Law Perspective on a Public Law Problem*, Syracuse University Press, 1985, p.115. 可参见中译本[美]卡拉布雷西:《理想、信念、态度与法律:从私法视角看待一个公法问题》,胡小倩译,北京大学出版社2012年版,第107页。

② See Peter Westen, *Speaking of Equality: An Analysis of the Rhetorical Force of "Equality" in Moral and Legal Discourse*, Princeton University Press, 1990, pp.22—25.

③ "在一个发达的法律系统内,当一个法官决定一个他在寻找的理由的时候,首先,要在该特定理由中实现(找到)正义,并且进而,要依据法律而实现——即,法律所提供或规定的理由和过程"。See Roscoe Pound, The Theory of Judicial Decision. III. A Theory of Judicial Decision For Today, *Harvard Law Review*, Vol.36, 1923, pp.940—959, p.940. See Benjamin N. Cardozo, A Ministry of Justice, *Harvard Law Review*, Vol.35, 1921, pp.113—126.

特、萨克斯所发扬光大的"司法过程"。① 法律是一个制度过程,并不是一个简单的规则对事实的约束和裁剪,并不是一个教条或者原则的阐释问题。这个制度过程,包含了规则、标准、政策和原则的输入和输出,而在其现实的实现之中,必然依赖于具体制度下的人、思想、行为特性,不存在脱离了具体的制度和人的法律产出。

"作为文化的法律"概念强调法律不仅仅是一套规则或概念。它同时是法律共同体内的一套社会实践。这种社会实践,决定着规则和概念的实际含义,及其在社会中的权重、应用和角色。然而,如果法律不仅仅是一套规则或概念的话,那么它也不是一套孤立的社会实践。法和法律实践不过是其所属文化的一个方面。"法律文化"是更一般文化的一部分。理解法律意味着一种知识和一种对其所属的法律共同体的社会实践的理解。理解这种社会实践意味着对法律共同体所嵌入的社会中的一般文化的知识和理解是先决条件。②

如果我们在这个意义上理解法律,作为一个制度过程的法律,就很容易理解为什么相同的规则并不能保证相同的法律产出。进而,当我们在中国法学的现阶段,在使用赖以为生的比较法的时候,研究就不能只是简单地对他国成文规则甚至制度的抄袭或改造,并不能仅仅是在一个名词、术语、规则下的排比对照;同样,在进行法律移植的时候,就不能仅仅是成文规则或者案例的单纯翻译、摘抄和简化。甚至,我们需要警惕,我们在使用同样的词语的时候,头脑中所指向的具体对象,作出判断所依赖的共识或者常识,进行分析所需要的前提或假设等诸多方面上所存在的差异。

这种法律作为过程的观点,并不是比较方法的死亡,更不是将法律制

---

① See William N. Eskridge, Jr. and Philip P. Frickey, The Making of "The Legal Process", *Harvard Law Review*, Vol. 107, 1994, pp. 2031—2055.

② Mark Van Hoecke and Mark Warrington, Legal Cultures, Legal Paradigms and Legal Doctrines: Toward a New Model for Comparative Law, *International and Comparative Law Quarterly*, Vol. 47, 1998, pp. 495—536, p. 498.

度的运行看成是一个黑箱而终于不可知论,而毋宁说,在我们进行比较的时候,需要考虑更多的不同层面。在我看来,依次是:(1) 规则和标准(rule & standard),即作为规则的法律(law as rules),前者是立法机关的明确规则,后者是司法裁判中所掌握的尺度;前者是开车不得超速,后者是行驶于乡村道路超过60公里构成超速。这些仅仅是法律制度的最浅的一个层面。(2) 制度(institution),即特定规则或标准嵌入的规则束或群,包括制度运作、法律实现过程中所涉及的相关制度。比如公司章程的效力,可能会涉及章程的形成、规范效力、变动规则、公示规则以及司法实践中对待章程的态度,也会涉及公共权力部门的组成、职权、分工和相互的制约关系。这既包括作为规范表述的正式和非正式规则,也包括特定具体制度下的实践,这种运作,也可以称之为制度化[①]。以制度为中心的法律(law as institutions)观念,受到了许多学者的青睐,包括相关学科诸如经济学和社会学的学者。[②] (3) 范式、理论和学说(paradigms, theories, and doctrines),特定法律规则集合及其制度化,会因为解释体系、研究范式乃至学说理论的不同而形成差异。库恩(Thomas Kuhn)在1970年代所提出的范式,意味着理论赖以发展和科学探讨得以进行的共同框架,暗含着共同的科学语言、概念和世界观。不同的法律范式、理论和学说会形成不同的法律文化,这包括从什么是法律、正当规则的来源、形成和实施规则的方式、争论、合法化,到共享的意识形态。即便是在具体的裁判案件之中,也会存在着不同的范式、理论和学说的制约影响,而这应当是研究考察的重要组成。(4) 正义观念(idea of justice),尽管正义在大多数人类社会的地域和时间中是类似甚至相同的,并且种类上是有限的[③],但是

[①] See Neil MacCORMICK, *Institutions of Law: An Essay in Legal Theory*, Oxford University Press, 2007, pp. 1—2.
[②] E. g. See Daron Acemoglu and James A. Robinson, *Why Nations Fall: The Origins of Power, Prosperity, and Poverty*, Crown Business, 2012. See also e. g. Elhanan Helpman, ed., *Institutions and Economic Performance*, Harvard University Press, 2008.
[③] See e. g. Michael Walzer, *Spheres of Justice: A Defense of Pluralism and Equality*, Basic Books, Inc., 1983; See also e. g., David Schmidtz, *Elements of Justice*, Cambridge University Press, 2006; See also Rudolf Stammler, *The Theory of Justice*, translated by Isaac Husik, The Macmillan Company, 1925.

特定法律时空内,不同的结构、组合,对法律规则、制度和文化的制约则是显著的。① 当我们运用比较的方法去探求法律的共同理性或者独有特性的时候,法律过程的视角,或者复合分层的比较,是更好(尽管我们不能说是最好的)的方法。

这样的法律观、法律文化观和研究视角,也构成了本书写作的起点。我所相信的是,"徒法不足以自行",同样的规则,在不同的理论,以及其所蕴含的价值趋向、视野宽度、思维中的公司"格式塔"下,会出现不同甚至截然相反的结果。对这种差异的探讨,可以作为对中国公司法特性的定位过程,这也是本书所要面对的命题。

公司理解的差异

尽管不能说是写作缘起,这本书是我持续研究的一个短期总结,但在历年的研究和实践(作为教员和作为仲裁员)中,我遇到有些典型案例,其输出结果的差异(假想的或者实际发生的),还是非常淋漓尽致地表现了不同的公司理想和不同的公司理解。

下面的案例是1880年的美国判例②,至今仍然在被广泛地引用,其权威性可以从 RMBCA(Revised Model Business Corporation Act,《修订标准商业公司法》,本书中下同)的起草人 Melven Eisenberg 教授的教科书也仍然在使用它得以证明。在当时,中国刚刚有了第一家官方设立的国有公司——轮船招商局,还并没有正式的公司法。即便是明治维新的日本,也仅仅是刚刚引入公司制度。

原告 Charletown Boot & Shoe Co. 系以获取利润进行分配的制造业公司(本案属于较早的案例,有些表述与现在略有差异,即目标为

---

① 参见邓峰:《儒家法律传统中的校正正义》,北京大学法学院工作论文,未刊稿。
② Charlestown Boot & Shoe Co. v. Dunsmore, New Hampshire Supreme Court, 1880, 60 N. H. 85.

营利性的公司),从1871年开始从事商业活动。被告Dunsmore在同年被选为董事,Willard在1873年被选为董事,之后的历次选举中均被选为董事,并一直履职。1874年12月10日,公司(在当时法院用此术语指代股东全体)投票,任命一个委员会,以董事身份行事,用来负责公司的解散事项(close up it affairs),该委员会由Osgood一人组成。被告拒绝与Osgood共同履职,而是依职权签订了大量的新合同,导致公司产生了新的负债。

原告认为,被告存在过失,其未经委员会同意或听从其指示而从事活动,产生下列事项上的损失:(1)导致公司签订新合同而产生的债务损失为2163.23美元;(2)由于其在处置公司货物中的过失,导致公司损失3300.40美元;(3)由于其在出售不动产和机器设备中的过失,导致公司的资产贬值20 000美元;(4)原告拥有和占有价值为10 000美元的店铺,其中有大量的机器设备和固定资产,价值10 000美元。按照原告的说法,"被告作为董事负有义务,应当针对火灾进行充分和适当的投保,对这种应当进行充分保险的事情,被告已经被原告告知,但是他们没有这么做,在1878年4月28日,上述未经投保的财产,被大火完全摧毁,导致了原告的巨额损失为20 000美元"。原告入禀法院,要求被告就前述公司的各项损失承担赔偿责任。

数年之中,无论是我将这一案例正式作为考试题目,用其考核我所教授的学生,还是在各种不同的场合、课堂之中,将其用作案例来进行课堂讨论,几乎没有一个学生甚至是律师、法官的回答,和原审法官的判决是一样的。只有极其个别的例外情形,某个学生或者讨论者能够在某一些方面作出和原审法官相同的判断,但绝没有一个全部一致。这就是相同的事实情形,甚至相同的规则,但却无法得到相同判断的典型例子。

下面是我在正式考试中提供给学生的参考答案,这个答案和原审法官的判决一致,但我基于理论而有所阐发,括号中的内容是原来提供给学

生的补充解释:

答:(1)驳回原告所有诉讼请求。(2)被告系选举产生的董事,与 Willard 一起组成董事会,共同管理公司。公司的所有事务应当在董事会的管理下或指导下进行,被告在本案中始终担任这一角色,拥有相应的权威和权力去处置公司事务。(3)股东未经修改章程,直接任命新的委员会,并且允许不属于董事的人行使董事的职权,是对董事会权力的干预。因此,Osgood 获得的权力是不当的。如果原有的董事需要听令于额外任命的人,那么就破坏了董事会的权力中心地位,不仅违反章程所保护的董事会权力,而且违反法律。换言之,权力只有一个中心,并且受到章程保护。(4)股东试图进行清算,可以由股东、董事或其选任的第三人来行使公司权力,但前提是,应当废止董事会的活动,或将董事解职,不能像本案这样同时进行。而且,此时处理公司事务的人(其他国家的清算人、破产管理人或中国的作为清算组的股东集体或其授权的人)(当然原来的董事也可以经重新授权担任清算组成员)应当首先向债权人负有诚信义务,股东不应当再是诚信义务指向的第一对象。(5)股东行使直接管理权力的方式就是通过修改章程或股东会决议的方式,并且后者常常受到董事会对提案选择权力的制约。股东如果直接指示董事从事某一个具体行为,比如就公司的财产进行投保,应当以股东会决议的方式进行,而不是仅仅采用告知的方式(想想股东人数那么多,可能说得那么多),否则,该事项仍属于董事会的职权范围(引申一下:即便如此,也必然不代表董事会必须要遵守,这个权限划分的边界是比较艰难的问题,是公司治理中的前沿理论问题。你可以回想一下英国代议制下的国会和内阁的复杂的相互制约关系。在公司法上,我们大致上可以认为,遵守股东会决议是董事会的一般义务,除非董事有明确的法律或章程上的依据,认为股东会决议违反了前面的规定)。(6)在本案中,被告有权判断是否进行投保,并不能在或然性极高的火灾发生之后,受到本案所称的指责,这属于业务判断规则的保护范围。

除了在我的课堂中所遇到的大多数本科学生对本案的陌生之外,在其他场合的讨论中,许多更加具有社会经验(social sophistication)的讨论者,包括法官、律师和企业中的管理人员,随着2005年版的公司法引入了诚信义务(fiduciary duty),更倾向于侃侃而谈董事之于股东利益的背离和应当被追究责任;也会有个别的具备国有企业经验的听课人会考虑到"集体决策"而指出此案涉及集体决策而难以判断责任。但几乎没有人会去考虑以下的因素:(1)事前的权力分配,包括应然和实然的。董事会的权力是法律或者章程明确界定的,虽然中国没有采用董事会作为公司剩余权力中心的表述,但是股东会产生董事会,并且董事会的职权也是明确的,而绝大多数讨论者常常忽略这种情况。(2)基于权力而产生的职责和义务,当董事们被赋予了权力的时候,他们并不能随意地放弃所赋予的权力,否则就成了懈怠。(3)命令、指示、告知在持续性关系中的正式性,即便是如中国法一样,股东作为所有者,股东会是公司的权力机关,其决策、行事方式也需要符合相应的程序和形式。组织内的沟通也存在着正式和非正式的区分,这是为了保证组织的团结和日常沟通的需要。如果组织内的人所有的相互沟通都会产生相应的决策意义,那么组织内的人日常沟通就无法进行。在本案之中也是如此,如果董事仅仅因为股东向其作出过告知、警示或指示,而不考虑这种沟通的正式性与否,就导致董事因此产生决策上的认识或判断错误而需要承担责任的话,由此产生的负向激励就是董事会的合理和理性选择就会变成在日常管理工作中,一概拒绝倾听股东的声音。(4)和上一个问题相联系的,组织通常意味着集体或多数,这也常常意味着存在着不同的声音。董事可能得到了某一个或某几个股东的信息,希望董事去进行投保,但是在缺乏正式决议、通知或者提示的前提下,某一个、几个股东的意思表示并不意味着董事就只是得到了这样的信息,我们甚至可以合理推断会有不同的声音,出于节省成本等方面的考虑,可能会作出不同甚至相反的意思表示。只有通过多数表决形成了集体意志,为数众多的股东才能通过程序和形式完成向董事的指示、命令或通知。

另外一个典型的我们身边的例子是2010年发生的国美电器控制权之争。其间发生的事实纷纷扰扰,以陈晓为董事长的管理层,与大股东黄光裕为首的持股家族就公司的控制权展开了各种层次的斗争。这种冲突持续了很久,其中的种种细节未必完全披露出来,事实细节也存在说法上的分歧。我并不想介入其中的细节,去讨论该案中的种种是非,也不想评价最终陈晓的离职和黄光裕的重夺控制权问题。但是,根据媒体披露的信息,整体看来,该案的缘起是大股东和管理层之间在发展战略上的差异。这种战略上的差异,更多地是一个企业家的判断。我关心的是发生该案时候的舆论倾向。甚至包括我的很多同行,法学教授,在不熟悉细节的情况下,基于"朴素"或"直觉"的正义,认为管理层或董事长不应当违背大股东的意思。更有传闻说,很多大陆商人去购买香港国美电器股票,试图在股东会投票的时候去支持大股东。这种"正义"和最终的投票结果是截然相反的。我想我国内地和香港的一般人,在这一冲突中的"朴素"或"直觉"的正义认知,是不同的。大股东可以提议召开临时股东会,在今天一些比较注重自由化的国家或地区的公司法中,也允许"无故"罢免董事,但是,这并不意味着在投票没有开始之前,在全部股东没有作出意思表示的时候,就可以"先入为主"地产生董事是错误的"直觉"。国美电器的控制权之争上的这种"有罪推定"的微妙心态,折射了我们身边的默认观念:缺乏全体股东、多数表决的概念,以及对董事会权力的尊重意识。

不止是这样两个案例,此类观念上的差异,是非常普遍的,进而会导致人们对不同的案件判断不同。我并不企图列举更多的案例或者准备通过实证研究、数据来严格证明,在我们的日常生活、思维乃至文化中,普遍缺乏这两个案件中所涉及的诸要素。这些要素包括:组织权力和责任、事前通过法律或章程等正式文件的权力分配、正式行为和集体意思的多数决。但我可以说,对这些要素的陌生或淡漠现象是肯定存在的,这可以算是一种"直诉人心"的经验判断。这些要素合并起来,在公司法中的命题是我们对董事会权力和中心地位的陌生,但是更基础的,是对代议制度的陌生,因为这些缺乏的要素加起来,就是代议制度的核心。

间接民主的代议

股东民主是公司得以形成独立意志的基石,同样,股东集体向董事会让渡权力,以可以分割的股权、投票去实现不可分割(但可以向下授权)的控制和集中管理,这种权力的形成过程,即便可以用"社会契约论"的方式来解释,这种契约也存在着不同的方式,即直接民主和间接民主。前述案例中表现出来的两种不同的董事会决策的责任追究理解,非常鲜明地体现了这两种民主的理解。

如果说古代民主是城邦的对应物,那就是说它是"直接民主",而我们如今已不可能亲身体验那种希腊式直接民主了。我们的所有民主都是间接民主,即代议制民主,我们受着代表们的统治,而不是自己统治自己。

当然,我们不能过于从字面上理解直接民主(和自治)的概念,以为古代城邦的统治者与被统治者是二而一的关系。即使当时出人头地的民众领袖克莱翁,也从未主张如此理想化的表述这种制度。只是把它看做全体平民参加集会而已。甚至那时也有领导,并且可以抽签或选举方式挑选官员履行某些职能。然而,在全部繁杂的人类事务中,这种古代民主无疑是最有可能接近字面民主的民主制度了。在那里,统治者与被统治者并肩共事,面对面互相协商。不管我们怎样评价城邦的自治强度,无论如何,直接民主和间接民主有着根本的区别。把它们放在一起看,直接民主就是人民不间断地直接参与**行使**权力,而间接民主在很大程度上则是一种对权力的**限制和监督**体系。在当代民主制度下,有人进行统治,有人被统治;一方是国家,另一方是公民;有些人专事政治,有些人除偶有关心外则忘掉了政治。相反,在古代民主制度下,这种区别意义不大。①

公司的代议制度,或者说间接民主的方式,典型地体现于董事会作为权力中心,这在思想来源上类似于近代和现代国家的议会。议会制度在思想根源上并非出自更早的希腊或罗马,而是中世纪政治的贡献。② 不过,正如本书之中所引用的历史研究视角所揭示的那样,最早出现于16世纪(行会),尤其是17世纪的公司(殖民贸易公司)③,一开始就采用了董事会为权力中心的制度,采用了间接民主的代议方式。公司内的权力分配方式,更早的根源,一方面来自于法人制度,这包括权力的集中行使和对成员权利的尊重,一方面则是来自于基督教在中世纪的改革发展,诸如采用委员会方式选举最高领导人、成员投票选举,以及不同群体的代表组成(近似于今天的比例代表制),这些制度都是在公司或法人内首先实现的。更加戏剧的,但更接近事实的结论是:公司的权力分配制度,产生了今天国家政治系统中的代议制。

在罗马教会法学派的法人理论的模式由各地采用之后,中世纪的政治理论,在教会和国家的构建上,相当大程度上使用了代议的观念,如同"社团法人"一样。他们借鉴了法人法(corporate law),包括统治者作为共同体的代表人的观念,从多数来代表全体中推演出的多数规则,共同体的权利应当通过代议式的集会来行使,此类观念的理论形成,尽管古代源头不可考,但从中世纪以来就长期流行……的确,在所有的案例中,由于共同体的规模把所有人集合起来,看起来

---

① 〔美〕乔·萨托利:《民主新论》,冯克利、阎克文译,东方出版社1998年版,第314—315页。重点标记是原文所加。
② 〔英〕迈克尔·奥克肖特、特里·纳尔丁、卢克·奥沙利文编:《政治思想史》,秦传安译,上海财经大学出版社2012年版,第232页。
③ 参见邓峰:《普通公司法》,中国人民大学出版社2009年版,第17—19页。

是不可能的,抑或在这样的集会上并不能适当地直接实现这一功能,代议行为就变得非常必需。这一观念更进一步清晰地被界定为代理中的全部权力,由此,代议人集会的合适行为,就产生了与所有人可能参与的聚会行为同样的法律效果。①

不仅仅是公司的权力分配,意志形成和责任分配构成了今天的政治体系中诸多模板,而且有观点认为,美国式的司法审查制度,其所拥有的地位最高和权力最大的司法审查能力,是来源于英国采用公司模式进行殖民而产生的制度实践所造成的思维习惯。②

就代议这一概念本身而言,这一词汇在希腊语言中并无对应概念,罗马时代的拉丁语中有类似的表述,不过是意味着将之前没有的东西用语言描述出来,或者某个客体的外在表现或抽象,并不用于一个人为另外一个人作出行为。直到13和14世纪,这一概念才用于人际关系,在英国就更迟一些。当一个人被派去参加教会理事会,或者英国国会,这些人就被称之为代表。霍布斯是第一个系统地发展了代议的学者,而密尔虽然写了著名的《代议制政府》,却没有明确界定何为代议。代议的概念即便在今天也是富有争议的,并且大多数的理论争议或者观点冲突都和这个概念一开始不够清晰是相关的。③

代议的概念模糊体现在:(1) 代议和主权、民主之间是否必然存在着关系,霍布斯眼中任何政府都是代议制政府,而在现代学者看来可能没有一个政府是真正的代议制政府;(2) 代议和选民之间的关系,虽然代表是由选民通过选举产生的,但是代表是否可以不遵从选民的意志而有自己的意志?或者说,这种选民对代表的授权有多大?(3) 与前一个问题相

---

① Otto von Gierke, *The Development of Political Theory*, translated by Bernard Freyd, W. W. Norton & Company, Inc., 1939, p.241.
② See Mary Sarah Blider, The Corporate Origins of Judicial Review, *Yale Law Journal*, Vol. 116, 2006, pp.502—566.
③ See Hanna Fenichel Pitkin, *The Concept of Representation*, University of California Press, 1967, pp.1—5.

关的,如果代表的意思表示和选民出现了不同,代表的责任如何实现?[1]在我看来,这些问题也一直存在于公司法之中,是公司理论中先天存在的"阿基里斯之踵"。

虽然有许多的争议,但是公司本身作为间接民主和代议制的体现:在公司的权威和权力由董事会集中行使,公司与股东的关系实质上体现为代表式的董事作为权力行使者与股东作为监督者之间的关系,股东通过投票和选举,以及在19世纪进一步发展出来的代表诉讼的方式制约董事会,并通过对董事行使权力的审查完成法律上的救济,等等具体的规则和制度,则是从中世纪以来就确定并不断细化的。

在这样的背景下,我们可以得到的一个直观的公司法论断是:不能理解公司所嵌入的政治传统,就很难理解公司法的具体运作中的差异。由此产生的一个疑惑是:在缺乏类似传统的中国文化下,有必要发展代议模式的公司治理么?

写作视角的交代

在上述我对中国公司法律规则及其实践的认识下,这本书的出发点也就有所交代了。中国公司治理模式的独特性,或者说其与其他模式相比的差异性,可能会表现在不同的侧面上,比如政治体制的特性,公共企业(国有企业)的数量,制度转轨的程度,整体法律执行能力的水平,以及可能更容易强调的历史传统或文化的制约力度,等等。但就较为具体的公司法规则、司法实践、判例等实证法而言,我以为,对公司的代议制度的理解不同,或者说对这一近代以来的政治传统的陌生,以及由此决定的具体而微的法律思维、理论和观念,是我所理解的一个答案。

---

[1] See Hanna Fenichel Pitkin, *The Concept of Representation*, University of California Press, 1967, p. 4.

这本书是我在过去近十年中的理论研究的一个短暂小结，从公司的本质理论的中国式争论开始，我的研究陆陆续续地从董事责任，到董事会的原则，基于实证法的视角和比较法的方法，形成了一定的量，大多数以期刊文章的方式进行了发表。不过，需要说明的是，这本书尽管初始的来源在时间序列上很长，不同的来源在写作时候的思路和认识水平并不完全一致，但总体上回看，是在一个大致连续和一致的对公司的认识下的不同侧面的研究基础上的，因此也就形成了这本书的主题。

不过，虽然是一个明确的围绕着代议制权力中心及其责任实现的主题，但是这些研究仍然是明显问题导向的，每一章都是试图去处理一个明确的问题，而并不是一个作者自己的观点独白。这些问题是围绕着代议制公司的命题展开的，这也决定了本书的结构。

本书第一章讨论现有公司法的理论解释中为什么需要董事会，并且通过历史回顾，对中国的公司观念来源，尤其是进化过程中，不同阶段中人们对董事会的认识的底层知识或认知假定的不变与变化进行了考察。最早进入中国的"公司者，群商贮本钱做生意也"的观念，150多年来仍然如同路径依赖，制约着我们对公司、董事会的认识。第二章是对今天中国公司法中的董事会的角色、治理模式、权力分配和责任追究的分析，并且希望回答的一个问题是：没有类似日本明治维新的照搬照抄的中国公司法进化，在今天的版本中，这种对公司制度设计的原型模板，是从何处而来的。第三章则是对比其他不同的主要国家的公司治理权力配置模式，讨论中国今天的公司治理属于世界历史和地理范围内出现过的哪一种模式。在我看来，中国的公司权力配置模式（其实不仅是中国，也包括东亚地区），是19世纪世界各国的一个流行版本，但是并没有随着世界其他版本的进化而进化。前三章都是围绕着董事会作为权力中心的治理模式展开的。

第四章到第六章则是对董事义务的讨论，鉴于这一部分的很多内容已经在教科书中对制度规则有了较为全面的分析，这几章也是问题导向的。第四章讨论的是董事的忠实义务，但重心除了对中国版本的忠实义务及其实践进行分析之外,更多的是提出问题:如果没有公司利益的概念,在集合财产和股东中心的前提下,忠实义务的最核心规则:利益冲突规则的引入和实践何以可能和如何实现?这其实是对偏离了董事会作为公司权力中心的一个技术派生问题的讨论,如果董事仅仅是一个股东意志的代理人,那么何以存在面向公司的忠实义务,以及我们所引入的种种利益冲突规则如何可行?第五章讨论的是董事诚信义务中的注意义务,但注意义务本身,无论是在侵权法,还是在中国公司法的实践中,几乎并不存在。我以本质相同但领域差异的领导责任作为例子,讨论和分析了一个中国版本的注意义务及其问题。第六章则是讨论的是一个仅仅在美国法上存在的业务判断规则(business judgment rule),也是董事责任追究制度中的非常热门、常常被引用和分析的规则,我所提出的问题是:如果注意义务传统上属于侵权法上的规则,那么依照英国采用的模式去追究责任和判断董事的免责就可以了,为什么还需要一个独立存在的业务判断规则?第四到第六章讨论的是董事的责任实现问题,责任是和权力分配相对应的概念,但中国法上引入的这些更为细致的规则,存在着与权力配置上的不对称,这些规则在中国文本中会遇到的诸多问题,反映了公司法学界对"中国特色"的坚持并不那么理直气壮和准备充分。

最后一章是我的一个理论探讨,所针对的特定问题是中国公司法研究中的法人理论替代公司理论,集合财产替代公司作为关系型契约和实体的特定倾向。我提出了一个在二元争论中的公共性理论,或者称之为"光谱理论"。这并不是一个终极性的回答,而只是一个法学内的司法调整视角。这一章更关心的是对现在盛行的法人理论替代公司理论倾向的批评。更需要交代的是,这一部分虽然放在了最后,但却是形成最早的,尽管我的观点没有变化,但很多资料、文献的使用,以及经过多年持续读书之后,更加广泛的视角相比,这一部分和前面完成的相比,理论探索有余,文献厚度不足。

这次出版的这本书,是这些研究的原始版本,未经过编辑删减的版本。其中每一部分的主体内容,作为文章陆陆续续发表在不同的刊物之中,经历了不同的杂志的篇幅、编辑的风格的刀劈斧削。我明白文章发表之后就有其自己的命运,但这次在这本书之中,以原始版的模样,可以以更加原始但是丰满的形象出现——当然也意味着因没有制约和复核而产生更多错误、疏漏的可能甚至必然。

本书所提出的命题,其所涉及种种问题,离一个系统性的框架式回答还相差甚远。许多更深入的、更重大的、更政策建议式的次命题,在我自己的研究规划之中还前路遥遥。这些问题至少包括,基于我的知识背景能够提出的,为什么公司需要代议制和以董事会为权力中心的理论探讨;两权分离作为代议制的前提,其理性和边界在何处;在今天集体决策和网络化权力分配的公司实践中,如何实现董事会集体行事和不断对外授权的责任?对中国现有的公司权力分配如何进行改革,哪一些更加优先和迫切?如何实现现代公司治理模式下的权力行使错误的司法救济(access to justice)?

现在没有交出一个即使是个人版的完整答卷,这本书只是一个我的研究的中期汇报,不免愧对读者。为自己辩护的理由,我想到了两个,从量上说,这样的规划甚至可能不是一个人的一生能够完成的,如果能够通过出版,有更多的人联合起来探讨这些命题,是更加值得期待的事情;从质上说,任何的批评、建议和反对意见,我都乐于将其作为下一步研究中的动力。

目录 Contents

- 001 **§1 为什么需要董事会**
- 002 　1.1　董事会的法律原则
- 009 　1.2　效率理论的解释
- 011 　1.3　历史和政治理论的考察
- 017 　1.4　日本和中国近代化中的董事会
- 027 　1.5　现有制度的检讨

- 031 **§2 董事会的中国模式**
- 033 　2.1　董事会的角色光谱
- 042 　2.2　中国的股东本位
- 047 　2.3　中国董事会权力的考察
- 050 　2.4　假定冲突和制度反应
- 054 　2.5　中国模式的制度和思想渊源

- 060 **§3 中国模式的公司治理**
- 061 　3.1　公司法中的进化理论
- 065 　3.2　公司法中的路径依赖理论
- 067 　3.3　中国的公司治理模式
- 071 　3.4　中国公司法的路径依赖
- 074 　3.5　进化的可能、局限和路径

077	**§4 忠实义务**
081	4.1 中国的规则和改进方案
085	4.2 已有实践和法律责任
093	4.3 公司利益的缺失
103	4.4 理论追踪的解释

107	**§5 注意义务模式的领导责任**
111	5.1 政治责任还是法律责任
119	5.2 领导责任的界定
127	5.3 督导系统的责任
132	5.4 激励和组织公共性

137	**§6 业务判断规则**
138	6.1 内涵和适用
142	6.2 由来和进化
148	6.3 标准和批评
156	6.4 价值和技术
165	6.5 辩护、理性和借鉴

171	**§7 中国公司理论的检讨**
179	7.1 财产还是人格
189	7.2 Stockholder vs. Stakeholder
200	7.3 公共性维度下的公司
205	7.4 公共性理论

209	**并非结论**

213	**后记**

§1 为什么需要董事会

古今中外,公司必有董事会。在人类历史中,除了在极个别的时间和地点之外,我们都可以在经验上观测得到这一结论。公司法在这一问题上,在世界范围内的一致性,要远远超过大多数法律上的问题,诸如宪政安排、侵权赔偿、法人制度等,甚至安乐死、正义观念。和纷纭芜杂的公司理论,及其延伸命题——公司特性究竟包括哪些因素的争论——相比[①],董事会在规范意义上作为公司的最高权力行使者,集体决策、合议和共管的行为模式,几乎是没有例外的公司现象。尽管法人人格、股东及其权利、有限责任、市场化融资等,可以看成是公司的一般特征,但中国的公司和公司法理论研究中,常常忽略了董事会作为公司治理模式必然存在的特征。

对公司董事会的存在及其运作模式,由于受制于公司理论的发展阶段,过去没有得到很好的解释。在19—20世纪的大多数时间中,对公司的理解受制于拟制论和实在论的争夺,以及1930年代之后,各种各样的合同理论和政治理论沉溺于解释股东如何形成群体或实体及其权威或利益分配,更多关注于公司管理者作为代理人对股东利益的偏离。无论是归咎于合同理论本身的发展逻辑,还是基于公司的社会属性、进化理论、

---

① See John P. Davies, *Corporations: A Study of the Origin and Development of Great Business Combinations and of Their Relation to the Authority of State*, Vol. 1, G. P. Putnam's Sons, 1905, Chapter 2, pp. 13—34. See also Larry E. Ribstein and Mark A. Sargent, Check-the-Box and Beyond: The Future of Limited Liability Entities, *The Business Lawyer*, Vol. 52, 1997, pp. 605—652. 同时参见邓峰:《普通公司法》,中国人民大学出版社2009年版,第97—98页。

知识依赖、比较制度分析或制度转轨等视角所进行的研究的自然延伸,董事会制度的原则、合理性、角色定位等规范命题的研究开始涌现,这为我们考察中国文本提供了一个对照基础。

1.1　董事会的法律原则

虽然各国成文法中的董事会制度存在着诸多差异,但是如果对成文法和各国判例进行纵横观察,可以发现公司董事会制度中有三个隐性的统领原则,界定了公司董事会运作的边界,即(1)董事会是公司权力的最高行使者(director primacy);(2)董事会是采用"共管"方式合议行事的(collegial & peer);(3)与前面两个相联系的,董事会对公司制度的有效和正当运作负有最后责任(accountability)。这三个原则是相互联系并交错在一起的。学者基于比较法而进行的总结也明确表达了这种特点。

> 董事会构成了公司最高的、战略设定的要素是其法律特点,代表了集中或专业化的管理……董事会的特点是多数人组成的,与公司管理层和股东相分离的公司机关,尽管是整体或主要是由股东选举的(直接或间接的),并且与股东的控制权相关。董事会的作用,是决定公司战略、监督和提出管理建议,并且促进公司利益……这些简明举例可以表明,在所有的司法裁量中,公司都有某种形式的董事会,决定战略、监督和向公司提出建议,以及管理执行董事会决策。不同系统之间的差异,可能并不明显。我们同时也会注意到进化趋同的趋势。[1]

董事会作为公司权力的最高行使者是一个传统原则,也是目前除了

---

[1] Beate Sjafjell, *Towards a Sustainable European Company Law: A Normative Analysis of the Objectives of EU Law with the Takeover Directives as a Test Case*, Kluwer Law International, 2009, pp. 45,48.

中国之外大多数国家和地区明确在成文法之中的表述。这一原则：(1) 确立了股东和董事会之间的两权分离,除非股东一致同意(美国特拉华州是唯一的例外,允许所有有投票的股东以书面形式在无需通知程序下多数决①),股东不能越过董事会直接作出决策,股东投票参与的权利(通常认为属于意定权利)是由法律和章程限制的,而区别于完整、统一、无上的所有权。在这种分离之中,通常认为董事会的权力是完整的和最高的,而股东的权利则是依情形、约定的,章程只是对权力作出限制而已。如英国,"依据章程,董事们向公司业务的管理负责,为此目的他们可以行使所有公司的权力"②,美国,"(a) 除非依据7.32条的规定(指股东一致同意),每一公司必须有董事会。(2) 所有公司权力应当由董事会或者在其授权下行使,所有公司的业务和事项应当在董事会的管理,或在其指导下,或受其监督(oversight)下进行管理,除非公司组建章程或依据7.32条授权的协议设定限制"③,法国、德国、意大利、西班牙、比利时、荷兰等尽管董事会结构不同,但均有类似的明确表述。④ (3) 决定了许多衍生的法律规则的存在,最典型的是法定诚信义务,以及业务判断规则。⑤ (4) 这一原则伴随着股东选举董事成员中的比例代表制,通常是简单多数,但也会存在诸如累积或累退投票制之类的变化,以用于反对控制股东

---

① 《特拉华州普通公司法》§228。See Edward P. Welch and Andrew J. Turezyn, *Folk on the Delaware General Corporation Law*: *Fundamentals*, Little, Brown and Company, 1993, pp. 510—515.
② Cited from Paul L. Davies, *Gower and Davies' Principles of Modern Company Law*, eight edition, Sweet & Maxwell Ltd., 2008, p.367.
③ RMBCA §8.01。Charles R. T. O'Kelley and Robert B. Thompson, *Corporations and Other Business Associations: Selected Statutes, Rules, and Forms*, 2007 Edition, Aspen Publishers, 2007, p.66.
④ See Mads Andenas and Frank Wooldridge, *European Comparative Company Law*, Cambridge University Press, 2009, France, p.285; German, p.301 (GmbH), p.307 (AktG); Italy, p.322, (SpA); p.347, (SRL); Spain, p.353, (SRLs), p.357, (SAs); Belgium, p.361, (SA), p. 367, (SPPRL); Netherlands, p.368. 但有些国家,如西班牙,其和股东之间的权利分配有细微不同的解释。Hereinafter cited as "*European Comparative Company Law*".
⑤ See Melven Aron Eisenberg, *Corporations and Other Business Organizations*, eight edition, Foundation Press, 2000, pp.180—181.

的霸权。①

董事会采取集体和以投票方式实现决策的共管模式,英美法对这一原则的恪守要超过大陆法,具体而言:(1) 除非例外情形,比如均势对立情形下,可能有些国家允许董事长或资方代表有第二票,董事会议应当采用合议方式,一人一票,有些法律直接规定人数必须为奇数。(2) 董事通常应当亲自出席(physical presence)。这有许多细致的操作规定,比如委托投票,只能就某次会议作出授权,不能长期授权,否则会被视为出卖职位;比如传统上不得采用书面一致同意的方式来作出董事会决议,必须有实际的会议过程②,尽管今天有所放松,允许采用书面一致意见,也允许采用电话等方式开会,这也涉及董事会会议程序的严格规定,此类案例仍然会受到严格审查③;这其中的默认假定实际上是"政治人",即董事决策时有研究、辩论、说服和被说服的过程。RMBCA 的起草人对此有明确的表述,"相互咨询和观点交换是董事会发挥功能的应有组成部分"④。(3) 多数规则,以投票方式作出决策,董事会决议是"书面的、可执行的合同",对合议存在不同意见,应当记录在案。(4) 正式记录(minutes)。⑤

共管模式在大多数比较法层面上是相同的,但是在是否可以单独行使问题上存在着较大的分歧。英美法、法国法、德国法⑥都有明确规则限制董事个人行使公司权力而只能以合议方式作出决策,比如 RMBCA 规定,董事"无权单独代表公司行为,而应当作为董事会的一个成员来行为",甚至规定,除非得到法律的明示授权,只能在会议上行动。但东亚国

---

① See Stephen M. Bainbridge, *Corporation Law and Economics*, Foundation Press, 2002, pp. 450—452.
② Rufus J. Baldwin and another vs. Thomas H. Canfield. 26 Minn. 43; 1 N.W. 261; 1879 Minn.
③ May v. Bigmar, Inc., 838 A.2d. 285, 288 n.8 (Del. Ch. 2003).
④ Cited from Stephen M. Bainbridge, *The New Corporate Governance in Theory and Practice*, Oxford University Press, 2008, p. 82. Hereinafter cited as *Bainbridge Corporate Theory*.
⑤ See Douglas M. Branson, *Corporate Governance*, Michie Company, 1993, pp. 153—157, pp. 157—159.
⑥ See *European Comparative Company Law*, Op. Cit., pp. 288, 291, 308. 德国明确允许公司章程作出例外规定,但个体决策不能对抗多数决策。

家包括日本、韩国等则允许董事个人代表公司行事。这是一个非常值得注意的细节。中国法在公司法上并不存在着类似的规定或者制度,但是在上市公司之中,证监会在规则制定上受到了英美法的影响,通过行政规章塞进了这样的规定。

董事会制度的第三个原则,是权力与责任(power & accountability)相对应原理的体现。和合同法、行政法等趋向于程序或形式方式不同,公司法施加了实体倾向的诚信义务(fiduciary duty),这甚至被视为是公司法的核心规范。① 具体而言:首先,公司错误、非法、犯罪行为后果的第一责任人是董事,即权力的行使者,而不是"所有权人";其次,控制股东并不是当然地需要对公司行为承担责任,而只是在行使了公司权力并替代董事会或管理者的职责,直接作出决策的情形下才需要为公司行为负责;再次,董事会派生其他公司机关,通常是选举执行或管理机关,其他机关的存在要么属于强制性要求,要么基于其他利益攸关者的考量,而这些机关的诚信义务则是待定、模糊的,其责任要么来源于法律,要么来源于其专业或职业而产生的。在比较法层面上,各国法在前两项上规定比较清晰,但在最后一点上有些模糊。同时,更多地受到法律调整方式的影响,大陆法系中的诚信义务更多带有事前的强行性禁止的特色。②

尽管公司董事会制度存在着比较法上的诸多差异,但上述的三个原则,如同惯性,或多或少,或隐或现地在不同法律制度之中以不同的表述和形式呈现出来。随着公司实践的变化以及理论内在要求的统一性,会对这些原则形成一些冲击或扰动。实践中的变化,主要体现在董事会角

---

① See Lawrence E. Mitchell, Fairness and Trust in Corporate Law, *Duke Law Journal*, Vol. 43, 1993, pp.425—491. 这里所说的合同法和行政法,只是一般规范意义上的,在理论上也存在着争议,包括合同法中的对价理论和行政法中的公平要求。See Larry A. DiMatteo, *Contract Theory: The Evolution of Contractual Intent*, Michigan State University Press, 1998; See also H. W. R. Wade and C. F. Forsyth, *Administrative Law*, 7th edition, Oxford University Press, 1994, p.44.
② 参见邓峰:《普通公司法》,中国人民大学出版社2009年版,第442页。

色定位和职能设定之上;理论上的冲击,主要表现在公司理论对董事会的解释、忽视或者强调之上。

法律实践对董事会的冲击,主要体现在近几十年来美国和德国法律之中董事会模式的变化之上。受到一体化和规模经济的影响,公司规模扩大,现实中的大公司决策和管理上的集权不断增强,尤其是公司结构不断从 U 型(unitary form)向 M 型(multi-divisional form)发展,从而导致权力趋向于管理层,比如 CEO 的出现就验证了这种变化。① 在股东、董事和经理的单一层级的关系上,美国公司逐渐趋向于总经理和董事会之间的平行,从而将这种纵向关系转变成实际上的三角关系。Eisenberg 教授在 1960 年代之后,基于这种结构变化,一方面试图对股东和董事的两权分离程度进行理性化调整②,一方面强调战略管理职能日益转变成总裁或总经理的职责,进而董事会应当以监督、督导和公司运行系统设计、管理和维护作为主要职责和角色定位。③ 董事会在今天 RMBCA 表述之中,已经不再需要亲自管理公司,可以通过组建下级委员会或向管理层授权的方式将其职能转让出去,但第三个原则仍然不能动摇,因此,董事会不得将监督管理者的职责授权出去。

董事从管理者趋向于系统维护者、监督者,这构成了 1980 年代美国公司治理的主题之一。在 1980 年代,董事会的这种角色很好地和主流的公司本质理论(合同理论)发生了契合,因为董事会的职能在合同理论中可以解释为对股东的利益进行保护,而减轻管理者的机会主义行为。现在,学者和立法者已经普遍将管理者角色的董事作为传统模式,而将监督者角色的董事会作为现代模式。这典型地表现在 RMBCA 的表述从"公司的业务和事务应当由董事会管理",转变成"应当由或在董事会的领导

---

① See Oliver Williamson, Corporate Governance, *Yale Law Journal*, Vol. 93, 1984, pp. 1197—1230.
② See Melvin A. Eisenberg, The Legal Role of Shareholders and Management in Modern Corporate Decision-making, *California Law Review*, Vol. 57, 1969, pp. 1—181, pp. 10—14.
③ See Melvin Aron Eisenberg, Legal Models of Management Structure in the Modern Corporation: Officers, Directors, and Accountants, *California Law Review*, Vol. 63, 1975, pp. 375—439.

下管理","公司事务应当在董事会裁量下管理"。① 另外一个方面的变化和两权分离有关,有些原本属于股东的权力,法律开始允许通过章程授予董事会,比如修改公司章程,甚至废除绝对多数票。

相比之下,德国的董事会制度趋向于员工参与,采用社会民主的方式改造公司存在的正当性。1937 年纳粹时期,德国采用董事会—监事会制度(欧洲大陆模式)对抗方式,作为压制工会的集体谈判方式的一种替代。二战之后,在英占鲁尔区的钢铁和煤炭企业中,英国军政府要求这些企业组成 11 个成员的董事会,其中股东代表和员工代表各 5 人,第 11 人则是由前 10 个人选举,这是依据资方和劳方的"均势"(Parity)原则在政府控制的企业中采用的制度。战后,随着军政府向联邦德国政府移交企业,在 1951 年通过法律确立下来,即共同决策法(也被称之为 Mortan Act),但是董事会中的均势变成了董事会中的监督委员会中的均势。② 社会民主党上台之后,出于该党的政治目标,一直致力于扩展这一制度。1976 年,德国进一步修订了该法,在适用范围上从钢铁、煤炭及其相关产业上扩大到超过 2000 名员工的所有企业,包括股份公司、有限公司和有限合伙,除了继续适用 1951 年法案的产业和例外的政治或慈善组织、媒体产业。德国的董事会分成监督委员会和管理委员会,并且两者存在着严格的划分,即监督委员会负责公司的总体政策的制定和实施,并选举、监督管理委员会的董事,而管理委员会则负责日常的管理,并且两者之间不得兼任、相互授权。管理委员会有义务经常或应要求向监督委员会汇报。

在这种基础上,理论上也出现了不同的变化。Dallas 教授将董事会归结为三种类型,分别对应着不同的职能定位和角色:传统上和美国式的制约管理霸权式(contra-managerial hegemony)、德国的权力联合式(power

---

① See James D. Cox and Thomas Lee Hazen, *Cox & Hazen on Corporations*: *Including Unincorporated Forms of Doing Business*, Second Edition, Vol. 1, Aspen Publishers, 2003., p.409.
② See Benjamin A. Streeter, III, Co-Determination in West Germany—Through the Best (and Worst) of Times, *Chicago-Kent Law Review*, Vol. 58, 1982, pp.981—1002, pp.982—983.

coalition),以及她所倡导的关系理论(relational theory)①,与这些相对应,董事会也有着"管理"、"监督"、"关系"(relational)和英国传统式的"战略管理"(strategic management)等职能的定位。②

不同的董事会模式受制于公司理论本身的发展。在目前的研究中,将公司看成是一个"合同连接体"是大多数学者的共识,尽管对合同本身的解读不同,存在着不完全合同和关系性契约的分歧。一些学者在美国法的董事会中心主义背景下,提出应当加强股东对公司,尤其是董事会的控制,或者股东应当成为公司治理的监督者的观点。比如 Bebchuk 提出应当由股东设定公司的基本制度,对公司的重大交易进行批准③,加强股东通过选举对董事会的控制④,等等。这可以看成是对董事会中心主义的一种反动。但这并不是合同理论学者的主流意见,甚至遭到了剧烈的批评⑤,这种争论还在持续之中。反之,将公司看成是一个"实体"的政治理论,强调公司是一个利益攸关者的网络,则倾向于为董事会扩权,而且更强调公司管理中的相互信任和达成共识的必要性。⑥ 甚至有学者认为女性董事、少数股东的利益代表者、外国董事等新的多元董事的增加,既是实然的,也是应然的趋势,适应了全球化、CSR(corporate social responsibiliey,公司社会责任)、利益攸关者等多种社会现实的发展需要。⑦

---

① See Lynne L. Dallas, The Relational Board: Three Theories of Corporate Boards of Directors, *Journal of Corporation Law*, Vol. 22, 1996, pp. 1—25.
② See Lynne L. Dallas, The Multiple Roles of Corporate Boards of Directors, *San Diego Law Review*, Vol. 40, 2003, pp. 781—820.
③ See Lucian Arye Bebchuk, The Case for Increasing Shareholder Power, *Harvard Law Review*, Vol. 118, 2005, pp. 833—914.
④ See Lucian Ayre Bebchuk, The Myth of the Shareholder Franchise, *Virginia Law Review*, Vol. 93, 2007, pp. 675—732.
⑤ 参见 Virginia Law Review, Vol. 93, Issue 3 专刊中对 Bebchuk 理论的争鸣讨论。E. g. Martin Lipton and William Savitt, The Many Myths of Lucian Bebchuk, *Virginia Law Review*, Vol. 93, 2007, pp. 733—758, etc.
⑥ See Margaret M. Blair and Lynn A. Stout, Trust, Trustworthiness, and the Behavioral Foundations of Corporate Law, *University of Pennsylvania Law Review*, Vol. 149, 2001, pp. 1735—1810.
⑦ See Lynne L. Dallas, Does Corporate Law Protect the Interests of Shareholders and Other Stakeholders?: The New Managerialism and Diversity on Corporate Boards of Directors, *Tulane Law Review*, Vol. 76, 2002, pp. 1363—1407.

1.2 效率理论的解释

占有主导地位的产权(不完全合同)理论在过往的二十多年发展之中,强调市场和股东的财产权利之于公司的重要性,进而对董事会的制度、原则及其理性并没有过多关注,由此延伸的命题是,对诚信义务缺乏解释。① 关系型契约的公司理论有所不同,强调董事会对公司资产的保护。在比较了股权融资和债权融资之后,Williamson 指出,"董事会由此内生地出现,充当了一个可置信承诺(credible commitment),其效果通过限制重新配置资源,降低了用于融资项目的资本的成本……董事会充当了一个保护,相比特定资产的债务融资的规则规定,可以提供更好的条款界定(terms)"。② 尽管关系型契约为董事会独立于股东提供了一个制度功能解释,但 Williamson 的理论并没有解释法律规则中对董事会原则坚持采用合议、共管模式的理性。

试图采用经济理论或效率理论对董事会的集体决策原则提供解释的是 Bainbridge 教授,他注意到了主流公司理论在解释上对两权分离的漠视,根源上来自两种合同理论本身的分歧。合同理论中坚持不完全合同理论,或者团队生产理论,会倾向于股权;而如果采取关系性契约理论,则会倾向于权威集中。由此,与实证法相结合,Bainbridge 教授将公司理论建构为两个不同的维度:目的和方式。前者意味着公司规范的目的或者价值取向,后者意味着决策权的集中与否。Bainbridge 引用了阿罗(Arrow)的两种决策模式:共识模式(consensus)和权威模式(authority)。在共识模式下,组织的每个成员拥有同样的信息和利益,所有成员可以自

---

① See Oliver Hart, An Economist's View of Fiduciary Duty, *University of Toronto Law Journal*, Vol. 43, 1993, pp. 299—313, pp. 305—309.
② See Oliver E. Williamson, Corporate Boards of Directors: In Principle and in Practice, *Journal of Law, Economics, and Organization*, Vol. 24, 2008, pp. 247—272.

行选择合适的行动;而在权威模式下,成员具有不同的利益和信息量,产生集中决策的需要。由此,董事会作为最天然的合适机关,就代表公司充当了这个中心签约人的职能。现代公司是这种结构的天然结果。而股东本位,既不是事实上的,也不是规范上的,仅仅是对公司目的的要求,而不能当成是一种实现方式。股东未必会愿意参与到公司的管理之中,其角色也是摇摆不定的。①

董事会作为公司决策中心得到理论解释之后,进一步的命题是:为什么董事会需要集体决策呢?Bainbridge 教授基于 Arrow 的组织决策,结合经济分析,尝试给出理论解释。② 在他看来,董事会是一个生产团队,其职责在于管理、制定政策、监督管理者,同时作为合同连接体中的中心签约人,可以为公司提供资源。依据组织行为理论尤其是实证研究,集体决策的正确性要高于个体决策。集体决策的效率在于:(1)克服有限理性。决策有四个要求,第一,需要观察或者获得信息;第二,记忆或者储存信息;第三,计算或者掌控信息;第四,交流或者转化信息。而个人理性是有限的,可能会在有些情形下个体决策优于集体决策,但集体决策并不会妨碍好的个体决策获得集体认可。(2)集体决策可以消除偏见,第一,可以汇集不同意见(herding);第二,可以消除过分自信;反之,其成本则是集体偏见。(3)降低代理成本。组织总是存在着纵向监督和横向监督,而集体决策有助于监督的强化,克服代理成本,同时,集体的董事会有助于解决"谁来监督监督者"的问题。③ 在 Bainbridge 看来,法律之所以明确规定共管模式的行事方式,是出于集体决策的理性的坚持而要求采取的特定方式。④

Bainbridge 的解释仍然不能令人满意:首先,集体决策和个体决策各

---

① See Stephen M. Bainbridge, Director Primacy and Shareholder Disempowerment, *Harvard Law Review*, Vol. 119, 2006, pp. 1735—1758.
② See Stephen M. Bainbridge, Why a Board? Group Decisionmaking in Corporate Governance, *Vanderbilt Law Review*, Vol. 55, 2002, pp. 1—55.
③ See *Bainbridge Corporate Theory*, pp. 89—100.
④ See *Bainbridge Corporate Theory*, pp. 80—82.

自都存在着优缺点,这一点实际上他也明确指出了,而且集体决策在追究责任上比较困难。集体决策在量上构成了优势并不意味着排斥个体决策,而这显然和公司法中对董事会模式的恪守之间存在着差距。为什么公司法不能允许当事人在这两者之间自行选择呢?① 其次,如果集体决策仅仅是基于上面所分析的信息交流的作用,为什么一定要亲自出席或进行辩论和讨论呢?采用书面形式轮流批注,或者群发邮件交流是否可以视为开会呢?显然,实证法中并不允许这样的方式,而一定要遵循相应的程序。第三,这并不能解释为什么一定要采用特定的集体决策方式,即一人一票的机制。集体决策也可以采用多种方式,但为什么纵观各国,都明确界定了这一原则呢?第四,按照 Bainbridge 的解释,是对今天公司运作方式的理性解释,但这并不能解释过去,或者说,似乎群体决策应当是基于效率进化产生的,人类在公司历史上应当尝试过很多其他的类型,而最终发现这是一个有效率的模式。但是这恰恰错了,公司从一开始产生的时候,这三个基本原则就没有重大的改变。

总体上来说,就方法上而言,基于经济理论和效率的解释,只能解释结果,而不能解释过程的唯一性。同时,合同理论并没有将公司和合伙等更靠近合同机制的企业形式作出区分,因而也缺乏规范性的基础,实证数据表现出来的集体决策的量上的优点,并不能排斥其他的方案选择。

1.3 历史和政治理论的考察

Bainbridge 的关系型契约分析忽视了早期公司是模拟"宪政国家",观念上受制于"政治理论"的历史。董事会的"共管"方式,在多大程度上是理性的构建呢?公司是历史发展而来的法律制度,我们不可能抛弃历史来作出解释。董事会的上述三个原则,是否在历史上有过不同的替代

---

① 当然,个别国家允许这么做。

呢？Gevurtz教授试图基于历史分析和政治理论，对早期欧洲公司中的公司治理，尤其是其中一人一票的共管模式进行了分析。

Gevurtz指出今天美国模式的董事会的三个原则是：(1)股东选举董事会，即两权分离；(2)集体决策和一人一票；(3)董事会负有选举和监督管理人员的最后职责。这种制度的理性在于：(1)集中管理的需要；(2)群体决策；(3)代表不同利益攸关者（constituents，选民）和协调不同的分配要求；(4)监督管理者的需要。对这种模式的渊源探索，他采用表"追溯式""考古挖掘式"(archeological dig)的方法来表述①，即将现在制度的历史倒推回去，观测董事会制度的来龙去脉。

"私"的采取准则设立，允许私人自由组织并承担有限责任的，和现代公司法最相近的，最早可以追溯到1811年的纽约公司法。当时对董事描述的术语是"信托人"(trustee)，"此类公司的股票、财产和利益(concerns)应当由信托人管理和运作，除第一年之外，所称公司的董事应当由指定公司的章程中所规定的时间和地点选举产生"。这种制度除了将董事会定位为战略管理之外，和今天并无不同。此前，美国更早期的特许方式设立的公司，更多集中于公共领域。比如汉密尔顿作为发起人的1791年的美国银行(The Bank of United States)，其中规定了25个董事，每年由股东选举产生，其中1/4不得连任，董事会任命总裁。同年，汉密尔顿在新泽西州立法会特许下组建的The Society for Establishing Useful Manufactures，也采用同样的治理方式。②

很显然，美国大陆从一开始就采取了董事会制度。这来源于英国，1694年成立的英格兰银行是美国来源的一个样板。该公司最早使用Director来指代董事，其章程规定，股东会(当时称为"发起人会议"Court of

---

① See Franklin A. Gevurtz, The Historical and Political Origins of the Corporate Board of Directors, *Hofstra Law Review*, Vol. 33, 2004, pp.89—172, p.108.

② Ibid. 这一部分以下的内容除列明出处的之外，均来自于该文，出于篇幅限制，兹不一一注明。对Gevurtz的公司历史起源的文章，国内学者有过介绍。参见吴伟央：《董事会职能流变考》，载《中国政法大学学报》2009年第2期，第12—23页。

Proprietors)选举产生 24 名董事,其中 1/3 不得连任。其中比较有意思的是,英格兰银行的发起人会议是选举总裁,人选是由前任提名的,而美国银行则是任命总裁。英格兰银行的模式被 Gevurtz 称为最早的两权分离。

再向前,1606 年詹姆斯一世出于殖民和贸易的需要,对北美颁发了两家公司的特许。第一家最早称为伦敦公司(the London Company),后来更名为弗吉尼亚公司(the Virginia Company),在北纬 34—41 度之间殖民。另外一家普利茅斯公司(the Plymouth Company),在北纬 38—45 度之间殖民。每家公司都有在章程中列明的"骑士、绅士、商人和其他企业家",以及允许加入的其他"原始股东",章程规定了两种理事会,每家公司都有国王任命的 13 人的当地代表,同时国王在英国任命一个 13 个人的"弗吉尼亚理事会",负责"最高管理和指导"。詹姆斯一世尝试剥夺公司股东的权利,1609 年颁发了一个新章程给伦敦公司,称为"Treasurer and Company of Adventurers and Planters of the City of London for the First Colony of Virginia",将公司行政管理权力转到了司库(treasurer)和副司库手中,同时在英国建立了一个新的理事会,由公司成员选举产生而不是经过国王任命。当地理事会被取消,直接由理事会任命的总管(governor)来负责具体管理。这种模式被 Gevurtz 认为具有了董事会中心的治理方式,是美国模式的来源。

与殖民地美国同时期的英国,与公司相关的有关制度发展是殖民公司(trading company)为主业的合股公司(joint stock company)。① 包括著名的东印度公司、俄罗斯公司、地中海公司、哈德逊湾公司等,均有证据表明,持续采用了董事会制度。比如 1600 年,伊丽莎白一世颁发章程,允许 216 名骑士、市府参事(alderman)、商人组成"政治体和公司"(a body politic and corporate),名为"Governor and Company of Merchants of London, trading into the East Indies",即此后的东印度公司,授权范围包括管理航线,以及与公司相关的其他事务。其中,总管和 24 个人组成"委员会"

---

① 参见邓峰:《普通公司法》,中国人民大学出版社 2009 年版,第 16—19 页。

(committees),即今天的董事会。章程任命 Thomas Smith 为首任总管,但委员会成员由公司成员每年选举产生。东印度公司的治理模式是有先例的,1554 年,菲利普和玛丽颁发了"俄罗斯"也称"莫斯科"公司的章程,被视为最早的合股公司。国王任命 Sebastian Cabot 为终身总管,4 个"坚定、值得信赖、聪慧、谨慎和诚实的"人作为"领事"(consul),以及 24 个成员作为助理(assistant)——今天的董事。这些合股的殖民公司被视为今天世界范围内的公司的来源。

早于合股公司的是规制公司(regulated company,也译为公共公司),比如 Eastland Company。规制公司相当于今天的行会,可以继续向下授权组建合股公司,其更多是商人群体的集合。规制公司并不实际上从事经营,而是商人之间的协调组织。在规制公司之中也存在着董事会,相当于今天行会中的理事会,是制定规则、立法(管理成员)和纠纷解决(处理成员间的纠纷)的,"规制公司董事会的作用并不是对经营业务负有全部责任,而是为了维持垄断而施加给个体商人以规则"。但是,因为合股公司是规制公司向下的授权和复制,故而董事会治理方式也随之延伸。这可能是今天的公司制度中从"公"到"私"发展,继承了某些政治组织特点的原因之一。

最早的两家规制公司是斯台伯商人公司(The Company of the Merchants of the Staple)和商人冒险家公司(The Company of Merchant Adventures),前者负责英国羊毛原料的对外出口,大概在 1313—1363 年间采取了董事会治理方式,后者负责英国成衣和其他商品的出口,在 1505 年亨利八世时成立,也设立了董事会。它们从国王获得授权,垄断各自领域的对外贸易,近似于行会。商人(即成员)选举产生总管,而董事会的主要职责是解决内部纠纷,对外支持商人的贸易行为。英国公司的起点到此为止,但欧洲大陆同时期的其他公司,包括荷兰东印度公司、汉萨同盟(Hanse),都具有和今天的董事会类似的治理方式。

Gevurtz 的考察揭示出一个基本原理,即董事会的存在、选举和代议、按人投票、集会行事等制度原则,几乎从有公司开始就"坚硬"地存在着,其间可能有所损益,但并无根本变化。尽管董事会的职能,在治理结构中的位置,随着所在组织的不同而有所变化,也是一个不断进化的过程,但基本原则始终是沉淀在其中的。就公司从规制公司向合股公司,从公共公司向商事公司,从特许设立向准则设立的进化来看,董事会治理方式及其制度原则的顽强存在从某种意义上可以说是一个组织概念的自我复制。①

不过,公司作为一个创造物而非自然产生的制度,其对代议制民主的引入和使用,在思想上一定有其他来源。"代议式的 Board,和一个首席行政官一起工作(早期公司章程中采用的典型术语是'主管'),是中世纪晚期西欧政治实践和理念的反映"。② 规制公司出现之前,在英国地方政治中广泛采用的"集会"(assemblies)或"议会"(parliaments),城镇理事会,行业理事会以及教会中,已经存在着类似的机制。Gevurtz 对此也进行了"考古挖掘",集体决策的 Board,政治中来源于"顾问团"。比如中世纪的大多数国王,都拥有一个顾问团,采用委员会机制。地方贵族(barons)和国王之间的斗争,要求统治者获得更大范围的正当性,推动了更广泛的教士和地方贵族的代表、集会机制的产生。例如 1295 年,爱德华一世颁布了 Model Parliaments 的谕令,要求地方长官推动选举组成议会,每个县(county)两名骑士,每个城市(city)两名市民,每个市镇(borough)两名村民作为代表,最终骑士和城镇代表组成议院(chamber),和贵族分开议事,此后逐渐成为下院(the House of Commons),区别于贵族组成的上院(the House of Lords)。这是今天议会的来源。西班牙国王也在差不多同时设立了议会,称之为 Cortes,德国和法国也在地方和中央政治层面逐渐出现了代议制。

---

① 组织发展是按照已有的知识结构自我复制扩张的,这是组织理论和演化经济学理论中的较新发展出来的一种解释。See Barbara Levitt and James G. March, Organizational Learning, *Annual Review of Sociology*, Vol. 14, 1988, pp. 319—340. See also Geoffrey M. Hodgson and Thorbjorn Knudsen, The Firm as an Interactor: Firms as Vehicles for Habits and Routines, *Journal of Evolutionary Economics*, Vol. 14, 2004, pp. 281—307.

② Franklin A. Gevurtz, The Historical and Political Origins of the Corporate Board of Directors, *Hofstra Law Review*, Vol. 33, 2004, p. 129.

地方的城镇或乡村理事会是董事会的另外一个来源,英国有据可考的城镇理事会是1200年的Ipswick,英王约翰以章程方式授权给Ipswick,允许其选举产生两个执政官(bailiff)和四个司法官(coroner),6月29日,该镇举行集会进行选举。有证据表明,在12世纪之后,英国有些自治城镇组成理事会,由12或24成员组成是一个普遍做法。而公司的监督者(auditor)被认为是来源于行会。①

除了政治层面的来源之外,中世纪的这些制度,文化上很大程度上受到了基督教的影响。合议、代表和投票选举制度并不是自然产生的,而是和特定的制度、文化、对人的假定等等联系在一起的。在1200年之前,可以考据的,由代表以平等协商和投票的方式进行决策,尤其是选举最高领导的制度,是11世纪中期的红衣主教团(the College of Cardinals),尽管代议制可以追溯到325年的尼西亚会议(Nicaea),是第一个教会理事会(Ecumenical Council),由来自5个教派(君士坦丁堡、罗马、亚历山大、安提俄克和耶路撒冷)的代表组成。1059年,教皇尼古拉二世颁发谕令,授权教会内部的红衣主教团选举教皇,以改变在此之前的国王指定教皇的规则,同时出现过三个教皇的局面。在理论上,公司(corporation)本身来自于拉丁中的"体"(corpus),遵循"影响全体之事必经由全体同意"(*quod omnes tangit ab omnibus approbetur*)的原则。教皇英诺森四世(the Innocent IV)最早提出组织拟制论,强调教堂作为一个体是拟制的主张,其背后隐含的是权力应当掌握在首领(head)手中。这种观点是为了反对红衣主教、教会法学者Henricus de Segusio对传统教条的恪守,后者主张权力应当由首领和成员共同行使。

董事会治理方式是一种代议制(representative)民主方式,选举代表、合议、负责产生最高管理者,和希腊的直接民主(civic),以及罗马的元老院治理方式是不同的。总结一下Gevurtz的观点,可以看出在前公司时

---

① Franklin A. Gevurtz, The Historical and Political Origins of the Corporate Board of Directors, *Hofstra Law Review*, Vol. 33, 2004, p.162.

代,两个源头是非常关键的:第一,在一个独立的非国家组织中,按照章程,采用政治治理的方式,很显然是受到基督教传统的直接影响,其目的在于保证组织的自治和独立;第二,公司负有殖民、商业垄断管理等政治或社会职能,并受到中世纪的议会、合议、代议等政治传统的影响,采取了政治组织的原则。这种进化源头符合了公司作为私的政治实体的特点,从规制公司,到合股公司,再到现代私人公司,董事会的治理方式,尤其是三个原则,在底层顽强地生存。

Gevurtz 的考古挖掘的启示则是:(1) 公司董事会的治理方式从来源上说,更多是促进组织独立,制约管理霸权,体现全体成员意志的;(2) 理解公司应当和对历史的考察相结合,许多原则的边界是和政治理论甚至宗教联系在一起的;(3) 许多理论并不是如同表面表述那样,特许理论和拟制理论背后存在着政治斗争,经济理论并不能解释历史和许多沉淀的制度来源;(4) 董事会的原则和角色、职能是不同的,在历史上董事会承担的职责更多是保持对法律的遵守,而不是追求效率;更多是为了制定规则(立法)、进行内部仲裁(司法)或提出建议而不是决策和执行。

1.4 日本和中国近代化中的董事会

公司作为企业模式是从欧洲随着资本主义和殖民扩张,以及其他地区在基督教文明的推动下的法律改革而不断扩张的。董事会中心的公司是在历史上从欧洲形成的,并在目前成为世界性的公司治理方式。[1] 如前所述,公司及其治理方式在很大程度上受制于政治和宗教观念[2],这可

---

[1] See Franklin A. Gevurtz, The European Origins and Spread of the Corporate Board of Directors, *Stetson Law Review*, Vol. 33, 2004, pp.925—954.

[2] 许多新的研究强调了法律背后的基督教观念。参见哈罗德·伯尔曼:《法律与革命:西方法律传统的形成》(第一卷),贺卫方等译,法律出版社 2008 年版。See David S. Cunningham, *Christian Ethics: The End of Law*, Routledge, 2008.

以从伊斯兰世界和东亚国家——主要是儒家文化圈的日本和中国对公司制度的学习和借鉴中得到验证。

公司及其制度并不会简单地随着商业贸易和人际交往而通过市场等方式来完成繁衍,伊斯兰世界就是一个典型例子。12—13世纪之间地中海南北岸就存在着阿拉伯人和欧洲人之间的持续交易,但双方采用的交易制度却因为受到文化观念的影响发生了分化。① 1851年奥斯曼帝国才建立了伊斯兰世界第一个真正意义上的合股公司。在欧洲和中东交往的一千多年之后,才借鉴法国以变法模式采用了公司形式。有些解释认为这种现象中存在着伊斯兰教教义和公司制度间的不兼容问题。②

不只是伊斯兰世界,儒家文化圈的东亚国家也有类似的现象。公司及其治理方式,对非基督教文明和政治体而言,是纯粹的舶来品。人们总是用固有的观念去填充未知的领域。缺乏底层的政治和宗教观念支持,采用的是主动的变法模式,照搬照抄法律规则的方式,而不是进行充分的理论准备之后,或者之后经过完整的理论研究以确定制度合理性,在变法之后就会遇到许多"橘逾淮为枳"的情形。这种舶来品产生的移植局限,在许多制度细节之中都可以发现。日本和中国作为主动转轨的国家③,是最典型的基督教文明之外的例子。

Gevurtz教授以日本为典型例子进行了分析。儒家文化的明治维新之前的日本,并不存在着西方式的多数投票决策、合议、代表、共管等制度概念——当然,我并不是说不存在着类似的观念。在明治维新之前的日本,诸侯式封建模式统治着日本,商业领域的组织采用家族企业(Merchant House),家长作为领导,与其他家族成员共同拥有企业财产,儿子可

---

① See Avner Greif, Cultural Beliefs and the Organization of Society: An Historical and Theoretical Reflection on the Collective and Individualist Societies, *Journal of Political Economy*, Vol. 102, 1994, pp. 912—950; See also Avner Grieif, *Institutions and the Path to the Modern Economy: Lesson from Medieval Trade*, Cambridge University Press, 2006.

② See Timur Kuran, The Absence of the Corporation in Islamic Law: Origins and Persistence, *American Journal of Comparative Law*, Vol. 53, 2005, pp. 785—834.

③ 参见邓峰:《清末变法的法律经济学解释——为什么中国学习了大陆法?》,载《中外法学》2009年第2期,第165—186页。

以以家族企业的名义建立分支企业。在17—18世纪,这些企业中有雇佣管理人员的存在,如同中国的山西商号一样,不存在着合议。很多家族企业之间存在着协调,是一种协商机制(discussion system),首领是轮换制的。① 这些特点,反映了企业间合作模式受制于政治文化思维的特点,本质上是封建模式在公司治理中的延伸。

1860年代,日本认识到合股公司的优势,尤其是在诸如铁路建设等领域的筹资功能。1868年开始,新政府进行变法,包括公司制度的引入。1872年,日本颁布了《国家银行法令》,模仿美国1863年的《银行法》,允许四家合股公司成立银行。1876年,允许武士投资设立银行,政府为其出资提供债券保护,由此产生了近150家合股银行。在1899年颁布《商法典》正式采用德国模式强行规定董事会治理模式之前,这些银行的治理规则,作为一个转轨中的系统,很大程度上是和传统政治结构联系在一起。这些合股公司和银行采用和传统行会相同的机制,董事会有三个董事,但是轮流代表公司对外行为。每个董事有30个干事(steward),其中6个一组按月轮换去监督管理具体商业事务。1876年经修订的《国家银行法令》提供了标准章程,其中规定董事在会议上选举公司总裁,总裁和董事在会议上可以决定公司的人事和制度。一直到1893年的《公司法》,日本通过照搬照抄的方式规定董事会的三个原则制度,才正式确立了董事会为公司管理中心的制度。尽管如此,细节都在魔鬼之中,今天仍然可以在日本公司法,乃至于日本输出的韩国,和东亚其他受到日本影响的地区之中,找到缺乏政治文化和宗教观念的董事会制度的边界:(1)董事可以独立对外代表公司的规则,而不是必须采取合议、共管、投票的方式;(2)董事间的相互授权时间缺乏限制且不存在着卖官鬻爵的董事行使权力的限制。②

日本在短短20年之间采用全盘西化、囫囵吞枣的方式完成了公司制

---

① Franklin A. Gevurtz, The European Origins and Spread of the Corporate Board of Directors, *Stetson Law Review*, Vol. 33, 2004, pp.931—934.
② 参见邓峰:《普通公司法》,中国人民大学出版社2009年版,第488—489页。

度的引入,和当年儒家化类似。中国与之不同,作为一个文明原生国(或者说用雅斯贝斯的说法"轴心文明"),对公司制度的吸收情形就要复杂、长期和多样化得多。Gevurtz 也注意到了中国明代的企业制度中,出现了与职业经理类似的管理者,所有者给予管理者所有权力,每年查账一次,不存在着董事会的治理方式,但并未展开分析。①

今天中国所采用的公司制度,直接来自于清末立法。这一时期,公司的概念进入中国,并伴随着贸易、殖民、洋务运动和变法而分层次、分阶段的引入中国。考察这一过程,也可以看出外来董事会的制度,在一个不同的文化领域中是如何生根发芽的。中国对公司的概念有所理解开始于19 世纪早期。有观点认为,在 1830 年左右的很长一段时间内,在对外贸易的广州,公司特指东印度公司(大东公司)②,而其他的西方公司则用行、局等称呼。③ 西方传教士所办的《东西洋考每月统计传》(Eastern Western Monthly Magazine)中文杂志在道光戊戌年(1838 年)九月期有文章对"公班衙"概念进行了介绍,是目前可以找到的关于公司介绍的较早的完整中文文献,其中对公司及其和中国之间的交往和认识,已经表述非常清晰了:

> 汉人屡次闻此言,而不知其义。今将其实情明说一遍,令看官一览而通之。亚细亚卓各方自古以后有巨富之名……西国商知此,莫不勉励与该国通商也。俗世唯利是图,唯财是索……明孝宗弘治年间,葡萄牙人精神涌发,营大图艰,始与共谋水路也……设使商独一人发船,不可抵挡贼敌,故个人出捐钱,或一千,或一万,或三万元,藏公帑,将此银积库,备一帮船,载大炮,募弁兵,不行遇葡舰海贼,决一

---

① See Wellington K. K. Chan, *Merchants, Mandarins, and Modern Enterprise in Later Ch'ing China*, Harvard University Press, 1970, p. 70. See also Franklin A. Gevurtz, The European Origins and Spread of the Corporate Board of Directors, *Stetson Law Review*, Vol. 33, 2004, pp. 935, 951.
② 参见方流芳:《"公司"词义考:解读语制的制度信息》,载《中外法学》2000 年第 3 期,第 277—299 页。
③ 参见孙毓棠编:《中国近代工业史资料》,第一辑,上册,科学出版社 1957 年版,第 234—237 页。

死战,致耀武扬威,以震惊其对头也。船只返来,所载之货,发卖与各捐士,分其利也。由此商会其公班衙(company,引者注)与也。公班衙者,为群商捐资贮本钱,共同作生意也。

荷兰公班衙为首也……两次攻澳门,但败散船只而退矣。故据台湾之港口,与福建沿海之居民买卖也……士人之君,皆邀公班衙之恩,连和共为唇齿矣……郑成功寇镇江败归……猛战不息,而镇守官投降返棹回国也……不幸嘉庆年间,与英吉利国动干戈,交相攻伐……故公司散局,而将所据之地方归本国家。

英吉利公班衙渐渐与兴焉……自此以后,英吉利特命之总督兼摄五印度国,大半之权而发政也……自从五印度国属英公班衙之手,四海平静,治百姓,以宽和处之。但其所获之国广,不可贸易治国而已。故其贸易止矣。其通商虽息,其掌握尚存焉。每年所藏国帑之银,共计一万五千万员,但其使费繁,所剩者无几矣。目下公班衙执风化之大端,加训推广立教,化民成俗,使人慕义而戒恶也。故曰,公班衙之治天下,可运之掌上。瞭然知宰世驭物,其德威远播四海,统御矣。①

这篇短文中已然将公司的合资、独立地位及其商业和政治功能阐述非常清楚,但并没有涉及公司内部治理的具体原则和方式。这是从功能上进行知识介绍。避免核心价值的冲突,并希冀阅读者被接受,这种视角对外来文明的传播者而言,是非常合理的选择。当然也可能是因为对公司的认识受制于当时流行的观念,即当时流行的拟制公司理论的影响。这种从功能和历史上认识公司的特点,传递给中国之后,很大程度上限制着中国对公司的认识。上述短文基本上被魏源的《海国图志》全盘接受。这之后,直到薛福成的《论公司不举之病》,陈炽的《纠集公司说》等著名

---

① 爱汉者等编:《东西洋考每月统计传》,黄时鑑整理,中华书局1997年版,第418—420页。爱汉者是德国籍传教士郭实腊(Karl Friedrich Gutzlaff)的笔名,杂志由中国益智会举办。这一杂志中关于公班衙的论述直接被魏源的《海国图志》所吸收。参见黄时鑑导言。

论述,均将公司等同于筹资,设公司等于工商救国。①

> 中国初无公司之名也,公司之法,创自泰西。惟能合众人之财,斯能得众人之利,始则合数十人,推而至于数百人、数千人,聚财愈多,斯建业愈宏,得利愈厚,人见公司得利之厚,则附股自多,招股自易。小以成小,大以成大,即有资本极大之事,每苦力有未逮者,乃自有公司之设。则无事不可为矣。至一业有一业之公司,一事有一事之公司,几合一国之人而皆有通财之义,而谓商务犹不能起色者,未之有也……为今之计,无论何项贸易,均宜设立公司。(申报:《论商务以公司为最善》)

> 外洋公司所以无不举者,众志齐,章程密,禁约严,筹划精也。中国公司不举,所以无一举也,众志漓,章程舛,禁约弛,筹划疏也。四者俱不如人,由于风气之不开,风气不开,由于朝廷上之精神不注,西洋旧俗,各视此为立国命脉,有鼓舞之权,有推行之本,有整顿之方,明效应之捷,于影响中国……故风气不变,则公司不举,公司不举,则工商之业,亦无一能振。工商之业不振,则中国终不可以富,终不可以强。(薛福成:《论中国公司不举之病》)②

这些早期的有些狭隘的公司观念,对制度学习者来说,在实践中受到观念、知识、时局、政治等因素的制约,一旦超出简单观念的边界,就容易变得走样,而其固有的传统知识就会作为填补。这在日本和中国身上是非常典型的。比如1867年容闳所起草的《联设新轮船公司章程》,被视为中国官方确认的第一个公司章程。其背景是,在战胜太平天国之后,面临外国的旗昌轮船公司在航运中的垄断地位,曾国藩等人在官方缺乏资金,

---

① 许多经济史学者注意到了这一问题,并且将其与中国面临的亟须富国强兵的观念,官办企业的方式等联系在一起。参见豆建民:《中国公司制思想研究》,上海财经大学出版社1999年版;杨在军:《晚清公司与公司治理》,商务印书馆2006年版。
② 参见何良栋辑:《皇朝经世文四编》,卷25,户政公司、荒政、疆域卷,光绪二十八年(1902年)鸿宝书局石印本,上海书局石印本。

华人很多私下附股外商的情形下,允许华人自行购买洋船进行经营。① 容闳先是在章程总则中痛斥了旗昌的垄断地位,"自此垄断独登,操纵由己",提出"今议设一新轮船公司,俱用中国人合股而成",在之后共计 16 个条款中,分别明确了:(1) 公司本银数。(2) 轮船数。(3) 轮船从美国购买。(4) 船主、大车、大火用外国人。② (5) 码头经营人员中只用一个外国"写字"。(6) "议办理公司事务,请一主事,一副主事,并两司账。共四人。每年于十二月中公司众人会集,抽签公举四人办事",主事和副主事应当持有百股以上。(7) "议公司内所用司事人等,必均系有股分者,仍由众人抽签公举。每股著一签",可代为抽签。(8) 主事者薪酬。(9) 外国人薪水。(10) 主事聘用其他人。(11) "议在公司办事者,倘有不周,或账目糊涂,查处确据,立即辞退,如有亏挪,勒限赔补"。(12) "议所有公司生意进款,一经收到,即就地拨存妥当银行,无论多寡,务用公司名记支拨,不得出入别人名下。亦必因公司正用,方可支取,不得支作别用"。(13) 公司股东必用本公司轮船。(14) "议每年十二月十五日,公司众人宜会集,听主事人报明本年公司生意如何。即会议来年公司事务。主事人并将本年各项账簿呈出众人阅验,如有利息,立即照股摊派,限以五日派清"。(15) "议寻常有事须议,公司众人未能集齐,即由主事与公司内股本多至一半者会议,其所议章程,仍听公司众人俱各允洽,方可准行"。(16) "议年终核算,倘是年生意亏本至二分五,即将所剩之本,招股摊还散局。如公司众人均欲再做,即再妥议续行,所亏之本,议须补足,再行照股派补"。③ 可以看出,其中有许多公司的基本特点,比如股本、股东、股东权利和义务、公司账号和名义,甚至某种程度的诚信义务,但是在内部治理上,可以看出并不存在着董事会制度,内部制度上仍然类似于晋

---

① 参见聂宝璋:《19 世纪中国近代航运业发展史的几个问题》,《聂宝璋集》,中国社会科学出版社 2002 年版。
② 可能是分别对应着今天的船长、大副和轮机长,这个条款是引发清政府驳难和担心有外国势力的根源。曾国藩在七月初五的函件中明确提到了这种担心,最终导致公司的经营失败。
③ 中央研究院近代史研究所:《中国近代史资料汇编·海防档·甲·购买船炮》,下册(共三册),1957 年,第 873—875 页。

商商号的经营方式。

  这个章程因为雇佣了外国人而引起非议,谨慎的曾国藩并没有实施。第一家官方许可的公司是1873年李鸿章设立的轮船招商(公)局,其章程被称为《招商局条规》,共28条,是典型的官督商办模式,其中仅在第4条提及了董事,"有能代本局招商至三百股者,准充局董"。① 该公司实行是总办负责制,由官方任命,不过是行政模式的翻版加上商人出资而已。这里所谓的董事(局董),并没有明确其角色和职能,在某种意义上不过是"股托"而已,是领薪水的特权股东。由于招商不足,半年之后就进行了改组,新版的《轮船招商章程》明确了董事的选举,"选举董事,每百股举一商董,于众董仲推一总董",但"将股份较大之人公举入局,作为商董,协同办理",这种董事会不过是类似于股东会的常设机构而已,在实践中几乎没有发挥任何作用。② 到1885年,盛宣怀拟定了《用人章程十条》,改回到官方直接任命督办,再加上"查账董事"作为监督机制,其目的在于防止利用董事的身份行实际领薪,裁减冗员。尽管轮船招商局波折不断,人事变幻③,但其中可以看出当时官方对公司的理解。与之相佐,包括张謇在内的诸多实业家,其实践都表现出人们对公司的理解局限于合资、融资(《招商局条规》中还有备受诟病的官利规定)、实业、商业贸易等层面。那时候大多数中国人理念中的公司,更多是具备了股份融资功能的工厂、商行而已。

  对公司尤其是董事会的作用认识在1880年代之后有很大的进步,这有赖于郑观应、钟天纬,以及哲美森等在《申报》等刊物上的批评和对西

---

① "中央研究院"近代史研究所:《中国近代史资料汇编·海防档·甲·购买船炮》,下册(共三册),1957年,第921页。
② 聂宝璋:《中国近代航运史资料》,第1辑,下册,上海人民出版社1983年版,第846—847页。张国辉:《洋务运动与中国近代企业》,中国社会科学出版社1979年版,第131—134页。
③ 参见黎志刚:《轮船招商局国有问题,1878—1881》,载《中央研究院近代史研究所集刊》1988年第17期上册,第15—40页;黎志刚:《轮船招商局经营管理问题,1872—1901》,载《中央研究院近代史研究所集刊》1990年第19期,第67—108页。

方公司治理的介绍。① 人们开始陆续认识到董事会具有制衡监督的功能，"层层钳制，事事秉公"。② 此外，郑观应、何启、胡礼垣等更强调了官督商办的不合理，强调"按西例，由官设立办国事者谓之局，由绅商设立，为商贾事者谓之公司"，明确了公司的公私划分上的属性，也认识到了公司内的分权层次，如"公司总办由股东公举，各司事由总办所定"③，开始意识到公司作为组织要求自治的特性。受制于将公司等同于商号融资的认识，他们的自然逻辑是，公司应当完全商办，进而强调商事法律的重要性。之后，梁启超等人更从公司与交易所和银行的关系等进行过阐述。

如果用今天的眼光来看，严复对公司的认识可能是同时代人之中最深刻的，在其翻译的《国富论》之中，通过按语清晰地阐明了公司的法律上的特点④，而在《法意》之中，更通过按语揭示了公司受制于政治特性的

---

① 这方面的研究资料众多，参见杨勇：《近代中国公司治理：思想演变与制度变迁》，上海世纪出版集团2007年版；朱荫贵：《中国近代股份制企业研究》，上海财经大学出版社2008年版；高新伟：《中国近代公司治理(1872—1949)》，社会科学文献出版社2009年版，等等。
② 对此，钟天纬的表述最具代表："西洋之立公司也，一以议院为法，各股东公举董事十二人，各董事公举总办……凡会议之从违，以董事大半为断，每用银至若干，即须董事会议允许签名。总办一人不能自专。凡董事数人同心，即可邀集大众会议，或指驳账目，或查核银钱，均无人敢阻。即总办之去留，亦惟众论是听。是以总办，受成于各董事，而各董事复受成于各股东，层层钳制，事事秉公，自然弊无由生。今中国仿照外洋设立公司，而官督商办事权，偏重一切惟总办之言是听。近来各种公司，皆办不得法者，即坐此弊也。欲救其弊，宜减轻总办之权，以收群策群力之效……如此则事权，不致偏重，而兴利除弊，可以一秉大公矣"。钟天纬：《轮船电报二事应如何剔弊方能持久策》，陈忠倚辑：《皇朝经世文三编》，卷二十六，户政三，理财下。
③ 《郑观应集》，上册，上海人民出版社1988年版，第612页。
④ 兹录全文如下："此所谓联，西名歌颇鲁勒宪，犹中国之云会、云行、云帮、云党。欧俗，凡集多人同为一业、一事、一学者，多相为联。然与中国所谓会、行、帮、党大有不同者。盖众而成联，则必经议院国王所册立，有应得之权，应收之利，应有之责，应行之事。四者缺一，不成为联。故英律注曰：联有五例：一曰惟联无死，权利责实，与国永存。二曰联一成体，有功可论。其于律也，可为原告，可为被告。三曰联得以敛费立业。其为议院所准者，得抽外捐及强买业。顾其事必经议院准之而后可，外此虽国王所许，不得为也。四曰联有名号钤印，其行事以此为凭，不以头目长老。五曰联得自定其章程约束，以驭赏罚其群。具此五德，斯称为联。故西国有学联，各国国学皆由此起。有教联，教门之事自律自治，于国家无为也。有乡联，凡乡、凡邑、凡屯、凡属地皆有之，相地之宜而自为律令，与国家大法有异同，而其地之土功、水利、井里、巡兵多为所独断者。今中国各步租界所谓工局者，犹此制也。有商联，如印度大东公司，及今之汇丰钞商皆属此。有工联，则如此篇所指而已。其事与中土之社会差同，而规制之公私，基业之坚脆，乃有大异。故其能事，亦以不同。此所以不能译之曰会，而强以联字济译事之穷焉。"〔英〕亚当·斯密：《原富》，严复译，商务印书馆1981年版，第115—116页，严复案语。

特点。但是这种卓越的认识,却被时代所淹没。

> 欧美商业公司,其制度之美备,殆无异一民主,此自以生于立宪民主国,取则不远之故。专制君主之民,本无平等观念,故公司之制,中国亘古无之。迩者吾国耸于外洋之富厚,推究所由,以谓在多商业,则亦相与为其形似,设商部,立商会,鼓舞其民,使知变计,一若向有大利在前。吾民皆梦然无所见,而必待为上之人,为之发纵指示也者。顾彼西人,则以我为天赋货殖之民。夫以天赋货殖之民,而成就不过如是,则其所以然之故,必不在商之能事也明矣。①

对公司认识的进步,也来自于官方的推动。也许是经历了漫长的学习与摸索(trail & error),也许是因为日本学者照搬照抄,《公司律》大致恪守了董事会制度的三个原则。首先,明确了两权分离,第45—61条明文界定了股东的权利,选举董事,尽管没有明确董事会和股东会的权限划分,很难判断是否明确了董事会中心,除非对第67条进行扩大解释。其次,确立了董事会共管模式,第64条规定了董事会三人到场即构成会议,并且遵守会议条例;第89条规定一人一票,第91条规定僵局时董事长有第二票;第92条规定必须有书面记录。再次,明确了董事会作为产生其他机构的中心。第67条"各公司以董事局为纲领,董事不必常川住公司内,然无论大小应办应商各事宜,总办或总司理人悉宜秉承于董事局";第77条规定"公司总办或总司理人司事人等均由董事局选派,如有不胜任及舞弊者,亦由董事局开除"。② 并且,值得注意的是,其中并没有规定总办或总司理人是必需的。

和日本类似,1908年颁布的《公司律》是以照搬照抄的方式来实现的比较系统西化的法律版本,明确了董事会在公司治理中的核心作用。与之不同的是,中国对公司及其特定治理方式的认识,从接触、尝试到施行,经历了近100年。这可以看成是原生文明的转轨或学习成本。

---

① 〔法〕孟德斯鸠:《法意》,严复译,商务印书馆1981年版,第440页,严复案语。
② 此处所引《公司律》,均源于《大清新法律汇编》,麟章书局1910再版,第551—580页。

1.5 现有制度的检讨

中国对公司的学习路径,即从功能视角上,而不是从本质上来理解公司,是为了满足自己一方富国强兵的特定需要而引入的,在学习过程中也缺乏系统地理论辨析,加上特定历史时期的理论影响,大清公司律对董事会制度原则的吸收,并没有沉淀成为我国法律体系的一般知识。之后法律模式几经变化,当我们在 1978 年之后重新认识公司的时候,这些知识被遗忘了。检讨一下现行法律就是最好的例子。当下中国的董事会法律规则,采用了法条比较的研究方法作为基础,或者说"博采众长",或者说"东拼西凑",在一些形式规则上,和其他立法例之间颇为近似。比如股东会按资投票,董事会按人投票,多数决,甚至还有累积投票可供选择,新修订的法律中大幅完善了诚信义务,甚至试图将两大法系的不同做法熔为一炉,但仔细检验一下[1],对董事会的前述三个原则,现行法并没有明确的意识去遵守。

现行法中没有明确董事会作为公司管理的最高权威,2013《公司法》§46、§108(如无特别指出,本书援引 2013 年所修订《公司法》,以下简称 CA)中采用了列举方式界定了董事会职权,明确表述"股东会是公司的权力机关",允许章程自行规定股东会和董事会的职权。这反映出对股东和董事就公司权力行使上并无定识,甚至在理论上也存在着争议。[2]许多行政规章会较为任意地改动股东和董事之间的分权界限,比如证监会的《上市公司章程指引》,将许多战略管理的权力上收给了股东会。在司法实践中,将公司看成是股东财产延伸的观念广泛存在。这和现实中

---

[1] 此类的批评,参见邓峰:《普通公司法》,中国人民大学出版社 2009 年版,第 553—557 页 §13.2.2。
[2] 如郭富青:《从股东绝对主权主义到相对主权主义:公司治理的困境及出路》,载《法律科学》2003 年第 4 期,第 52—59 页。又如梁宇贤:《公司法》,台湾三民书局股份有限公司,1982 年版。

广泛存在着的董事会不过是控股股东们对公司控制权延伸的手臂,董事席位是股东按资瓜分而不是选举的等等诸多情形是吻合的。

现行法对董事会的共管模式,缺乏明确的原则,边界并不清晰。尽管规定了诸如一人一票、记录、合议、多数决(所有董事人数为基准)等规定,并且受到法定代表人制度的影响,并不存在董事独立对外代表公司的情形,但仍然存在:(1)董事间相互授权并无实体限制,CA§112 允许在不能亲自出席的时候委托其他董事行事,对授权次数和期限无限制;(2)董事产生方式是选举产生的,但并没有明确的规则反对席位瓜分等方式,而现实生活中董事派出制是强烈的"潜规则";(3)没有明确董事会的议事方式必须将实质辩论、说服与被说服等等包含在内。同时,证监会的《上市公司章程指引》中明确限制了董事的个人对外代表,"未经本章程规定或者董事会的合法授权,任何董事不得以个人名义代表公司或者董事会行事。董事以其个人名义行事时,在第三方会合理地认为该董事在代表公司或者董事会行事的情况下,该董事应当事前声明其立场和身份"。这显然是共管模式,但存在着和上位法的协调问题,也反映了法域分割——上市公司和非上市公司治理规则之间的巨大裂痕。

第三个原则是非常特别的,中国现行法上存在着不同层面。首先,无论是法条表述上,理论上,还是在实践生活中,董事们对公司行为负有最后责任是明确的。即便是国有企业也是如此,一旦集体决策作出,在很多情形下构成履行了"正当程序",可以作为免责事由。[①] 在认定犯罪等行为的时候,一旦公司行为认定为非法,相关作出决策的董事都应当承担责任。其次,董事会派生其他机关,尤其是总经理是明确的,但监事会、法定代表人与董事会之间的关系和协调是不明确的。最后,权力和义务并不对称,没有事前的最高权力,常常受到控制股东的直接指挥,但却要承担最后的决策责任,既没有业务判断规则保护,也缺乏权责一致的激励。

---

① 参见邓峰:《公司利益缺失下的利益冲突规则——基于法律文本和实践的反思》,载《法学家》2009 年第 4 期,第 79—87 页。

董事会的治理原则,当下中国的理论中忽略了一个底层知识:公司是两权分离的,是政治组织的私化,而不仅仅是一个融资或扩大生产的工具。组织自治,才会产生董事会作为立法者和裁判者的角色的需要(商人冒险家公司),或者是内在的,自我选择选举最高领导者的举措(红衣主教团),或者是基于董事作为政治人的假定(说服、辩论和讨论的过程)的。换一个角度来说,真实的历史逻辑是:公司在前,股东在后,才会产生已有的垄断性企业如何去扩大融资吸收新股东,进而发展出资本市场的,发展出股票等等工具的。而效率理论也好,功能视角也好,逻辑上颠倒过来,要解决的命题变成股东如何利用公司去实现扩大再生产。这也许是我们当下的公司理论中脱离真实历史逻辑而产生的问题。

中国现行法不能坚持三个原则而有别于其他"普遍性"立法例,我们由此可以提出一个非常好的问题:从功能上来说,董事会有什么意义呢,尤其是一些一年只开一两次会议,并不存在着实质交流、辩论的董事会?集体决策就一定要好于个体决策吗?这种高成本维持的法律制度,究竟能获得多少的制度收益呢?如果与组织自治相联系的特定意义不在法律的考虑之中,诸如合议、多数、共管等原则,以及由此延伸的对抗或制约股东、监督公司运行或者协调公司内不同的利益攸关者的功能,董事会的存在意义究竟何在呢?它并不能仅仅因在比较法上成立,就存在着制度移植上的意义。在不存在教权和王权的争夺而产生需要组织自治,不存在地方、乡村和职业自治而需要组织自治的情形下,只是从功能上来说,集体共管的最高权威式的决策,的确可能没有太大的意义。

在近两百年来的中国对公司制度的学习过程中,前人运用聪明才智曾经创造了诸多治理模式。假如自然总是选择最短的道路,单纯从功能上认识,除了容闳模式的公司仍然是晋商式的,或者是可能被利用来为高级官员洗钱、获得干股等等方式来从事不当行为之外,盛宣怀模式的独裁的总经理+查账董事(事实上是监事)可能更加符合经济效率。为什么我们不能像盛宣怀所尝试过的,略略改造一下,股东会选举总经理,然后由董事履行查账功能呢?为什么还要啰啰嗦嗦地先要选举一个董事会,然后由董事会(实际上也是代理人)去选举一个管理一把手呢?而如果超越功能主义的视角,从整体的制度和文化来理解,如同严复所指出的那样,那么一个自然的追问是,我们有过,或者可能有这种公司吗?

对董事会存在正当性的辩护,Eisenberg 的观点是其中一种——在新的社会条件和理论背景下,董事会的职能发生了变化。战略管理职能已经被放弃,CEO 或总裁随着公司规模扩大越来越趋向于集权,他们拥有直接的顾问和智囊团,而董事会的角色则趋向于监督,这是 1970 年代以来的公司法发展中最重要变化之一。监督需要选举和解职的能力,踩刹车式的决策和维护系统的职责,更适合合议和共管方式。但这仍然是从功能上论证的,并不能排除其他的选择项。另外的一种辩护,则是从公司理论上入手,这要么是从公司的社会属性上入手,董事会的合议方式是小型民主制度①;要么是强调公司的宪法特性,责任权威(accountability)、审慎决策(deliberation)和可争论性(contestability),而董事会及其行事方式天然地充当这种角色。② 但是,毫无疑问,这不是一个存在正确答案的问题。"……公司法,当下以及将来仍然会,同时在教条上和道德上,在涉及三个基本并彼此相关的问题上,存在深深地矛盾:公司治理最高权威的定位,公司生产的预期受益人,以及公司法和社会良善的实现之间的关系。"③

虽然没有唯一的答案,但是中国对公司制度及董事会的学习,从 1830 年代开始,到清末变法完成学习,再到 1980 年代之后的遗忘,制度转轨和法律移植的这种过程、方式、变异和局限,却足以引发我们的深思。

---

① See Mark M. Hager, Bodies Politic: The Progressive History of Organizational "Real Entity" Theory, *University of Pittsburgh Law Review*, Vol. 50, 1989, pp.575—654.
② See Stephen Bottomley, *The Constitutional Corporation: Rethinking Corporate Governance*, Ashgate Publishing Limited, 2007.
③ Christopher Bruner, The Enduring Ambivalence of Corporate Law, *Alabama Law Review*, Vol. 59, 2008, pp.1385—1447, p.1385.

§2 董事会的中国模式

公司治理的思想渊源被认为来自于两个方面:一个来源于本国固有宪政制度乃至于文化的延伸①,一个来源于既有公司治理模式在全球范围内的移植、扩张、复制和变异。② 当然,本国固有的宪政制度模式也常常是移植、复制的结果,原生文化模式毕竟在全世界范围内的分布是有限的。并且,从长期来看,公司治理的模式可能会趋向于稳定的、经过竞争(市场或自然)过程筛选之后改进的几种有限的模式③,但从时间截面来看,显然由于不同的制度嵌入性的影响,存在着种种不同的变异模式。④

公司在19世纪逐步成为中国制度的一部分。它是一个完全舶来的组织形式。⑤ 这既有别于合伙、独资等其他我国固有的类似投资形式,也使得公司法有别于其他法律部门所常常面临的中西结合或接轨问题,更多是一个新的学习过程——在不同的理论和思想渊源,以及不同既有模式之间的选择。1905年清末新政中的公司律的制定,1945年从东北地区

---

① See Franklin A. Gevurtz, The Historical and Political Origins of the Corporate Board of Directors, *Hofstra Law Review*, Vol. 33, No. 1, (Fall, 2004), p.108.
② 参见邓峰:《中国公司治理的路径依赖》,载《中外法学》2008年第1期,第58—65页。
③ See Henry Hansmann and Reinier Kraakman, End of History in Corporate Law, *Georgetown Law Journal*, Vol. 89, 2001, pp.439—468; See also Henry Hansmann, How Close is the End of History, *Journal of Corporation Law*, Vol. 31, 2006, pp.745—751.
④ See Lucian Arye Bebchuk and Mark J. Roe, A Theory of Path Dependence in Corporate Ownership and Governance, *Stanford Law Review*, Vol. 52, 1999, pp.127—170. See Klaus Heine and Wolfgang Kerber, European Corporate Laws, Regulatory Competition and Path Dependence, *European Journal of Law and Economics*, Vol. 13, 2002, pp.47—71.
⑤ 参见邓峰:《董事会制度的起源、演化与中国的学习》,载《中国社会科学》2011年第1期,第164—177页。

开始的一长制及苏联企业模式的引入,以及1992年之后自上而下推动的"现代企业制度"改革,都是全面"变法"的例子①,而今天的法律实践和研究中的各种主张,诸如独立董事、监事会、职工董事、派生诉讼、诚信义务(fiduciary duty)、刺破公司面纱等等,无不来源于对不同法域中的不同理论、思想渊源的模仿和学习。

  这些不同来源体现了不同的理想模式或"假想敌",有些是相互冲突或者相互竞争的。甚至,在个别学者心中,理想模式就代表了现实,比如认为中国公司法已经加入了世界范围内正在发生的治理趋同。但如果考虑到现有制度下的种种公司法个性,包括:首要的,国有企业属于主导型公司形态,进而将公有企业及其规制需要所衍生的诸多规则构成公司治理的主导特点,以及其他的,诸如两权分立不充分,决策和责任承担倾向于独任制,代理理论和规则不清晰和不充分,监督机制叠床架屋,股权分割以及股东间缺乏平等,司法体系无法有效支持公司内外的法律关系调整,立法仍然停留在规制式、家长式等等特点的话,那么重新思考中国公司治理模式的"某国化"的论断,无论是在应然还是实然层面上,答案可能就不会那么肯定。与之相反,认为中国公司治理是已经形成了所谓的"拼凑"或"混搭"而有别于其他国家的特点的论断,则似乎过于强调规则来源的多元化。② 而事实上,产权、合同、公司自治、任意性规范的引入等等,在固有模式下的公司实践和核心规则——公司独立地位、两权分立、权力行使和责任实现机制——的强大力量下,很难说从根本上改变了公司法的实践。③

---

① 自清末以来均为强制性的制度变迁,参见苏力:《法制及其本土资源》,中国政法大学出版社1996年版,第13页。
② 参见吴志攀:《序——中国式"公司治理"》,载甘培忠、楼建波主编:《公司治理专论》,北京大学出版社2009年版,第1—3页。
③ See Fidy Xiangxing Hong, Director Regulation in China: The Sinonization Process, *Michigan State Journal of International Law*, Vol. 19, 2011, pp. 502—549, p.549.

公司治理的核心问题是公司内的权威和权力分配及其责任实现①，而无论是哪一种域外模式，董事会都居于公司治理的核心，"公司治理就是公司董事会如何运作，如何设定公司的价值，进而以此有别于公司全职执行者们的日常操作性管理"②。其在公司内的权威地位，与股东会之间的分权，以及与其他公司机关的关系，乃至董事责任的实现，毫无疑问都占据着公司治理中最重要的地位。本章以中国法上的董事会的职权、角色、行为方式为分析对象，中国法的既有规则和实践中的董事会，究竟属于哪一种模式，其思想和理论渊源来自于何处，进而讨论这种权力配置方式和公司治理模式之间的关系。同时，在这种分析中，同样也对中国公司法中分权及其配置的立法规则和司法实践予以检讨。

2.1 董事会的角色光谱

公司是一个纯粹的舶来品，历史上看，组织、社团、法人人格、代议制民主、委员会、代表、授权、诚信义务等与公司和董事会制度相联系的要素是和中世纪的政治制度③，乃至于和基督教相联系的。④ 公司在历史上也承担着多种多样的角色和定位，比如规制、殖民、公共产品的提供等等。

---

① See Richard M. Buxbaum, The Internal Division of Powers in Corporate Governance, *Californnia Law Review*, Vol. 73, 1985, pp. 1671—1734; See also Melvin A. Eisenberg, Legal Models of Management Structure in the Modern Corporations: Officers, Directors, and Accountants, *California Law Review*, Vol. 63, 1975, pp. 375—439; See also Melvin A. Eisenberg, The Legal Role of Shareholders and Management in Modern Corporate Decisionmaking, *California Law Review*, Vol. 57, 1969, pp. 1—181.
② Financial Reporting Council, *The UK Corporate Governance Code*, June 2010, be available at: http://www.frc.org.uk/documents/pagemanager/Corporate_Governance/UK%20Corp%20Gov%20Code%20June%202010.pdf, last visit at Jan. 27, 2012.
③ See Otto Gierke, *Political Theories of the Middle Age*, Translated with Introduction by Frederic William Maitland, Cambridge: Cambridge University Press, 1922, pp. 22—30.
④ 参见彭小瑜：《教宗与地方主教团关系的历史透视——解读1983年〈教会法典〉第375条至第411条》，载《世界历史》2007年第3期，第12—24页。

两相结合,可以非常容易理解,虽然公司从一开始的时候就存在着董事会①,但受到公司本身在政治或社会经济之中的定位和职能不同,受到不同时代的政治思想尤其是分权—制衡思想乃至理论的影响,董事会在公司内的角色、定位和职能也会有所不同。对董事会的理解和关注已经在近年成为学界的焦点,这提供了众多的历史文本,可以让我们对这一问题进行相应的梳理。概括而言,公司在不同历史阶段中的董事会的定位和职能,可以作出以下的归纳:

(1) 规制(公共)公司(regulatory company)中的立法和司法机关。最早的斯台伯商人公司,在1313—1363年间采取了董事会制度,有明确记录成立时间的商人冒险家公司,在1505年成立时就存在着董事会。这两个代表性的起点公司,实际上是商人间的垄断性行会组织,分别独占英国对羊毛、衣料的进出口。作为成员的商人选举产生董事会,设定规则(立法),对违规成员进行惩罚(立法),而国王任命的主管(当时称之为Mayor)负责管理。

(2) 殖民/合股/贸易公司(trading company, joint stock company)中的顾问和选举机关。规制公司作为"准政府",可以继续向下授权组建新的合股公司,这些合股公司开始的时候只要获得英国国王的许可即可,而无需经过国会。诸如东印度公司、弗吉尼亚公司等,都存在着一个出资成员选举产生的董事会,尽管第一任主管仍然是由国王任命甚至是终身制的,但之后的主管则由董事会选举产生,平常则充任主管的顾问。这样的董事会是确保其组织独立性而设立的制度,保证其成员对主管选举的能力。在17、18世纪的大多数公司,包括美国最早的汉密尔顿等人设立的公司,英国的英格兰银行(第一次使用了董事的名称)等,甚至包括Harvard Corporation②,其董事会(包括第一种其实都更近似于理事会)的定位

---

① See Franklin A. Gevurtz, The Historical and Political Origins of the Corporate Board of Directors, *Hofstra Law Review*, Vol. 33, 2004, pp.89—173.
② 也称为President and Fellowship of Harvard College,即Harvard University的最高管理机构。See http://www.news.harvard.edu/guide/content/governance, last visit at Jan. 27, 2012.

和职能都是如此。

(3) 准则设立的私人公司中的最高管理机关。从1811年的纽约州开始,只要达到一定的标准,私人就可以自行设立全部成员都可以获得有限责任保护的公司,这时候的董事会被视为公司财产的受托人,向公司负责。其角色和定位则是,除了承担选举和监督以总裁为代表的管理者外,同时负责战略管理。比如1811年的纽约公司法对董事描述的术语是"信托人"(trustee),"此类公司的股票、财产和利益(concerns)应当由信托人管理和运作,除第一年之外,所称公司的董事应当由指定公司的章程中所规定的时间和地点选举产生"①,这种定位一直延续到MBCA(Model Business Corporation Act,《标准商业公司法》,下同)中的"公司的业务和事务应当由董事会管理"。在这一时期,即便是股东大多数,也并不采用资本民主而是人的民主方式。②

自此之后,公司进入了准则设立的私人公司时代,在结社自由、契约自由的意识形态下,公司法的进化展现出了前所未有的速度,因而也就存在着不同时代特色的公司治理,其中,董事会的角色和职能变化,是这种公司法进化的典型标志,这进而决定着董事角色的变化和责任制度的变迁——从受托人(1900—1930),发展到代议人(representatives,1930—1970),再到受限代理人(limited agent)和监督人(monitor)。③ 董事会作为公司的最高权力机关,其角色在20世纪以来,发生了诸多的变化。同时,随着对公司治理的研究,对董事会存在的理性,及其职权和角色的研

---

① See Franklin A. Gevurtz, The Historical and Political Origins of the Corporate Board of Directors, *Hofstra Law Review*, Vol. 33, 2004, p. 108.
② Bainbridge指出,早期公司的股东之间的投票大多数采用一人一票,或者累退式的投票,今天所采用的一股一票的资本民主是20世纪的产物。See Stephen M. Bainbridge, *Corporation Law and Economics*, Foundation Press, 2002, pp. 450—452.
③ 这是基于Gevurtz的研究而提出的较新的总结。See Dalia T. Mitchell, Status Bound: The Twentieth Century Evolution of Directors' Liability, *NYU Journal of Law and Business*, Vol. 5, 2009, pp. 64—151. 也存在其他的界定或总结,较为正式的,See also James D. Cox and Thomas Lee Hazen, *Cox & Hazen on Corporations: Including Unincorporated Forms of Doing Business*, 2nd edition, Vol. 1, Aspen Publishers, 2003, p. 409.

究也在近年不断涌现,进而促使我们对当代公司治理中的董事会角色,及其在公司权力分配中的定位,有了更为丰富的实践和更为清晰的认识。

Eisenberg 教授在 1960 年代之后,基于社会生活和公司治理的现实变化,提出对股东和董事的两权分离程度进行理性化调整①,进而强调董事会应当以监督、督导和公司运行系统设计、管理和维护作为主要职责和角色定位。② 今天的 RMBCA 采纳了其意见,并被美国的公司法立法和实践广泛接受,公司权力行使的法律表述,公司业务"应当由或在董事会的领导下管理",董事会可以通过组建下级委员会或向管理层授权的方式将其职能转让出去,但不得将监督管理者的职责授权出去。董事会的职责也进而演化成了"系统督导"。在上市公司中,随着纽约证券交易所开始对独立董事的强调,而将可能发生的利益冲突交易的审批权交给了独立董事等组成的委员会,董事会事实上演变成"监事会",而战略管理式的董事会则被称为传统模式。③

近年来随着对董事会中心(director primacy)的研究兴起,公司的内部分权成为新的热点研究。Dallas 教授是其中的开辟者之一,董事会归结为三种类型,分别对应着不同的职能定位和角色:传统上和美国式的制约管理霸权式(contra-managerial hegemony)、德国的权力联合式(power coalition),以及她所倡导的关系理论(relational theory)④,与这些相对应,董事会也有着"管理""监督""关系"(relational)和英国传统式的"战略管理"(strategic management)等职能的定位。⑤ 这和英国学者将董事会的内

---

① See Melvin A. Eisenberg, The Legal Role of Shareholders and Management in Modern Corporate Decision-making, *California Law Review*, Vol. 57, 1969, pp. 1—181, at pp. 10—14.
② See Melvin Aron Eisenberg, Legal Models of Management Structure in the Modern Corporation: Officers, Directors, and Accountants, *California Law Review*, Vol. 63, 1975, pp. 375—439.
③ See James D. Cox and Thomas Lee Hazen, *Cox & Hazen on Corporations: Including Unincorporated Forms of Doing Business*, Second Edition, Vol. 1, New York: Aspen Publishers, 2003, pp. 390—410.
④ See Lynne L. Dallas, The Relational Board: Three Theories of Corporate Boards of Directors, *Journal of Corporation Law*, Vol. 22, 1996, pp. 1—25.
⑤ See Lynne L. Dallas, The Multiple Roles of Corporate Boards of Directors, *San Diego Law Review*, Vol. 40, 2003, pp. 781—820.

部控制职责用流行的术语——风险管控——界定为风险识别、风险度量、风险控制和风险承担是一致的①,分别对应着政策形成、战略思考、监督管理和确保责任实现的董事会职责。②

因此,从 20 世纪以来,我们可以看出,尽管如 Gevurtz 教授所指出的,在传统上政治理论主导着公司治理中的两权分立和董事会中心,但公司法中的权力分配、治理,乃至于董事会的角色、职能、定位,以及其责任的实现(accountability)③,随着司法实践和学术研究而得到不断的修正,以便更符合商业实践的需要,更好地回应社会现实。④

(1) 作为战略管理者的董事会

典型代表是英国模式董事会,是在 1855 年英国《有限责任法》之后确立的主流模式,与之相应,董事的角色被视为是信托人,董事会成员应当避免利益冲突交易,他们可以介入公司的日常管理。董事的注意义务存在着主观和客观的区分,并且不属于可以被追究的法律责任。⑤ "客观义务标准从不要求非执行董事应当致力于采取合理步骤引导和监督(guide and monitor)公司管理"。⑥ 由于被设定了战略管理角色,非执行董事通常不需要承担主要角色和被追究责任——因为并不参与战略目标设定和管

---

① See Andrew Chambers, *Corporate Governance Handbook*, Fourth edition, West Sussex: Tottle Publishing, 2008, p. 726.
② *Ibid*, p. 713.
③ 对董事会中心的观点,应当强调责任机制的实现的检讨,See Brett H. McDonnell, Professor Bainbridge and the Arrowian Moment: A Review of "The New Corporate Governance in Theory and Practice", *Delaware Journal of Corporation Law*, Vol. 34, 2009, pp. 139—190. See also Grant Hayden and Matthew T. Bodie, Shareholder Democracy and the Curious Turn Toward Board Primacy, *William and Mary Law Review*, Vol. 51, 2010, pp. 2071—2121.
④ 对此的较为主流的解释是由于美国各州的公司法之间的竞争,使得公司法规则趋向于有效率的结果。典型文献,See Roberta Romano, The States as a Laboratory: Legal Innovation and State Competition for Corporate Charters, *Yale Law Journal on Regulation*, Vol. 23, 2006, pp. 209—248.
⑤ See UK *Companies Act*, 2006, c. 46 § 174(2).
⑥ Simon Deakin, What Directors Do (and Fail to Do): Some Comparative Notes on Board Structure and Corporate Governance, *New York Law School Law Review*, Vol. 55, 2010, pp. 525—541, p. 530.

理①,而更多被视为是顾问。

在美国当今模式的冲击下,1999 年的 Turnbull 报告建议上市公司采取更为严格的内控和回报机制,实际上是对美国《SOX 法案》(Sarbanes-Oxley Act,简称《SOX 法案》)404 条的复制。尽管上市公司大多会遵循类似的实践,但作为监督者的董事会仍然并非是法定义务。② 这些特点,明确表述在上市公司所遵守的上市公司治理规则中。FRC(Financial Reporting Council,财务汇报局)从领导、有效性、责任和报酬四个方面界定了董事会的职责,明确规定"每一公司应当由有效的董事会领导,以集体方式向公司的长期成功负责;在公司的领导层中,应当存在着明确的责任划分,董事会的运作与和公司日常业务运作的行政责任进行区分。任何个人不应当拥有不受约束的决策权;董事会主席负责董事会的领导,确保其在履行各种角色上的有效性;作为单层董事会的成员的部分角色,非执行董事应当建设性地挑战和帮助发展战略建议"。③

除了英国以及采用英国模式的英联邦国家外,战略管理者角色的董事会还包括瑞士模式,公司的管理权力不仅完全赋予董事会,并且对其他官员如何设定和产生完全不加以规定,而且不允许董事向下授权,应当完全行使对公司的控制。④

(2) 作为战略联盟和关系投资者权力联盟的董事会

典型代表是德国为代表的共同决策机制(co-determination)下的董事会。从二战之后逐步完善的德国模式,董事会分成监督委员会和管理委

---

① See Paul L. Davies, *Gower and Davie's Principle of Modern Company Law*, 9th edition, Sweet & Maxwell, 2009, pp. 402—410.
② See Deakin, What Directors Do (and Fail to Do): Some Comparative Notes on Board Structure and Corporate Governance, *New York Law School Law Review*, Vol. 55, 2010, pp. 525—541, pp. 527—528.
③ Financial Reporting Council, *The UK Corporate Governance Code*, June 2010, be available at: http://www.frc.org.uk/documents/pagemanager/Corporate_Governance/UK%20Corp%20Gov%20Code%20June%202010.pdf, last visit at Jan. 27, 2012, p. 6.
④ See Christian J. Meier-Schatz, Corporate Governance and Legal Rules: A Transnational Look at Concepts and Problems of Internal Management Control, *Journal of Corporation Law*, Vol. 26, 2001, pp. 431—480, pp. 448—449.

员会,并且两者存在着严格的划分,即监督委员会负责公司的总体政策的制定和实施,并选举、监督管理委员会的董事,而管理委员会则负责日常的管理,并且两者之间不得兼任、相互授权。管理委员会有义务经常或应要求向监督委员会汇报。同时,由于德国采用全能银行制度,银行以派出董事的方式可以保持与所持股公司的紧密合作关系。两者结合,董事会就形成了各种权力的结合点。① 这种公司治理模式并未随着学者们宣布公司进化的终结,以及欧盟一体化带来的公司法一体化而得到终结②,反而强烈地制约着欧盟的许多其他法律制度,包括公司并购的规则等方面。③ 在美国也有 Dallas 教授主张采用关系型董事会(relational board),这主要是受到不断增强的机构投资者作为关系投资人的影响,由专业机构形成强而有力的外部制约,形成权力联合的模式。④

(3) 作为监督者和系统维护者的董事会

在 Eisenberg 的理论基础上,被 RMBCA 和美国各种公司治理规则(美国法学会、纽约证券交易所等)所采纳,并不断得到改进和增强的美国主流模式,也被称之为"现代模式"。⑤ 即董事会应当属于"督导系统的监督者"。公司在 20 世纪规模和层级不断增加,管理权日趋集中,而董事会作为顾问、战略管理的角色退化,这常常表现在由总裁或 CEO 组建专门的智囊机构或研究部门,而形成 M 型公司结构,美国公司逐渐趋向于总经理和董事会之间的平行。因此,日常的战略管理,无论是在事实上还是在规范(通过董事会的名义授权)上,并不在董事会手中。在这种情况下,董事会的职能和角色,按照 Eisenberg 以及后续改良的规范的设计,变

---

① See Thomas J. Andre, Jr., Some Reflections on German Corporate Governance: A Glimpse at German Supervisory Boards, *Tulane Law Review*, Vol. 70, 1996, pp. 1819—1848.
② See Mark J. Roe, German Codetermination and German Securities Markets, *Columbia Business Law Review*, Vol. 1998, 1998, pp. 167—183.
③ 参见邓峰:《普通公司法》,中国人民大学出版社 2009 年版,第 680 页。
④ See Lynne L. Dallas, Proposals for Reform of Corporate Boards of Directors: The Dual Board and Board Ombudsperson, *Washington & Lee Law Review*, Vol. 54, 1997, pp. 91—147.
⑤ See James D. Cox and Thomas Lee Hazen, *Cox & Hazen on Corporations: Including Unincorporated Forms of Doing Business*, 2nd edition, Vol. 1, Aspen Publishers, 2003, p. 409.

成了监督、设计和系统维护。这相比传统的英国模式,区别在于:第一,董事的注意义务变得突出出来①,同时也出现了其反面——业务判断规则②;第二,独立董事作为公司监督者,解决内部董事和管理层的利益冲突交易审查的角色大为突出,并且与内部董事的义务趋同,进而这种机制可以用于防御派生诉讼,成为责任屏蔽机制③;第三,董事向下授权和组建专门委员会成为解决内部控制的主要手段,这带来董事会行事方式的进一步程序化④,同时,合规在诚信义务中的比重上升,与之相反,责任追究上则加重了 CEO 等管理层的责任⑤,比如《SOX 法案》。⑥

2004 年来,随着 Bainbridge 的董事会中心主张,以及与 Bebchuk 的股东民主之间的争论,董事会的应然角色也成为讨论的热点。一些美国学者试图基于从 Enron 开始的对美国公司治理危机的反思以及作为监督者的董事会的 30 年实践提出改革方案,尤其是作为监督者董事会实际作用的弱化。⑦ 这一命题围绕着"股东民主""董事会独立性"而展开。Mitchell 教授提出由股东为主,其他利益群体为辅的"选民"(constituencies)直接选举 CEO,而董事会的任期应当延长甚至允许其自我选举,公布其提名

---

① See Joseph W. Bishop, Jr. , Sitting Ducks and Decoy Ducks: New Trends in the Indemnification of Corporate Directors and Officers, *Yale Law Journal*, Vol. 77, 1968, pp.1078—1103, at p.1099.

② 参阅邓峰:《业务判断规则的理性与进化》,载《法学》2008 年第 2 期,第 68—80 页。与董事会中心的关系,See Robert Sprague and Aaron J. Lyttle, Shareholder Primacy and the Business Judgment Rule: Arguments for Expanded Corporate Democracy, *Stanford Journal of Law, Business & Finance*, Vol. 16, 2010, pp.1—42.

③ See Lawrence E. Mitchell, On the Direct Election of CEO, *Ohio Northern University Law Review*, Vol. 32, 2006, pp.261—286.

④ See Lynn A. Stout, In Praise of Procedure: An Economic and Behavioral Defense of Smith v. Van Gordom and the Business Judgment Rule, *Northwestern University Law Review*, Vol. 96, 2002, pp.675—693.

⑤ See Jonathan Macey, Executive Branch Usurpation of Power: Corporations and Capital Markets, *Yale Law Journal*, Vol. 115, 2006, pp.2416—2444.

⑥ See Robert C. Clark, Corporate Governance Changes in the Wake of The Sarbanes-Oxley Act: A Morality Tale for Policymakers Too, *Georgia State University Law Review*, Vol. 22, 2005, pp.251—312.

⑦ 也有学者认为这一命题是实然的,而非应然的。See Franklin A. Gevurtz, The Function of "Dysfunctional" Boards, *University of Cincinnati Law Review*, Vol. 77, 2008, pp.391—403. 但更多学者强调了这一问题的严重性,包括 Clark, *ibid*, pp.275—282。

的依据。实际上,董事会的角色变成现有制度下的提名委员会,并且属于公开透明的选举人,而将公司控制权和诚信义务更多地赋予 CEO。[1] 从某种意义上,这复兴了美国法学会顾问 Joseph Hinsey 在 80 年代初期提出的思想,那时候董事会的角色被认为应当类似于总统选举中的选举人团(electoral college)[2],这种主张有响应和扩展[3],当然也有反对意见。[4] 按照这种设想,由于公司规制的兴起,而财务监督等职责更多地转移给了独立审计。这样,《SOX 法案》以来董事会的三个著名委员会:提名、财务和薪酬的职责就发生了变化,而董事会更多行使审查内部利益冲突交易和提名 CEO 的职责,进而董事会可以完全由外部董事组成,并且规模可以缩小,董事义务更多地向下转移给 CEO。

董事会的角色、定位和职能毫无疑问是和如何理解公司的本质结合在一起的,它之所以采用特定的行事方式:拥有对公司的最高的全部管理权力,以亲躬(physical presence)方式,经由协商、谈判和讨论,以一人一票的方式表决,并遵守正式的程序,这些特点是与历史进化中的政治特点紧密联系的。当公司进入到准则设立时代之后,尤其是 1930 年代以 MBCA 为代表的现代公司法下,董事会角色在不同的公司治理模式下是不同的,直接体现为:董事会在公司中的权威地位、职责、组成、责任机制的不同。如果说,在 19 世纪之前更多是"政治传统",那么 20 世纪以来,德国、法国等更多地受到政治现实和利益群体的影响[5],而在英美法中,

---

[1] See Lawrence E. Mitchell, On the Direct Election of CEO, *Ohio Northern University Law Review*, Vol. 32, 2006, pp.273—275.

[2] See Michael E. Murphy, The Nominating Process for Corporate Boards of Directors: A Decision-Making Analysis, *Berkeley Business Law Journal*, Vol. 5, 2008, pp.131—193, p.146.

[3] See Colleen A. Dunlavy, Social Conception of the Corporation: Insights from the History of Shareholder Voting Rights, *Washington & Lee Law Review*, Vol. 63, 2006, pp.1347—1388. See also Grant Hayden and Matthew T. Bodie, Shareholder Democracy and the Curious Turn Toward Board Primacy, *William and Mary Law Review*, Vol. 51, 2010, pp.2071—2121.

[4] See Usha Rodrigues, The Seductive Comparison of Shareholder and Civic Democracy, *Washington & Lee Law Review*, Vol. 63, 2006, pp.1389—1406, pp.1394—1396.

[5] See Mark J. Roe, German "Populism" and the Large Public Corporation, *International Journal of Law & Economics*, Vol. 11, 1994, pp187—202.

商业实践和理论研究更多地起到推动作用。那么,在此基础上的一个顺乎自然的问题是:中国法上的董事会角色、职能和思想渊源来源于何处呢?

2.2 中国的股东本位

中国法上的股东会—董事会的权力分配模式,尤其是股东本位下,仍然强制性地规定了董事会制度,但细节上和其他立法例之间存在着实质差异。这导致其他衍生规则以及实践中的实际运行的种种问题,从根本上来说,不过是公司理论上对公司的理解不足,对董事会的角色和定位不清的反映,在某种程度上是法律移植的局限性造成的。

中国现行制度并未将两权分立作为公司存在的默认前提,也没有将董事会的必然存在当成是公司的典型特征。无论是主流理论还是立法之中,都受制于公司是股东的手臂延伸,是股东所有权之派生的财产理论,或者受制于产权—不完全合同理论而将公司当成是股东的合意。前者否定公司独立存在的利益和权力,后者更多将公司模拟成合伙式的"直接民主"(civic democracy)。这两种统治性的观念,都忽略了公司的组织特性,尤其是公司作为间接民主—代议制民主的特性。①

现行中国法以股东会作为权力中心,在股东会和董事会的角色定位上,赋予前者更多的实际权力。在我国的公司理论中,股东会一般被认为是"最高权力机关",这种学理式的表述在立法中明确确认,比如 CA §36,"有限责任公司股东会由全体股东组成,股东会是公司的权力机构,依照本法行使职权";以及§98,"股份有限公司股东大会由全体股东组

---

① 关于两种民主,See Lawrence A. Scaff, Two Concepts of Political Participation, *Western Political Quarterly*, Vol. 28, 1975, pp. 447—462. 同时参见〔美〕乔·萨托利:《民主新论》,冯克利、阎克文译,东方出版社 1998 年版,第 312—328 页。See also Andrew Heywood, *Political Theory: An Introduction*, 3rd edition, Palgrave Macmillan, 2004, pp. 221—226.

成。股东大会是公司的权力机构,依照本法行使职权"。虽然略去了"最高",但法律的这一定位和其他国家并不一致,没有明确董事会在行使公司权力中的权威地位。只是在§46之中规定"董事会对股东会负责"。显然,强化股东对公司的控制,对公司的独立主体地位不够尊重构成了中国法上权力分配特点。

这种权力配置模式体现在股东会、董事会和经理的职权之上,表2.1中是公司法中规定的三个机关之间的共享权力要素。尽管现行规则允许在公司章程作出其他规定,表述分别是"公司章程规定的其他职权"(股东会)、(董事会)和"公司章程对经理职权另有规定的,从其规定"(CA §49.2)。显然,从表述的不同来看,股东会和董事会可以由章程扩张权力,也意味着上述条文中的列举是底限职能或固有职能。进一步说,这意味着股东会和董事会的基本权限结构不可删减,但可以增加。按照表述,经理的职能是可以任意修改或作出例外规定的。

除了表1所列公司法规定之外,还有一些其他的规则明确扩大了股东会的权限。这包括:(1) CA §16,"公司为公司股东或者实际控制人提供担保的,必须经股东会或者股东大会决议";(2) CA §148,"(董事、高级管理人员)未经股东会或者股东大会同意,利用职务便利为自己或者他人谋取属于公司的商业机会,自营或者为他人经营与所任职公司同类的业务";(3)《上市公司章程指引》,"审议代表公司发行在外有表决权股份总数的百分之五以上的股东的提案"。另外,有一些不够明确,需要依赖于章程约定的,包括:(1) CA §16,"公司向其他企业投资或者为他人提供担保,依照公司章程的规定,由董事会或者股东会、股东大会决议;公司章程对投资或者担保的总额及单项投资或者担保的数额有限额规定的,不得超过规定的限额";(2) CA §169,"公司聘用、解聘承办公司审计业务的会计师事务所,依照公司章程的规定,由股东会、股东大会或者董事会决定";(3) CA §148,"违反公司章程的规定或者未经股东会、股东大会同意,与本公司订立合同或者进行交易"。另外,CA §71关于优先受让权的规定,要求股东过半数同意,是否需要开会,依赖于各个公司的具体做法。至少从该条来看,并没有谈到要采取到场开会的方式。

表2.1 公司机关的权力配置

	股东会	董事会	经理
经营方针和投资计划	决定(CA §37.1.1)		
经营计划和投资方案		决定(CA §46.1.3)	
年度经营计划和投资方案			组织实施(CA §49.1.2)
年度财务预算方案、决算方案	审议批准(CA §37.1.5)	制定(CA §46.1.4)	
利润分配方案和弥补亏损方案	审议批准(CA §37.1.6)	制定(CA §46.1.5)	
增加或者减少注册资本、发行公司债券	作出决议(CA §37.1.7;CA §37.1.8)	制定方案(CA §46.1.6)	
公司合并、分立、解散、清算或者变更公司形式	作出决议(CA §37.1.9)	制定方案(CA §46.1.7)	
内部管理机构的设置		决定(CA §46.1.8)	拟定(CA §49.1.3)
公司的基本管理制度		制定(CA §46.1.10)	拟定(CA §49.1.4)
具体规章			制定(CA §49.1.5)

直接民主式的,以股东会作为权力机关的法律思维,还表现在行政规章对股东会的权力的扩张之中,尤其是《上市公司章程指引》,其中明确的扩权包括:第一,"对公司聘用、解聘会计师事务所作出决议";第二,"审议公司在一年内购买、出售重大资产超过公司最近一期经审计总资产30%的事项";第三,"审议批准变更募集资金用途事项";第四,"审议股权激励计划",等等。这是将许多战略管理权力收归股东会。这种思维还表现在行政规章有"越权"嫌疑地修改了董事会的单独对外代表权力,如《上市公司章程指引》第102条中规定,"未经本章程规定或者董事会的合法授权,任何董事不得以个人名义代表公司或者董事会行事。董事以其个人名义行事时,在第三方会合理地认为该董事在代表公司或者董事

会行事的情况下,该董事应当事先声明其立场和身份"。这个规定近似于要求董事必须以合议方式行事,不得以个人方式行事,这是除了东亚国家之外的大多数国家均对董事会行事方式进行的要求。通常除了受到日本影响的国家之外,各国均会明确规定,未经董事会明确授权,董事不得以个人方式行使公司权力,因此这个规定从理论上来说,填补了中国法上的空白。①

但是综合上述关于股东会的权力界定的法律条文,尤其是在现行公司法模式制约下的行政规章对权力的扩展规则,可以看出来理论和实务界中均存在着一种倾向:即在股东会和董事会的两权分离之中,倾向于将权力上收给股东会。而对董事会的职权,除了公司章程中自行附加的职权之外,在不同级别的法律规则上几乎都没有扩张。不对称的是,在董事会的权威、职权的收缩趋势下,其责任反而在不断加重。

实证法中存在的诸多立法表述和技术问题,更加重了上述问题的严重性。这些规则本身是描述性的,无法具体界定行为边界。股东会、董事会和经理之间就许多公司事务的权力分工和界定,是无法操作的。比如"经营方针"和"经营计划","投资计划"和"投资方案"的区别何在?"审议批准"、"决定"、"作出决议"之间如何界定?按照"内部管理机构的设置"来理解,"决定"是和"拟定"相对而言的,但是在"经营方针和投资计划"上又没有人拟定;"制定"和"制定方案"似乎分别对应着"审议批准"和"作出决议",但是两者事实上存在着多大的区别呢?如果"制定"对应着"审议批准",那么"具体规章"中谁有权"审议批准"呢?甚至会出现股东会用两个句子分别表示"增加或者减少公司注册资本"、"发行公司债券",而董事会中则合并在一起的情形。这些规则中表现出来的立法语言的粗糙、逻辑不一,令人吃惊。在权限分配上,有一些表述是很模糊的,比

---

① 但,这个规定是不彻底的。首先,仅仅是限制了对外行为,而没有将其限制为董事会的行事方式;其次,相对公司法而言,这个规定在现行制度下是越权的行政规章的产物;再次,这个规定在字面表述存在着漏洞,比如总经理是公司法定代表人,董事获得了法定代表人的授权难道不能代表公司?

如"决定",和相对明确的"审批"概念相比,决定是否意味着可以自行制定标准?

对所有这些权限的规定,采取了列举式的规定。功能列举而缺乏一个重要性程度或基础性等表述的限定,也不存在着根本性的权力机关定位表述,这导致了股东会—董事会—经理的层级分权之间的界限模糊。在这种模糊的界限之下,在不确定的情形下,对于公司而言,直接安全的解决方案,就是诉诸上级,而形成事实上的股东会扩权。更有甚者,个别法院按照自己的理解扩张了法条中不明确的表述,以便于裁判的方便,比如"股东会为公司的权力机关,决定公司的经营方针和投资计划,执行董事为执行机关,负责执行股东会的决议。总经理受聘于公司,属于公司雇员,处于辅助业务执行机关的地位"。①

这种权力分配不明确会明显地造成许多制度之间的冲突与不协调,例如,不超过本公司10%的资本或股份额度作为支付对价的对外收购,收购客体可能会随着双方协商谈判而分别构成资产、股票或人格购买,而通常大多数国家均认为这构成了董事会的权限,但在现行法律下,如果收购客体是目标公司的人格,形成吸收合并,就需要获得股东会投票;如果收购客体是目标公司的资产,则无法判断究竟应当归属于哪一个机关批准;如果收购支付的对价是本公司的新增发股票,不仅仅要获得股东会的批准,而且要经过规制机关的批准。同样性质的交易,因为财产形态不同,以及权限表述不当,就会出现类似的不对称局面。在收购客体无从判断的前提下,对公司最为安全的策略则是将其提交给股东会。

不过,尽管概念清晰之于法律的重要性无可置疑,但徒有概念是不可能执行的。什么是基本管理制度?经营计划和经营方针有什么区别,语言刻画是不可能精确的,只有在对其角色、职能的定位清晰了以后,才能作出具体的指导。即使语言刻画很精确,也不过是纸面上的法律,实践中

---

① 《李福根诉卢新胜董事、高级管理人员损害股东利益赔偿纠纷案》判决书,浙江省淳安县人民法院,(2009)杭淳商初字第1212号。

的商业操作完全是另外一回事。

2.3 中国董事会权力的考察

股东会的职权不仅仅在立法中已然过重,立法者、规制者和司法实践中都进一步在增强着这种趋势,从而将公司变得越来越像实体化的合伙,而且,在弱化的董事会职权之中,董事会的角色不明和职权遭到分割,随着分权和监督的思想倾向在实践和学界中的流行,更进一步导致董事会的角色、职能和定位变得越来越尴尬。

如果强行将不明确的法条表述与各国通行的惯例拉平,对 CA §36 和 §98,"股东会/股东大会是公司的权力机构"这一条文作出扩展解释,则可能会有不同的路径:(1)这是一个实体权力分配原则,确立了中国的股东会中心主义;(2)这只是一个宣示性的概念,实际权力应当配置给董事会。那么无论如何,在公司权力的默认机关不明确的时候,需要结合其他条文来理解。

首先,从权力派生关系来看,比如 CA §46 和 §49,分别规定董事会向股东会负责,经理向董事会负责。按照这些条文中表述的权力产生顺序,应当是由股东会选举、更换董事(CA §37.1.2),董事会聘任经理(CA §46.1.9),董事会是股东会的执行机关(CA §46.1.2),经理是董事会的执行机关(CA §49.1.1)。显然,存在着两层权力派生关系。那么,为什么要由股东会顺序派生下两层执行机关呢?在决策—执行的划分中,为什么执行机关还需要一个具体执行机关呢?这种累赘性的分权遭到了实践挑战之后,2005年《公司法》的解决方案是将经理这个固有职位变成可选职位。但这并没有解决一个根本性的命题:董事会的定位是什么呢?如果将董事会理解为股东会的执行机关,为什么还需要一个合议的董事会呢?为什么董事会还要一人一票按照民主原则来行使,乃至存在着僵局可能呢?为什么股东可以通过章程废止经理职位,而不能废止董事会制度呢？

在两层执行机关之间的职权结构上，董事会和经理之间的权限界限也不清晰，尽管法律允许公司重新设计，但工商管理部门的"标准章程"则仍然在实际上阻碍着章程的自由设计。如果按照 CA §46.1.8 和 §46.1.10 来理解，内部管理机构设置和基本管理制度的决定或制定权力被赋予了董事会，而"基本管理制度"这样广泛含义的词语，也可以理解为中国法将权力配置给了董事会。但是，这种权限划分是不清晰的，因为，如果考虑到经理可以制定"具体规章"，考虑到具体规章应当属于"立法权"，换言之是"一般规范"，这种权力在其他国家是不可能赋予经理的，再加上法定代表人对外的巨大权力，如果经理和法定代表人重合，那么中国甚至可以被认为是采取了"经理中心主义"。这些条文中的职权规定很粗疏，还有很多其他情形并没有规定在内，比如谁决定授权及其程度，再比如谁决定产品的定价政策，并使其符合法律规定？如果出现了不明情形，应当按照"权力机关"的定性去判断，还是按照"基本管理制度"去理解？

其次，董事会的权力，尤其是对外行使职权，和法定代表人制度发生冲突，或者受到后者的强烈干扰。由于我国民事法人采用了法定代表人的独任制对外进行意思表示，这种一长制的延续①，给公司治理中的分权制衡体系以及董事会集体决策带来了致命的困扰。在 1993 年版本的《公司法》中，董事长和法定代表人合二为一，由于我国法律对法定代表人的高度规制②，显然，对外承担责任广泛而居于首要位置的法定代表人不可能和仅仅参与合议的其他董事的实际地位相同，这导致了董事会合议中的地位失衡。在 2005 年版本的《公司法》中，允许公司自行设定法定代表

---

① 参见史际春、邓峰：《论经济责任制对国企改革价值的再发现》，载《政法论坛》1999 年第 2 期，第 12—19 页。同时参见张维迎、邓峰：《信息、激励与连带责任》，载《中国社会科学》2003 年第 3 期，第 99—112 页。

② 参见方流芳：《国企法定代表人的法律地位、权力和利益冲突》，载《比较法研究》1999 年第 6 期，第 419—438 页。

人,这从逻辑上解决了董事会的集体决策和合议的困难,但并未解决在前述分权模式下的纵向平衡。法定代表人和董事会对其的制约和限制常常发生冲突。①

再次,在横向水平上,董事会和其他机关之间的关系也不明确。按照中国法上的结构,显然董事会并不是监督机关,或者说,监督至少不是其主要职责。现有公司治理中,监督权的设计极其混乱和复杂,另外设计了一个监事会,上市公司还有独立董事的双重监督,国有企业甚至还有一个外部监事会的第三重监督。因此,至少从理论上看,监督职能是由监事会行使的,尽管更换经理的权力掌握在董事会手中。

最后,就纵向授权来说,什么样的权力是董事会不能以对外或向下授权、许可、委任的方式来放弃呢?或者说,什么样的决策权是必须和董事会的行事方式必然联系在一起的呢?事实上,这可能是判断一个内部机构的角色和定位的一个更为恰当的尺度。在中国的法律规范及实践中,战略管理的权力事实上常常可以下放到智囊团、经理办公会之中,可以逃离采取投票、合议、讨论和协商方式的约束;制定预算和利润分配方案的权力事实上常常掌握在财务总监甚至会计师事务所的手中;更不用说,基本管理制度已经"光明正大"地交给了总经理。而不能放弃的权力除了和董事会的定位,和权力的行使方式和决策正当性的判断相关之外,更和董事的责任相联系。现行法中除了一个含义不清的"勤勉义务"之外,并没有防止权力让渡,甚至"卖官鬻爵"的禁止性规定也没有。由于独断专裁的法定代表人制度的存在,这些因素加总起来,就会出现董事过度授权,导致实际让渡董事会的集体决策权力情形。中国公司法律实践中,常常会出现将董事会的权力过度授予董事长或者某些控股股东派出的董事的情形。

除了董事会应当由股东会选举产生,除了权力的派生关系之外,在中

---

① 参见柳经纬:《"斩不断、理还乱"的法定代表人制——评〈公司法〉第十三条关于法定代表人的新规定》,载《河南省政法管理干部学院学报》2006年第4期,第107—111页。

国法上几乎无法判断董事会的核心职权是什么,也无法判断董事会究竟在公司治理中起到何种角色,属于何种定位。如果考虑到中国公司观念中的路径依赖①,更多的是沿袭了传统中的公司治理模式的话,加上作为两层执行机关中的上层机关,考虑到集体决策、投票和合议制度,同时存在着监事会在行使监督职能,那么在中国法下董事会的角色似乎应当是战略管理。但是,如前文所述规则和实践中表现出来的职权被股东会过度吸收,董事会并不拥有管理和设计公司战略的全部权力,许多稍稍重要一些的战略管理权力,在法定资本制下,比如资本调整、股票和债券发行等,这些权力又配置给了股东会,甚至"立法权"——设定基本管理制度也需要被经理分享。

因此,尽管不能从中国法的规则层面上,基于混乱的职权分配作出非常肯定的判断,即认为中国法上的公司权力分配是股东本位,但毫无疑问,中国公司法并未采用董事会中心主义。② 这和其他国家形成了鲜明对比。但事实上,股东权力应当通过股东会来行使,而股东会不过是一个消极的批准机关,属于会议性质(meeting),甚至并没有理论假定股东会需要有争论、辩驳和合议以形成共同意志的过程。现行权力配置,毫不夸张地说,直接导致实现和维护公司共同利益的目标,被股东之间的争夺,尤其是"大股东"对其他股东的权利侵蚀而践踏了。

2.4 假定冲突和制度反应

如果说,不同的权力配置不过是物种多元化的表现,历史阶段也好,

---

① 参见邓峰:《中国公司治理的路径依赖》,载《中外法学》2008年第1期,第58—65页。
② 事实上,股东会中心主义和董事会中心主义在某种程度上也是中国学者自己创造出来的。比如对股东会中心主义的描述是"公司的一切事务,除股东之固有权,只要不违背公司的强制性规定,不违背公序良俗,不超越股份有限公司的资本范围,股东大会都有权作出决议"。参见梁宇贤:《公司法》,台湾三民书局1982年版。

中国特色也好，无关其余的话，倒也无可厚非。姑且承认中国的公司不过是"披着独立人格和享受有限责任保护的合伙"而已，但奇特的是，当事前的职权分配由于角色不明，定位不清而导致董事会的权力弱化，其周围的各个机关都在切割着其职权的时候，在事后的责任追究上，失权的董事却成了"替罪羔羊"（passover lamb），是法律、规制规则和实践中必然的"责任承担者"。不仅在2005年《公司法》修订中大幅度增加了对董事的责任追究，在各种规则、实践乃至主流舆论中，都趋向于更为严格地追究董事责任。这在公司治理规则中表现为不断对董事会和法定代表人施加的责任追究，在实践中表现为证监会对不能正常行使权力的董事和独立董事的行政处罚。

权力与责任的不对称，构成了中国公司治理的特色。这种董事权力与责任失衡，即便是在诸多的学术文献中也是强调股东会中心的职权配置、股东利益的实现与董事会中心假定下的诚信义务追究并存，甚至已经成了一种思维定式。在具体制度中，无论是法院判决还是证监会对上市公司董事的处罚之中，均能发现这种冲突的例子，比如证监罚字［2008］50号，其中在作出处罚的时候明确表达：

> 上市公司董事、监事和高级管理人员拥有公司经营的决策权、监督权、执行权。他们的职位，来自于上市公司股东大会的选举或者由股东大会选举的董事会聘任；他们的权利，源自于全体股东的委托与信任。因此，所有上市公司董事、监事和高级管理人员，均应恪尽职守，不悖信任，不负重托，在遵循法律、行政法规和公司章程的前提下，履行对上市公司的忠实义务和勤勉义务，为公司和全体股东的利益服务。不把自己或者其他第三人利益凌驾于上市公司利益之上，并且认真履行职责，主动发现、坚决制止、立即揭露控股股东、实际控制人以及其他第三人侵害上市公司利益的行为，是衡量一个上市公司董事、监事和高级管理人员是否履行忠实义务和勤勉义务的基本标准。如果因怠于履行法定义务而未发现，或发现后不制止、不揭

露,甚至策划、指挥、放任、包庇、配合侵害上市公司利益的行为,就会受到法律的制裁。

显然,和事前的权力配置时强调中国特色不同,这段责任追究上的表述则是按照其他国家的公司治理标准去判断董事会成员决策责任的典型。按照其他立法例,这是对董事责任的非常符合学术规范的表述,但是,其前提"拥有公司经营的决策权、监督权和执行权"等表述,成立吗?

其次,责任追究的失衡还表现在并不区分董事的实际权力,包括信息的获得,否决决策的可能,等等。最为典型的是,和拥有战略管理定位的英国法不同,也有别于大多数国家在责任判断上区分实际权力的行使可能和能力的不同,在规则层面上,现行规定并没有区分内部和外部董事。在证监会公布的大多数处罚案例之中,可以看出,从陆家豪案之后,开始在实践中按照直接责任人和其他责任人有所区分,但这些处罚仍然缺乏"同罪不同罚"的情形。① 事实上,直接责任和间接责任的区分模式更多来自于党内纪律处分条例的模式。②

最后,替罪羔羊的董事的另外一个典型例子是财务政策的权力行使。具体来说,选任和解聘会计师事务所,这本来应当属于董事会的职权,因为这和战略管理、投资决策乃至于对其选任的下属管理层的监督相关,并且决定财务政策的董事会常常需要为此承担责任。但《上市公司章程指引》将对会计信息质量的最重要的制约权力——聘任会计师事务所,上收给了股东会。如果聘用或者解聘会计师事务所的权力是股东作出的意味着股东有能力也有义务去判断其所提供的信息质量和数量,这显然在事实上是不可能的。同样,基于信息质量或者数量去追究董事会或者董事的诚信义务也就不公平,因为董事会并不拥有对这种信息的控制权,也就谈不上对信息的质量或数量有主要过错。至少对董事会而言,这构成了

---

① 参见尚兆燕:《独立董事法律责任的中国实践——来自证监会对上市公司处罚的经验证据》,载《山西财经大学学报》2010 年第 3 期,第 105—111 页。
② 参见邓峰:《领导责任的法律分析》,载《中国社会科学》2006 年第 3 期,第 136—148 页。

一个免责条件。这一条文和独立董事指导意见中规定的独立董事职权,以及公司法中关于监事会的职权有些冲突,后两者都规定了这些监督机关有权在认为需要的时候,聘用会计师事务所进行查账。独立董事指导意见还建议公司修改章程赋予独立董事以聘用或解聘会计师事务所的权力。显然,这和章程指引中为股东会扩权形成了冲突,很难想象,这两个规范文件出自同一个机关之手。

不过,这并不能完全归罪于证监会。综合考察中国法上的各种职权分配,这种事前事后的冲突,并不能理解为是立法或规制机关有意为之,而只可能是角色、定位的思路不明。毫无疑问,中国法中对董事会的定位不清,权力与责任之间明显不对称,公司法规则中的股东本位主义和上市公司所需要的两权分离之间存在着差距,是不争的事实。这种局面的形成原因,也表现了未经消化和整理而"照搬照抄"式的规则来源特色,甚至是立法职权分配的断裂:董事会作为股东会执行机关的财产权延伸的规则和追究董事决策和诚信义务的责任规则之间受制于不同时代的不同法系的法律理论。公司法立法模式中的默认对象是有限公司,而法律理论中更多抄袭自清末引入公司以降的传统大陆模式,事前的职权分配强调股东本位更多是民法物权与合伙理论的升级,而上市公司更为国际化,对董事责任追究的规则更多来自于英美法系,证监会更多受到香港作为中介的传统式英国公司法理论和规则的制约。

不仅如此,中国式的国有企业治理对董事会角色、职能的制约远比形式上的法律规则更为强大。除了1993年版本的公司法本身是服务于国有企业改革而导致了中国公司治理的诸多特色之外,即便在现在,国有企业模式的影响也仍然通过国有股的多数而在上市公司中,以及国家作为股东而强化的股东本位,学术研究中将公司等同于股东财产的延伸而在一般公司中得到延伸。诸多的实证研究表明了董事会制度的无效或流于形式,比如在国企中,董事直接由政府任命,并且因为其兼任党内或行政职务而形成有排名顺序的序列权力格局,因此"董事会会议往往成为党政联席会议,有些会议讨论的是日常琐事……有的重大决策还未经董事会讨论就已经实施了"①,"董事会和经营层人员交叉、职能交叉、权力交叉情况严重"①;在上市公司中,"议事过程缺乏民主,董事长往往享有过大的权力。事实上,几乎所有的议事程序均由董事长或大股东代表决定,另一方面,董事会会议的出席率偏低、独立董事参与不足,大股东直接干预董事等现象也大量存在"②,甚至出现了针对是否需要集体决策的命题研究③;对独立董事而言,实证研究表明,仅有4%的独立董事对议案提出过公开质疑,而其行动的主要目标在于保护小股东④,而非证监会所设定的目标。尤其是,在国有公司中,本来属于董事会的聘任总经理的职权,常常由政府(股东)直接任命的方式实现。在我所分析的董事会责权利的配置之下,中国式的董事会行事方式的独特特点的形成,就不能仅仅解释是基于文化、传统、个人素质、教育程度⑤,而更可能是在一种对规则的理性回应。

2.5 中国模式的制度和思想渊源

在董事会制度上,在1993年以来,中国公司法并没有如同其他法律制度移植国,以及历史上曾经出现的清末变法时期所采用的方式一样,对董事会制度进行照搬照抄。那么,一个合理的追问是,当下中国法律及学界主流观点中对董事会的角色和定位,是以何种模式作为参照系的呢?

中国系统正规地进行公司立法最早可以追溯到《公司律》,的确,在1908年之前的不长时间内,拟制(特许)论在萨维尼的主张下占据上风,

---

① 金桂苑:《国企董事会建设的障碍——上海国资系统的调查研究》,载《上海市经济管理干部学院学报》2008年第3期,第5页。
② 肖作平:《中国上市公司董事会结构分析》,载《财政研究》2008年第2期,第60页。
③ 参见宁向东、张颖:《董事会"票决制"及其前提条件》,载《南开管理评论》2010年第6期,第91—96页。
④ 参见叶康涛等:《独立董事的独立性:基于董事会投票的证据》,载《经济研究》2011年第1期,第126—139页。
⑤ 类似的观点,例如安林:《国企董事会建设难在何处》,载《上海国资》2008年6月,第75页。

公司的独立性和"共同利益"(common goods)并不突出。在当时,战略管理角色是通行的董事会定位,并且集体决策似乎能克服代理人的风险过度,这种角色和定位也容易在中国生根。《公司律》采用了照搬照抄方式,虽然缺乏理论认知,但董事会制度的原则仍然继受过来。这仍然可以看成是董事会的战略管理角色在中国的起点,也可以算是一种知识上的路径依赖。① 改革开放之后重新拾起来的公司法,则是受制于知识和时代背景,公司内的权力配置并没有恪守普遍流行的公司立法例。公司法的主要法律制度设计和学术研究,在理论解释上完全受制于民事物权理论——旷日持久的经营权/法人财产权争论就是一个典型例子,实践中将公司等同于筹资和融资手段,强调股东利益通过公司的实现,"谁投资、谁所有、谁受益"。这种价值取向导致了股东本位和股东会中心主义。加之1980年代以来公司的财产理论在世界范围内的兴起,以及在公司立法中强而有力的新古典经济学主张下延伸的早期制度经济学的意识形态的影响,中国法上更加关注的是股权的实现,而不是公司的不同群体之间的联合、组织与合作。在制度实现中,立法上将有限公司作为思维模板,研究方法上更多地采用法条比较而不是理论解释——"事实上工作于法律移植的比较法学者,在借用法律规则的时候,更多地采用事件观察而不是作出理论解释"②,从而决定了在处理公司内的权力分配的时候,缺乏理论上的支持导致了今天的格局。③

当公司的内部分权实际上缺乏理论支持的时候,很自然的一个倾向是,人们会用其他的或者现有的(ad hoc)的"默认知识"(tacit knowledge)

---

① 参见邓峰:《中国公司治理的路径依赖》,载《中外法学》2008年第1期,第58—65页;同时参见邓峰:《清末变法的法律经济学解释:为什么中国学习了大陆法》,载《中外法学》2009年第2期,第165—186页。
② See Ugo Mattei, Efficiency in Legal Transplants: An Essay in Comparative Law and Economics, *International Review of Law and Economics*, Vol. 14, 1994, pp.3—19.
③ 事实上,针对董事会的理论在中国始终是非常薄弱的,针对公司内的权力配置和分权缺乏理论解释。直到近年来才有一些学者指出应当从功能界定的角度来建构公司治理。参见龙卫球、李清池:《公司内部治理机制的改进:"董事会—监事会"二元结构模式的调整》,载《比较法研究》2005年第6期,第58—71页。

去填充空白。或者说，人们会在心目中用自己熟悉的权力配置的"格式塔"来替代缺乏明确理论支持或理性分析的方案。① 对中国的董事会权力配置的模式，在这种思路下，我试图提出一个假设（也可能更多是猜测）的回答。现行中国的公司内部权力配置模式，不过是现实中国政治制度的粗糙翻版而已。这来源于非常简单的原理：公司制度是对政治制度的简单模仿，表现在：在角色定位上，股东会之于董事会，模仿于全国人民代表大会（以下简称全国人大）和常务委员会（以下简称常委会）；而在职权描述上，则模仿于全国人大与国务院。同时，在董事会的行为方式上，也不过是党内民主决策或权力分工模式下的行为延伸而已。这并不是说，在实际职能上，公司和国家之间是简单对应的，但政治制度中的机制设计的思想，自然地填补了公司法立法时候的理论空白；这也并不是说，这种思想来源是一种有意识的来自于某个人或某些人的主动选择，而是一种包含在社会互动和博弈中的倾向，或者说是一种底层的规范，上升了公司法中的明确规则而已。②

就公司而言，股东会与全国人大分别构成了"权力机关"（CA §36 和 §98，《宪法》第 57 条），同时，董事会与常务委员会、国务院的"负责"关系也有明确的界定（CA §46 和 §108，《宪法》69 条和 92 条）。当然，宪法中明确界定了全国人大的"最高权力机关"和国务院的最高国家行政机关（《宪法》85 条）的地位，而公司法中没有这种限定，从而导致剩余权力的分配不明。但是权力派生关系上使用"负责"的表述是一样的。全国人大选举并有权罢免常委会人员，和股东会选举和罢免董事是一致的，同时，常委会有权提出提案，而由全国人大表决，也和股东会与董事会一致。

在权限的规定上，表述重叠或类似的情形也是非常典型的。如果忽

---

① See Alan Watson, *Legal Transplants: An Approach to Comparative Law*, 2nd edition, The University of Georgia Press, 1993, pp.95—101. See Guido Calabresi, An Introduction to Legal Thought: Four Approaches to Law and Allocation of Body Parts, *Stanford Law Reviews*, Vol. 55, 2003, pp.2113—2151.
② See Melvin A. Eisenberg, Corporate Law and Social Norm, *Columbia Law Review*, Vol. 99, 1999, pp1253—1292.

略国家和公司职能,那么常委会和国务院的职权加总之后就近似于董事会的职权,而且都采用了列举式。对比一下,很容易发现中外立法例的不同,比如英国公司法仅仅是在附表A中列举了一些职权,完全交给公司章程自行规定,法律主要是界定董事会作为权力中心的定位,规定应当经过股东批准的事项。在这些列举的职能之中,除了股东会类似全国人大的立法权、选举权等之外,常委会拥有的立法权、解释权、重大政策决定权、人事任免权等(《宪法》第67条),以及国务院所拥有的行政立法权、提案权、编制预算、提出方案等(《宪法》89条),和董事会所拥有的执行股东会决议、重大决策的决定权(预决算、投资方案和经营计划)、资本变动、内部设置等(CA §46)也是一致的。

公司法对宪政制度的简单模仿还体现在更多的细节之中:(1)内部风险控制和纠纷解决的职责,或者说督导公司作为一个良好的运作系统的职责,缺乏明确界定,这是因为宪法中明确界定了最高权力机关,某种意义上无须界定,但公司法却忽略了这一界定。同时,全国人大还会派生产生司法、军事等机关,而显然公司法没有类似的机构,但却没有将相应权力明确归入董事会。(2)国务院作为行政机关可以制定规则,是毫无疑问的,但是经理也拥有了拟定内部基本管理制度的权力,则是难以想象的。国务院作为首长负责制,自然应当由总理提名其他人选,但公司并不一定需要如此,而更多应当是掌握在董事会手中,但CA §46和§49却采用了类似的机制。(3)前面第一部分中所指出的权限表述的界限模糊,事实上和全国人大及其常委会之间的权限重叠、关系模糊,也是类似的。

董事会之于股东会,在中国法上的战略管理和执行的定位,事实上将两者的关系从分权制衡式的代议制民主,变成了常委会之于全国人大(assembly)的常设机关。实践之中,董事常常采用了派出或名额瓜分制度(director packing),对作为最高管理者的角色不够强调,将其他国家中近似于政治制度中国会的政策形成和系统设计机关,变成了年度大会的执行机关。

对董事会的中国法上的角色、职能和定位的上述分析,可以验证两个理论上富于价值的判断:第一,中国公司法上的权力分配,尤其是核心机关董事会的责权利配置,不过验证了公司在某种意义上是公共理论的私化的这一反复被验证的命题而已;第二,这种模式之所以固守,除了知识来源上的不足之外,更多是立法过早地集权化,使得公司法脱离了现实商业实践的需要,而呈现出的进化不足而已。或者,换句话说,这种董事会的模式产生,理论上符合 Gevurtz 教授所描述的在公司中模仿政治组织的原理,但并没有产生独立的基于商业传统和法律竞争而生成的 Mitchell 教授所描述的 20 世纪美国公司法的与时俱进;第三,如果我们深入探究公司的实际运作,而不仅仅是法条分析或比较的话,对于所谓中国法的美国化,或者某国化,或者加入了世界范围内的趋同的诸多判断,就会有所保留。

如果不需要或者不愿意去考虑组织独立性,公司作为集体利益的总和,不考虑公司作为分配机制和政治组织的特性,不考虑公司作为一个 common pool 的必要性,更不用说去考虑公司是一个利益攸关者的联合体,而仅仅是强调"谁出资,谁所有,谁受益",仅仅强调公司应当是股东权利的延伸,或者进行解释时仅仅基于产权或不完全合同的视角,董事会或许是可有可无的。事实上,中国早期的公司中,甚至某种意义上,即便是今天的公司中,董事会发挥的作用是非常有限的。许多国有公司之中长期不存在董事会,或者说不存在着真正的董事会制度。专一独断的法定代表人制度也和合议、共管的董事会制度之间存在着冲突,在这种情况下,可能查账人是更加有效的监督机制。在 1960 年代的时候也曾经有美国学者提出,随着诚信义务的泛化,其范围扩展到高管人员之中,董事会制度的存在可以被看成是过时的模式。[①] 但社会的发展与这种观点恰恰相反,1970 年代以来迈入现代模式的董事会制度恰恰说明了其背后存在

---

① See Robert A. Kessler, The Statutory Requirement of a Board of Directors: A Corporate Anachronism, *University of Chicago Law Review*, Vol. 27, 1960, pp.696—736.

着原有视角所没有发现的理性。①

中国公司围绕着股东中心构建起来的权力分配方式,已然在实践中造成了诸多的问题,亟须改进。尽管规则改进的方案并不复杂,甚至可以说确立起现代模式的董事会中心主义的规则体系,非常简单,但对公司乃至于内部权力分配的法律制度的认识,制约我们的路径依赖,不仅来自于时间,更来自于社会和政治现实。在这种沉重的压力下,转变人们对公司的认识,道路还会非常漫长。

---

① 事实上,产权或不完全合同理论对股东的解释也是不充分的,既不能解释董事会的反面,也不能有效解释股东行动主义的产生。See Gerald F. Davis and Tracy A. Thompson, A Social Movement Perspective on Corporate Control, *Administrative Science Quarterly*, Vol. 39, 1994, pp. 141—173.

§3 中国模式的公司治理

公司治理(corporate governance),以及在治理基础上的融资(corporate finance)和并购(merger and acquisition)是公司法的核心。这使得公司法有别于其他法律部门中分散的,但是日益增多的与公司有关的法律规范,比如刑法中的公司犯罪,劳动法中的劳工保护,等等。当我们考虑中国公司治理的基本框架设计(framework of corporate governance)的时候,面临着不断进入中国而增加的外国公司,以及中国不断到海外上市融资的客观事实,在全球化资本市场竞争压力下,中国在公司治理的基本框架上,已经开始出现了不同的选择。究竟是采用独立董事模式,还是完善监事会制度?究竟是采用德国的共同决策方式,还是采用美国的职工持股方式?等等选择,反复地,或隐或现地,或多或少地困扰着中国法这个以"外国法"作为规则来源正当性的规则系统。在这样的思维下,"符合本国国情"或者"有中国特色"已经成为不同调整模式和调整规则中的一个事实性判断。

证监会和证券法,以及反垄断法更多带有美国模式,合同法更多地带有《联合国国际货物买卖合同公约》的色彩,物权法更多带有德国色彩,和公司法相接轨的几个法律制度,特色鲜明。尽管存在着明显的消化不良,"吸星大法"所带来的"真气冲突"不可避免,但毕竟存在着明确的脉络。但很少被反思的是,作为一个继受法国家,在公司治理的模式选择中,似乎有一个命题没有得到真正的对待:中国既有的公司治理究竟是哪一种模式?有没有可能选择另外一种模式?学界的不同群体,解释法学、批判法学、自由主义经济学中,存在着对中国理想公司治理模式的不同解读。

我将运用比博绍克和罗伊(Lucian A. Bebchuk and Mark J. Roe)的路径依赖理论,试图从公司治理的基本框架出发,界定中国现行公司法上的治理结构的理论或者模式(paradigm)来源。现行的中国公司法中的模式,和英美模式和德国模式均不同,而是来源于荷兰和法国模式,是在1908年首次将公司制度正式引入中国的时候所采纳的制度,并且决定了相关的公司规制模式。此后,在民国、共和国以及1980年代、1990年代都有机会进行重新选择的时候,由于路径依赖,而未能改变。这既包括结构上的路径依赖,也包括规则上的路径依赖。我的观点是,中国公司法的这种治理结构,并不属于强势路径依赖,而带有起点依赖和信息依赖的特色。进而,规制上的路径依赖更多制约着公司法,竞争的、分权的公司治理规则供给模式能够改变这种基于路径依赖而产生的无效率。

3.1 公司法中的进化理论

全球化,尤其是资本市场、公司控制权市场的自由化,使得公司治理上产生了强烈的进化趋同压力。汉斯曼(Hansmann)和克拉克曼(Krankman)教授坚定地宣布"股东导向的模式"(shareholder oriented model)已经成为进化趋同的主导模式。他们将这种进化趋同(convergence)的动力界定为其他竞争模式的失败,是学界的共识,但究其核心,仍然是一种由于市场竞争而产生的进化理论。由于来自于资本、产品、要素和劳动力市场的压力,迫使以其他相关利益者为导向的模式回退。在资本市场主导的全球化经济体系中,只有更好地对股东利益加以确认和保护,通过诚信义务(fiduciary duty)来约束代理人的利己和机会主义行为,并且通过明晰的合同保护和机制设计来确定其他主体的权利,才能更有效地满足市场的扩展。

进化理论本质上是法律的竞争理论(law's competition),与之相关的理论是,规制竞争(regulatory competition)而形成规制放松。进化理论是如此的有力,它刻画了在公司法的历史上,不同的法律系统之间出于对资本、就业、税收等等原因的竞争而不断地优化和改进规则,进而导致了对规制的放松的进程。出于英国和荷兰之间的竞争,导致了1600年和1602年英国和荷兰的东印度公司的出现和制度创新,并导致后者被大陆法学者看成是现代公司制度的滥觞。① 与之类似,英国在19世纪初期学习了大陆法上的康枚达(commenda),从而在英美法上引入了有限合伙②,1822年美国也学习了这一制度。1811年,纽约州通过了立法,规定在特定的制造业中,成立公司的资本总额不超过10万美元,所有的申请人都受到有限责任的保护。③ 而英国在1855年又学习了这一制度,向所有的公司股东提供有限责任的保护,从而被视为商事公司一般化的开始。不仅在公司法的形成之中如此,之后更是由于法律系统之间的竞争而促进了规则的优化。德国对有限责任公司(GmbH)的创造,美国的新泽西州的规制放松,以及此后特拉华州公司法的自由化,乃至于在1930年代,以美国MBCA为典型,完成了向现代的"授权式"(enabling)、"许可式"(Permissive)以及"自由式"(liberal)的公司法的转型。④ 尽管存在着对特拉华州现象的争议,即其领先地位是否是由于竞争造成的,但是从长期来看,尤其是从公司法的整个进化历史来看,国与国之间、州与州之间的竞争,推动了公司法更为自由、更为合理的发展趋势,是进化理论的一个强而有力的支持点。

由于受到了来自于市场的压力,公司法中所带有的强行性规范不断发生变化,从事前的规制、审查、限制越来越向事后的司法裁量转化。这

---

① See M. Schmitthoff, The Origin of the Joint-Stock Company, *University of Toronto Law Journal*, Vol. 3, 1939—1940, pp.74—96, pp.93—94.
② See Michael Lobban, Corporate Indentity and Limited Liability in France and England: 1825—67, *Anglo—American Law Review*, Vol. 25, 1996, pp.397—440.
③ See Maurice J. Dix, Adequate Risk Capital: The Consideration for the Benefit of Separate Incorporation, *Northwest University Law Review*, Vol. 53, 1958—1959, pp.478—494, p.478, pp.479—480.
④ See James D. Cox and Thomas Lee Hazen, *Cox & Hazen on Corporations: Including Unincorporated Forms of Doing Business*, Second Edition, Vol. 1, New York: Aspen Publishers, p.91.

不仅促使了许多对公司行为的规制、目的限制、资本审查不断放松,甚至也在创造着基本种类的转换。①

进化理论中的理想公司类型和治理结构,是股东导向的公司治理模式。

> 近来,在主导司法裁判中,有证据表明,学界、商界和政界的精英分子在这个问题上产生了不断增长的共识。这一不断增长的共识,其基本要素是:对公司的最终控制权,应当被掌握在股东群体手中;经理应当负有为股东的利益而管理公司的责任;其他的公司利益群体,比如债权人、雇员、供应商以及顾客,应当通过合同或者规制的方式,而不是通过参与公司治理的方式来获得对他们利益的保护;非控制股东应当获得更强的保护,以防止控制股东对公司的不当利用(exploitation);上市公司的市价应当是其股东利益的主要衡量尺度。出于简化,我们可以将包含这些要素的公司形式的观念,称之为标准股东导向模式。②

而 LLSV(Rafael La Porta, Florencio Lopez-de-Silanes, Andrei Shleifer, and Robert Vishny 四位学者的简称③)的研究为这种理想模式提供了实证支持。他们的研究是非常广泛的,并不限于公司法,但最初的研究始于公司法和公司治理,并陆续扩展到债权人保护、政府规制、进入壁垒、银行系统和司法独立等等。④ 他们努力探讨法律和经济绩效之间关系,采用了

---

① See Larry E. Ribstein, The Deregulation of Limited Liability and the Death of Partnership, *Washington University Law Quarterly*, 1992, p. 417—475.
② *Ibid*, pp. 440—441.
③ 这一研究队伍并不限于此四位学者,陆续还有其他学者加入,如 Christian Pop-Eleches, Simeon Djankov, Oliver Hart, Caralee McLiesh 等,这里 LLSV 泛指这一采用实证方法对法律制度进行比较分析和检验的研究队伍。
④ See LLSV, Legal Determinants of External Finance, *Journal of Finance*, Vol. 52, 1997, pp. 1131—1150; LLSV, Law and Finance, *Journal of Political Economy*, Vol. 106, 1998, pp. 1113—1155; LLSV, The Quality of Government, *Journal of Law, Economics, and Organization*, Vol. 15, 1999, pp. 222—279; LLSV, Agency Problems and Dividend Policies around the World, *Journal of Finance*, Vol. 55, 2000, pp. 1—33; LLSV, Investor Protection and Corporate Valuation, *Journal of Finance*, Vol. 57, 2002, pp. 1147—1170; LLSV, Corporate Ownership around the World, *Journal of Finance*, Vol. 54, 1999, pp. 71—517.

49个国家的数据,按照法律输出和移植形成的法系概念,得到较为明确的数据。他们将这些国家公司法(也包括相关的证券、破产)中所确立的制度,从几个方面进行归类并加以拆分量化,通过对各国的资本市场发展程度的衡量,判断哪一个法律体系更好地保护了投资者和债权人的利益。结果表明,在四大法律体系之中,包括英美法、德国法、斯堪的纳维纳亚法和法国法,英美法对投资者、债权人的保护最好,其资本市场也最发达;斯堪的纳维亚法系次之,德国法又次之,法国法最差。

尽管这种实证研究还存在着很多争议和批评,比如认为他们的实证是一种验证自己已有假设的做法;或者批评有许多例外情况;或者认为没有区分强制性规范和授权性规范;或者认为忽略了历史、政治、文化等方面的影响;或者认为法律起源和证券市场之间的关系过于疏远,因果效应并不强烈等等。① 但总体上来说,LLSV的研究为我们判断公司法在促进经济效率这一目标上提供了一个判断尺度。比较法研究,并不仅仅是简单地规范和法条比较,制度的优劣比较需要建立在绩效的尺度之上。

对于后进国家,尤其是中国而言,作为一个主动进行变法的继受法国家,在以外国法作为自己规则吸收和引入的正当性的时候,尤其是"借鉴西方发达国家的经验"的改革思想路线下,为什么不能在历次的公司法规则的形成,以及规则的修订之中,向最为有效率的、至少是理论上最好的模式转轨呢?为什么不能向最强者学习呢?②

---

① See John C. Coffee, The Future as History: The Prospects for Global Convergence in Corporate Governance and It's Implications, *Northwestern University Law Review*, Vol. 93, 1999, pp. 641—708; See also Marco Pagano and Paolo F. Volpin, The Political Economy of Corporate Governance, *American Economic Review*, Vol. 95, 2005, pp. 1005—1030; See also Daniel Berkowitz, Katharina Pistor and Jean-Francois Richard, Economic Development, Legality, and the Transplant Effect, *European Economic Review*, Vol. 47, 2003, pp. 165—195; See also Raghuram G. Rajan and Luigi Zingales, The Great Reversals: The Politics of Financial Development in the Twentieth Century, *Journal of Financial Economics*, Vol. 69, 2003, pp. 5—50.
② 类似的争论也在民法典的制定过程中出现,比如蒙那代里:《关于中国民法典编纂问题的提问与回答:以民法典的结构体例为中心》,载《中外法学》2004年第6期,第662—677页。

3.2 公司法中的路径依赖理论

抗拒美国式的股东导向的公司治理,并不仅仅是中国特有的现象。比如德国仍然坚持共同决策机制,采用这种模式来处理人力资本和物质资本的紧张冲突关系;而法国公司法最近的修订则表明,他们仍然坚持欧洲道路,公司可以在原有的法国式治理结构或者德国式中进行选择。中国在2005年的《公司法》修订中也表现出了这种倾向,即并不是以进化理论中的理想模式作为蓝图来设计公司治理或者法律规则的。的确,按照进化理论或者竞争理论,不能解释各国的公司治理和公司法并没有走向趋同的现实。因此,在进化理论之外,还需要一个理论来理解多元化的物种并存的原因。就公司法的制度进化角度而言,这一解释是路径依赖理论。

比博绍克和罗伊的路径依赖理论提出了在公司法上,存在着两种路径依赖,分别是结构驱动的路径依赖(structure-driven path dependence)和规则驱动的路径依赖(rule-driven path dependence),这降低了趋同的可能性。[①] 他们主要以此解释为什么德国式的控制股东和美国式的管理人员控制两种不同的模式被锁定(lock in)在各自的均衡状态之中。前一种是由于规则制定的参与者的理性选择和集体行动导致的,由于既得利益者并不能从转轨之中获得较大的收益而排斥改革。后一种路径依赖,是因为法律规则中存在着两个特点,即主导性的法律规范和"细节中的魔鬼"(the devils is in the details)。比如同样面临内部人控制,以控制股东为主的法律体系会将决策权向上收拢,而以经理为中心的法律体系则会加强诚信义务。特定的规则体系在进行转轨的时候,遭到了利益集团的抵制,

---

[①] See Lucian Ayre Bebchuk and Mark J. Roe, A Theory of Path Dependence in Corporate Ownership and Governance, *Stanford Law Review*, Vol. 52, 1999, pp. 128—170.

"既有的法律规则可能会有效率上的优势,因为制度和结构可能已经考虑了在这些规则下的需求和问题。在这种情况下,替换另一种规则,可能会导致已有制度和职业上的基础设施变得荒废、不相称,并要求新的投资。众多的博弈者—管理者、所有者、法律人、会计人员等等,已经在人力资本上作出了投资,操作模式上也已经使用了既有的公司法规则。而替换公司法规则可能会要求这些博弈者来作出新的投资并采用新的规则"。①公司法的规则由于和财产法、合同法、证券法等其他法律体系的嵌入关系,并且和司法系统、法官的思维习惯等等制度实施体系融合在一起,故而在转轨的时候产生了成本,从而导致了先前的选择制约着此后的选择。显然,规则驱动的路径依赖也受到结构驱动的制约。欧洲学者运用两位学者的框架和模型,也对欧洲一体化过程中的路径依赖进行了分析。②

在上述理论中,制约进化的因素被界定为:(1) 沉没成本,由于转轨带来的此前的收益丧失;(2) 网络外部性,原有公司治理被大多数社会成员所接受,从而形成了规模经济,而转轨可能带来较大成本;(3) 互补性,公司法是嵌入在整个法律体系之中的,因此其他的治理方式和规则体系和原有的公司治理兼容性和互补性会比较好;(4) 转轨的不确定性,采用转轨的方式还是逐步修订的方式会由于对改革收益的不确定性而产生动摇。

路径依赖的概念来源于系统论,和混沌理论(chaos)相关。因此,路径依赖导致了转轨的困难,这从根本上是决策在时间序列上的历史因素(history matters)而导致的。③ 法律经济学学者区分了三种不同层次的路

---

① See Lucian Ayre Bebchuk and Mark J. Roe, A Theory of Path Dependence in Corporate Ownership and Governance, *Stanford Law Review*, Vol. 52, 1999, p.156.
② See Klaus Heine and Wolfgang Kerber, European Corporate Laws, Regulatory Competition and Path Dependence, *European Journal of Law and Economics*, Vol. 13, 2002, pp.47—71.
③ See Stephen E. Gargolis and S. J. Liebowitz, Path Dependence, in Peter Newman, ed., *The New Palgrave Dictionary of Economics and the Law*, Macmillan Reference Limited, 1998, Vol. P—Z, p.17.

径依赖①,分别是由于不同的原因导致的。第一级的路径依赖(first-degree path dependence)也可以称之为起点敏感的路径依赖(sensitivity of starting point),由于初始条件不同,可能在存在着多个最优的情况下,选择了某一种。这并不意味着无效率;第二级路径依赖也可以称之为信息或者知识不完备而导致的路径依赖,这不仅仅包括对起始条件的敏感,而且改变结果的成本昂贵,不断会繁衍错误;第三类的路径依赖,是由于结构性错误,而被锁定在特定的坏的均衡之中,并且这种错误结构日益产生更强的需要(progressively stronger claims),从而导致无效率。第一级路径依赖是一个简单的主张,即时间内的关系[intertemporal relationship],不存在无效率的主张;第二级规定了时间内关系繁殖(propagate)了错误;第三级不仅仅繁殖了错误,而且是不可避免的。罗伊在这之后也对法律中的路径依赖提出了三种划分,提出了路径依赖的不同程度②,他区分为弱的、中度的和强的三种路径依赖,大致上和前面的划分类似。

显然,历史决策和此后形成的博弈结构,以及规则自身的逻辑,限制了公司法的进化。因此尽管在竞争之中产生了进化的压力,但仍然存在着公司治理和公司法上的物种多元性。由此,路径依赖理论构成了对竞争和进化的达尔文主义的修正和限制。将两者结合,可以对公司法的发展和进化作出更加强而有力的解释。

3.3 中国的公司治理模式

上述两种公司法进化上的理论及其论点展开,在1990年代之后的中国公司法的规则选择之中,以及在2005年的公司法修订之中,呈现出非

---

① See S. J. Liebowiz and Stephen E. Margolis, Path Dependence, Lock—in, and History, *Journal of Law*, *Economics*, *& Organization*, Vol. 11, No. 1, 1995, pp.205—226.
② Mark J. Roe, Chaos and Evolution in Law and Economics, *Harvard Law Review*, Vol. 109, 1996, pp.641—668.

常明显的支配性。不同观念下的立法,甚至导致了诸如合伙法受到英美的影响而公司法受到台湾影响的明显趋势。坚持已有的大陆法系模式还是向国际通用的模式靠近,是在立法中选择不同的外国法规则的主要争论之一。

但是,即便是大陆法系之中,也存在着不同的治理方式,尽管大陆法系都明显地存在着控股股东,并且都有一种压制经理中心的倾向,但其中也存在着诸多的不同。中国的公司治理的基本框架在2005年的修订中,最终仍然延续了1993年的模式。和一向自以为是属于德国法系的印象不同,这种模式和德国的主银行制度、共同决策机制、工会参与的劳工保护、集体决策机制,对董事和高级管理人员的行为认定采用代理理论等并不相同。

下图中是德国大公司的共同决策机制下的典型公司治理框架,这是一种被公认为双层董事会制度+共同决策机制的结构安排:

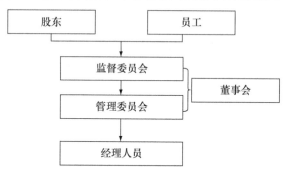

图3.1 德国共同决策机制下的公司治理基本框架

而比较一下中国公司治理的基本框架就可以看出,两者存在着明显的不同:

中国是一种典型的三角形结构,即由股东会产生监事会和董事会。在上市公司之中,还要求采用独立董事制度,这明显是受到了美国法的影响。但是,独立董事和监事会制度之间如何协调,作为内部控制制度究竟采用何种方式,已经显示出规则制定者在进化理论和路径依赖理论上发生了摇摆。

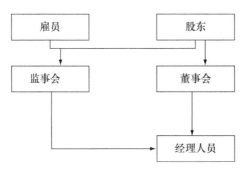

图3.2 中国的公司治理基本框架

不仅如此,其他方面的特性也表现出中德两种模式的根本性的不同:(1)银行法和证券法更多借鉴了美国法,从而确立了分业经营,并不存在着德国式的主银行和企业集团制度;(2)工会并不能参与到企业内部的职工委员会(企业委员会)之中,对公司内部劳动保护制度和外部劳动保护制度中进行了分割;(3)不存在类似德国的董事会有一定权限的征召资本的权力,而是将更多的决策权力分配给了股东会,更为甚者,在公司法中并没有确定在法律和章程未定事项的决策权力应当被控制在哪一个公司机关手中;(4)在公司对外行为的意思表示认定上,中国大陆地区采用了中国台湾地区、韩国类似的法定代表人制度,而不是德国、英美式的代理理论;(5)更不用说,中国不存在着大陆法上的无限公司、无限两合公司和股份两合的类型。这些差别使得自以为是德国法系的中国,在公司法上离德国相去甚远。

与这些特点相类似,尽管有学者认为中国由于在清末改革的时候受到日本的影响,并且在改革开放初期受到我国台湾地区的影响,而后者更多受到了日本的影响,故而认为中国的公司治理和日本的类似。这种认识也和事实相去甚远。如果仅仅从公司治理的结构性安排上来看,抛开实际运行规则,而仅仅按照公司法上的规定来看,中国的三角形结构的确类似于日本。但事实上,日本公司治理的特点并不能简单地根据公司法上规定的结构来理解。因为日本是一种典型的法人资本主义,外部市场和机制的参与治理非常薄弱,而且依赖于银行,法人之间相互持股导致实际上公司被控制在内部董事的手中。股东的力量非常弱,而是通过年功制、终身雇佣制、内部劳动力市场等,形成了实质权力被控制在管理层手中的公司治理特点。在图 3.3 中可以实际上看出其经营管理层的强大。

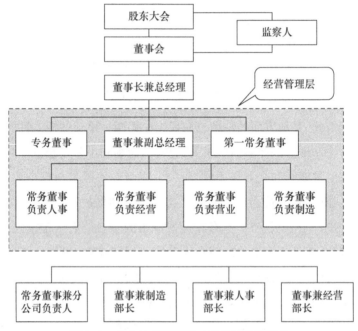

图 3.3　日本的实际运行中的公司治理结构

自然,和英美相比,中国的公司治理中并不强烈地倾向于董事、经理为中心,由于经理市场的不发达,两权分离比较弱,而常常是由控股股东来直接管理。即使是法人控股股东任命的经理人权力较大,内部人控制也并不同于其他国家的股东和管理人员之间的直接对立。缺乏分散的、大规模的证券市场,通过外部独立审计方式来完成内部控制和监督,通过员工持股计划、集体谈判机制来实现劳动者权利的保护,以及通过股东诉讼方式来解决对内部人的诚信义务追究等方面,和英美公司治理相去甚远,尽管在证券法、证券规制、银行法乃至于反垄断法上英美的色彩或隐或现。

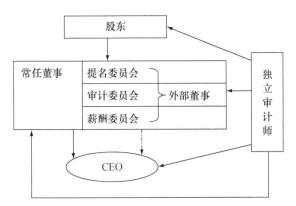

图 3.4 英美公司治理的主要模式

显然,中国存在着一种和世界主流法律体系中的任何一国均不相同的公司治理。如果试图归类,在形式上的三角形治理结构安排来判断,可能和法国法系比较靠近。如果考虑到:(1)法国的国有企业居于主导性地位;(2)劳工保护机制的安排上,职工委员会制度和法国、荷兰的企业委员会制度近似,尽管中国不存在工会从外部进入的约束和治理,否则这种近似性会更大一些。但这也仅仅是表象而已,如果考虑到对物质资本的看重,比如盛行于中国的"谁投资,谁所有,谁受益"和欧盟的劳动保护相去甚远,而在对公司的规制上强烈地依赖于对注册资本的规制,将最终的权力赋予股东会等等特点,实际上在精神上和法国法也并不相同,仅仅是形似而已。

3.4 中国公司法的路径依赖

作为一个纯粹的舶来品,公司制度是中国现代化过程中对外学习的最佳分析样本。然而,如我们前述所分析的那样,既然和任何一种当今的主流体系,尤其是单层制的美国式和双层制的德国式都不同,那么这样的公司治理,是来自于何处呢?

在公司治理上如果说最近似于现行的中国大陆的,可能是台湾地区的公司法,后者沿袭了民国时期的公司制度传统,而民国的公司治理结构框架则基本上抄袭自大清商律。大清商律中的公司律基本上照搬照抄了日本的立法。按照一些夸张的说法,日本商法中的公司部分吸收了英美法和大陆法的优点,其中的比例为2∶3。[①] 这种评价显然是错误的。但不管怎么说,我们可以从今天中国的公司治理中,看到当时所沉淀下来的基础性结构:以股东权力为中心,三角形的公司治理上的基础结构,对注册资本的限制、审查和复核构成了对公司规制的主要途径,以物权的方法来处理公司和股东之间的财产权利分配。这些基本特点并没有实质上的变化,只是在这种规制方法或者结构上,进行量的调整而已。

日本在明治维新时期的商法,在整个世界的公司法历史之中,处于并没有进化到现代公司法的阶段。1811年纽约州开始所有股东提供有限责任保护的公司法,1855年由英国确认,所有按照公司法准则成立的公司股东均获得这一保护。这被视为是近代公司法的开始。尽管法国从《拿破仑商法典》的时候已经规定了股份公司,但该法典中的股份公司仍然是特许公司,非常严格和稀少。法国真正意义上的近代公司法是1867年的版本。而德国法在1900年的时候才创造了有限责任公司。在这期间,日本和中国所学习、移植的公司制度,是在各国当今主流的公司治理尚未出现时候的模式。毫不夸张地说,在日本和中国学习的那一刹那,公司治理在大陆法上都是荷兰模式,即荷兰东印度公司所确立的公司治理模式。所以,我们并不难理解中国的这种三角形公司治理结构的来源了。而德国法上的共同决策机制是在魏玛共和国时期确立的,至于主银行制度等则是在20世纪初期浮现定型的。故而,我们并不能在中国的公司治理观念中找到这些当代德国公司治理中的特色。

然而,更为重要的是,通过注册资本的限制,对公司目的的规制,依赖于公司登记制度等等方面来完成国家对公司的控制,这被称为规制的、家长作风的公司法。而以授权性规范为主,关注诚信义务(包括针对利益冲

[①] 参见民友社:《新商法(商人通则,公司条例)释义》,民友社1914年。

突的忠诚义务和基于能力的注意义务,大陆法系上不存在注意义务),以公司融资和管理层控制公司为主要核心规范,建立在比较彻底的两权分离上的现代公司法,被公认为是在1930年代定型的。毫无疑问,中国的第一次学习过程中,学习的公司法是在进化体系中尚未定型的公司法。

从这些角度上来,毫无疑问,中国公司法的基础性结构存在着非常强烈的起点敏感的第一级路径依赖。此后,在民国时期、共和国伊始,以及1993年制定公司法的时候,都没有能摆脱这种起点依赖。这也是一种结构驱动的路径依赖,并不难理解,无论对清政府、民国政府还是共和国政府,公司都是一种新事物。在1949年如此,在1993年仍然如此。而面临的基本矛盾则是政府如何有效地防止私人创业的自由带来对社会秩序和管理制度的冲击问题。

但是,1993和2005年的《公司法》立法和修订,除了起点依赖之外,更重要的是,信息尤其是知识不完备带来的第二级路径依赖,尤其是1993年的立法。在框架上基本上照搬照抄了台湾地区的公司法,这显然和知识供给不足,研究力量薄弱,而台湾地区是一种现成的借鉴模式有关系。到了2005年的修订,这种路径依赖,可能已经同时带有结构驱动的依赖和规则驱动的依赖的特性了。这种结构,当然和民国政府的时期并不相同,而是带有了1990年代初期以国有企业为主要调整对象的结构性依赖,比如法定代表人制度、转投资限制、法人财产权的界定,等等。

2005的《公司法》所确立的公司治理以及法律规则,总体上来说,虽然局部借鉴了一些新的制度,比如在一个大陆法系规则中塞进了"勤勉义务",但其核心仍然带有近代公司法的强烈规制特色。忽略资本市场,将公司等同于主体制度,而忽略了公司本身也是财产和客体的特性,将重大权利都上收给股东会,等等。

在这样的考察下,一个顺理成章的怀疑是:我们的公司法带有如此强烈的路径依赖,难道已经被锁定在特定的均衡之中了吗?难道起点就意味着终点?在面临全球化竞争的今天,在外国公司不断涌入并带来其所遵循的另外的规范的时候,中国的公司治理如何摆脱中度的、会不断繁衍错误的路径依赖呢?

3.5 进化的可能、局限和路径

任何一种公司治理都被嵌入社会博弈者之间的互动、合作、谈判、寻租之中,被嵌入在一个融政治、经济、社会、文化、历史,以及既有的法律规则体系的系统之中。就公司治理和公司法而言,作为法律中的技术性规则,并不存在着所谓"中国特色"的问题。这部分是因为全球化的压力,也部分是来自于社会和市场的自身逻辑。

自1908年清末变法之后,中国法律体系的进化由于政治上、经济上与世界隔离,更多地吸收了苏联的模式,进而通过政治—经济的官僚体系将这一模式的内核延伸到了公司治理之中。和市场为核心的现代公司法不同,中国公司法的特殊性并不是物种多样性的表现,并不和德国、日本的传统相同。而是一种进化不足的表现。这也就意味着,尽管存在着大股东和小股东之间的利益冲突和矛盾,存在着股东利益保护和管理层谎报和偷懒(shrinking and sharking)之间的对立,存在着国有股和非国有股之间的市场分割而带来的对立,但是在公司法和公司治理上的核心问题,仍然是过度规制和市场自由之间的矛盾,也表现为事前的行政规制和事后的司法裁判之间的权衡(trade-off)问题。①

究竟有没有可能跳出一个坏的均衡,有没有可能完成一个以授权为核心的公司法的进化?这也许不仅仅是一个公司法和公司治理的问题,而是整个法律制度乃至政府治理面临的同样问题。在有些学者看来,这一进程并不乐观。似乎我们已经进入了一个被锁定的均衡,如同罗伊所说的强度路径依赖,或者是法律经济学学者所说的,第三级的、不可避免

---

① See Nicolas C. Hawson, Regulation of Companies with Publicly Listed Share Capital in the People's Republic of China, *Cornell International Law Journal*, Vol. 38, 2006, pp.237—249.

的繁殖错误的路径依赖,而难以跳出。①

如果试图克服不可避免的错误,试图避免第三级的路径依赖,有何种选择的改革途径? 按照比博绍克和罗伊的观点,在并不严重的路径依赖上,可以有几种方式达到集体选择的逻辑和社会最优的重合。(1) 科斯谈判,如果各方能够在交易成本较小的情况下,通过谈判来分享由于转轨而带来的收益,利益集团的寻租行为将会减少,而转轨中的不合作问题得以克服。但这种科斯的世界离现实太远,并且在中国的现实情况下,意味着向有权者寻租,这就会导致更大的、更加长远的无效率。(2) 削减租金,即通过强烈的变革来消除既得利益者在保持原有规则中的租金,但这是非常困难的,至少这种可资利用的新规则如何产生就是一个问题。(3) 公共意识的塑造,和前面的困难一样,公共意识如何在一个缺乏共识并且不存在类似投票机制的共识加总机制的社会中达成,仅仅依赖于知识精英的呼吁是不可能实现这一目标的,而且,知识精英的筛选机制如何确保有利于转轨的公共意识出现,也是非常困难的。

因此仅仅从路径依赖上是很难得到答案的。要试图克服公司法的路径依赖,甚至整个法律制度上的路径依赖,仍然要回到进化理论。进化理论所蕴含的动力在于产品市场、资本市场的竞争,由此造成了公共权威机关的压力,而迫使规则发生趋向于市场的优化。在此基础上,发展出来规制竞争(regulatory competition)理论。即公共机关之间本身的竞争,会消减不合理的、可以放开的规制,促使规则优化。

事实上这正是现代公司法的来源历史所证明的,通过分权化的公司法供给模式,美国的公司法较早地进入了现代公司法模式。这种竞争在中国已经开始出现,比如周边不同的证券交易所对中国公司上市的吸引,不断涌现了 H 股公司,红筹股公司,准红筹股公司,等等,这就迫使证监会、外资局和发改委不断改变规则,逐步放开。这种在证券法上已经出现

---

① See Max Boisot and John Child, From Fiefs to Clans and Network Capitalism: Explaining China's Emerging Economic Order, *Administrative Science Quarterly*, Vol. 41, 1996, pp.600—628.

的竞争,在公司法也应当通过对司法权的下放,比如允许各地创制自己的公司法司法解释规则,允许证券和公司领域中的私人仲裁,允许资本在各地的自由流动和自由注册来实现。尤其是中国现在本身具有多元法律体系的优点,包括大陆的大陆法系,香港的英美法系,以及澳门的法国法系,允许公司在这些法域之中的规则选择,才能真正解决公司法进化的路径依赖,早日促进向现代公司法的转轨。

§4 忠实义务

利益冲突是公司法中的核心规则,无论是将公司看成是合同连接体还是社会实体,无论是采用代理还是代表理论来解释董事和高管人员与公司之间的关系,都必然存在着防止董事和高管人员侵蚀公司利益行为的法律规则或制度。随着 Enron 等丑闻[1],近来发生的马多夫丑闻,乃至金融危机中表现出来的委托代理关系问题的出现,忠实义务的重要性随着社会需要而不断提高。利益冲突是董事诚信义务(fiduciary duty)中的核心,一般认为包括自我交易、公司机会、财务协助等具体规则。忠实义务由于具体情形千差万别,难以完全列举其表现,界定其外延,但其内涵通常被认为是一个广义上的利益冲突问题,即董事等高管人员不能将自己的私利,置于与公司利益(公共或集体利益)相冲突的位置或情形。"忠实义务要求公司董事避免利益冲突的交易","免于自我交易、恶意行为、欺诈和抢夺公司机会"。[2]"广义上来说……忠实义务并不是关于决策本身的程序或监督。忠实义务是关于董事和管理人员的动机、目的以及目标的,是他们试图享有业务判断规则的保护所必需的"。[3]

显然,这种内涵式的界定来源于英美法。当个人利益和公司利益发

---

[1] See Lyman Johnson, After Enron: Remembering Loyalty Discourse in Corporate Law, *Delaware Journal of Corporate Law*, Vol. 28, 2003, pp.27—73.

[2] See David S. Ruder, Duty of Loyalty—A Law Professor's Status Report, *The Business Lawyer*, Vol. 40, 1985, pp.1383,1386.

[3] See James D. Cox and Thomas Lee Hazen, *Cox & Hazen on Corporations: Including Unincorporated Forms of Doing Business*, Second Edition, Vol. 1, New York: Aspen Publishers, 2003, p.519.

生冲突的时候,公司陷入了不能谈判,也不能决定是否应当去从事交易。而董事和高管人员面临一个非常清晰的冲突,即自己的财务利益,和他们为了公司寻求、谈判最佳利益的义务之间的冲突。这使得公司处于无能为力的局面。这种交易也违反了合同的基本原则:两个独立的主体和意志。在利益冲突之中,由于管理者在合同的双方之中,直接或者间接地控制着合同双方的意志,形成了一个"虚假"的合意,从而损害了第三人(常常是公司)的利益。这也是合同外部性的一种表现。从公司利益受损的角度来判断,是实质标准,从合同双方的权力控制角度来判断,是形式标准。实质标准的判断核心,在于寻求公司利益是否受损,而形式标准的判断核心,在于寻求合同或交易的双方,主体上是否存在着被同一个主体控制。公司法上对利益冲突的判断,有一个从形式标准向实质标准进化的过程。

美国法在19世纪后期,一些法院曾经沿用英国传统方法:任何股东提起反对,都可以导致利益冲突交易被宣布为无效,除非获得了股东会的同意。[①] 在这种情况下,公司是否获得了一个正的利益,是无关紧要的。这种简单禁止的规则不仅在利益冲突交易中被使用,而且法院还将其延伸到两个公司之间的交易之中,只要在两个公司中有一个或者多个人在两家公司充当董事,交易就会被禁止。利益冲突不仅仅是个人财务利益和公司利益之间的,而且包括两家相反方向的公司中有同一董事的交易。[②] 20世纪,美国法上开始放弃这种简单禁止的立法方式。法院开始承认利益冲突交易的正当性,只要同时满足两个要求:(1) 无利益关系人批准了合同。这可以被称为程序控制,即利益冲突的交易符合特定的交易程序,比如无利害关系的董事、监事、股东会或者专门的委员会批准。(2) 合同对公司来说是公平的,这可以称为实质控制。尽管这种规则目

---

① See James D. Cox and Thomas Lee Hazen, *Cox & Hazen on Corporations*: *Including Unincorporated Forms of Doing Business*, Second Edition, Vol. 1, New York: Aspen Publishers, 2003, pp. 522—523.

② See Harold Marsh, Jr., Are Directors Trustees? Conflict—of—interest and Corporate Morality, *The Business Lawyer*, Vol. 22, 1966, pp. 35—76.

前还存在着很大争议,但已经是大势所趋。

在这种背景下,利益冲突的法律制度发生了变化。在美国法上,利益冲突交易的一般准则是,满足以下条件就可以被视为是正当的:(1) 按照公司的程序,内部人向有关公司机关作出了信息披露。如果法律或章程规定属于董事会的职权(这是大部分情形),相关交易向董事会进行了披露,而且这种披露是充分的;并且,(2) 由无利害关系的有权决策人作出了批准。同理,如果决策权属于董事会,则应当由无利害关系董事决定;如果决策权属于股东会,应当由无利害关系的股东批准。但如果属于非董事的管理人员,比如总经理,应当由董事会批准,但义务人应当进行汇报或披露;或者(3) 交易价格是公平的;或者(4) 股东在得到相关的事实之后以多数决确认交易。除了第三个条件沿用了传统模式之外,前两个条件是联合关系,将公司中的利益冲突交易进行了一个筛选,将一个合同的双方意志同受一个人控制,变成正常的两个意思表示一致的交易。这类似于通过某一种程序或机制,将不清晰的交易变成了可以辨别的,所以也被称为"安全港规则"。①

与这种内涵界定作为一般规则,将具体的抢夺公司机会、财务协助等作为具体的外延展开或特殊规则的方式不同,大陆法系的规则则由于采用了委任理论,公司董事和高管人员的行为约束方式,更多采用了"禁止"和规制方式,更加强调不得获得个人利益,不得损害公司利益。在这种模式下,利益冲突的核心是竞业禁止,"董事必须承担忠诚义务或者诚实义务。据此董事会成员必须将其私人利益置于企业利益之后,不得利用其职权牟取私利。这实际上表明,董事这一职位相当于托管人。法律上相应的规定是竞业禁止。但是,其影响范围远远超过这一点"。② 由于法院创造规则的能力是受到局限的,故而,在利益冲突规则上大陆法系表

---

① See Steven M. Haas, Toward a Controlling Shareholder Safe Harbor, *Virginia Law Review*, Vol. 90, 2004, pp.2245—2304.
② 参见〔德〕托马斯·莱赛尔、吕迪格·法伊尔:《德国资合公司法》(第3版),高旭军等译,法律出版社2005年版,第163—164页。

现出更多的强制和形式主义色彩。

中国公司法在核心理论上继受了大陆法的传统,这表现在现行公司法的主要规则之中。这是典型的路径依赖的例子。① 但是随着受到英美法,尤其是香港转手的英国法的影响,在 2005 年的规则修订中,除了沿着原有传统细化和完善了一些具体表现(比如接收佣金和保密等),明确采用了归入权的概念之外,立法规则中引入了一些英美法上的制度和表述。具体来说,这些改进表现在:在机制上,公司机会、对外担保行为采用了披露 + 批准模式,在表述上,一些概念采用了英国法上的表述,比如勤勉义务的表述。

应当说,对利益冲突规则的理解和引入,表现出中国公司法研究中的进步,这一概念的引入在当时只有十多年的历史。② 比如 1987 年的司法部教材,仅仅在有限责任公司中提到了"董事的义务,一般包括两个方面:(1) 董事对公司应尽善良管理人的注意义务。董事应该遵守法律及公司章程、决议,认真执行公司业务,细心管理公司的财产。(2) 董事对公司负竞业禁止的义务。即董事不得为自己或第三人从事和公司同类的营业"。③ 另外,对间接利益冲突交易的研究则被纳入了企业间关系的研

---

① 参见邓峰:《中国公司治理的路径依赖》,载《中外法学》2008 年第 1 期,第 58—65 页。
② 比如梅慎实:《董事义务判断之研究》,载《外国法译评》1996 年第 1 期,第 18—25 页;董安生等:《英国商法》,法律出版社 1991 年版;张汉槎:《香港公司法原理与实务》,科学普及出版社 1994 年版等。较早系统地对利益冲突规则的强调,参见杨辉:《论董事的抵触利益交易》,载《中外法学》1997 年第 3 期,第 52—56 页。
③ 江平主编:《公司法教程》,法律出版社 1987 年版,第 113 页。可以看出,这些表述在早期发展中的幼稚。即便在其修订版中,表述上也存在着诸多知识上的局限,如"在普通法系国家,董事与公司的关系属信托关系(fiduciary relationship):一方对另一方产生法律上或者事实上的信任并有所依赖,另一方因接受他人信任而负有诚实信用、谨慎、勤勉义务。无论是哪一种法律体系,有关董事对公司义务的法律规定都有以下共同之处:(1) 董事对公司负有善良管理人的义务。董事处理公司事务,应具有正常人处理本人事务同一程度的谨慎、勤勉,并确信其采取的措施是在当时具体情况下最有利于公司的选择。(2) 禁止公司利用职务优势而得到他在正常情况下不应或不能从公司得到的利益。大陆法系公司法着重强调董事的竞业禁止义务,即董事不得从事与公司营业范围相同的业务或以其他方式与公司竞争。英美公司法着重强调利益冲突问题。受托人直接或者间接从信托那里得到的利益与信托人自身的利益存在冲突,因此除了特定的几种例外情况,董事、公司职员与公司签订合约、进行交易而受有利益,并使公司蒙受不利,该合约、交易得由公司主张撤销",江平、方流芳:《新编公司法教程》,法律出版社 1994 年版,第 209 页。但值得注意的是,该教程在第六章设有专章对关联公司(主要是针对间接关联交易的规制)进行讨论。

究,多数是基于经济法理论中对关联关系和关联交易的制度研究①,并体现在相关的法律规范之中(税法、会计和信息披露制度、证券法)。

4.1 中国的规则和改进方案

2005年《公司法》中所确立的利益冲突规则,对忠实义务采取了列举的方式,而没有界定其利益冲突的内涵。比较而言,1993年CA§59和§123进行了较好的规定,"董事、监事、经理应当遵守公司章程,忠实履行职务,维护公司利益,不得利用在公司的地位和职权为自己谋取私利"。这可以看成是一个内涵界定,但这一表述在2005年版中被删除。与之类似的条文是2005CA§148,"董事、监事、高级管理人员不得利用职权收受贿赂或者其他非法收入,不得侵占公司的财产",和原有的表述相比,显然新版的条文过于具体并且不够周延,并且实际上省略了利益冲突的内涵。另外,2005CA§21还有关联交易的规定,可以看成是广义上的间接利益冲突规则,"公司的控股股东、实际控制人、董事、监事、高级管理人员不得利用其关联关系损害公司利益。违反前款规定,给公司造成损失的,应当承担赔偿责任"。但这一条文显然也是过大,因为并不是所有的关联交易都不当,也不是造成损失的都不当。客观标准往往会忽略公司的特性。

对利益冲突,以及忠实义务缺乏明确界定,因此也就导致了对利益冲突的规定,陷入了分散、具体的情形。本来2005CA§149列举了忠实义务的种种表现之后,规定"董事、高级管理人员违反前款规定所得的收入应当归公司所有",即"归入权"。但立法将收受贿赂、收受其他非法收入,侵占公司财产列入2005CA§148这一本来用来界定一般概念的条文,显然,这就意味着收受贿赂等行为的收入不能被"归入"。

另外现行《公司法》中在§148中分别规定了:(1)挪用和侵占,采用

---

① 参见史际春等:《企业和公司法》,中国人民大学出版社2001年版,第10章。

了绝对禁止的规定。但表述严密性还不如刑法中关于挪用的规定(《刑法》第272条),并且与《反不正当竞争法》中的关于交易佣金的规定有所不同。后者采用了披露和公开的方式,更为合理。(2)财务协助,表现在§148.1.3和§115(仅适用于股份公司),采用了股东会或董事会批准的方式加以控制。(3)泄密,禁止"擅自披露公司秘密"。但和《反不正当竞争法》的商业秘密不同,使用了公司秘密的概念,但没有明确其内涵或外延。(4)自我交易,规定在§148.1.4,采取了股东会批准方式。(5)公司机会和竞业禁止,这是中国公司法立法模式的一个典型代表,将大陆法系的竞业禁止和英美法系的公司机会放在了同一个条文之中,同样采用了股东会批准方式。(6)报酬披露,规定在§116,适用于股份公司。(7)表决回避,包括两类,一是规定在§124,适用于上市公司的董事利益冲突交易;一是间接利益冲突中的借款或者担保行为,规定在§16。可见,我国法律中的主要机制有两种,一种是直接禁止,一种是获得有权机关(主要是股东会,除非章程规定授权给董事会)的批准。这是借鉴了无利害关系人(disinterested person)批准的方式。

对我国这个大陆法的继受国家而言,理论上对诚信义务的研究不足,故而立法中更多是基于法定义务或合规义务而作出的规定,加上一直不重视对组织内部关系的法律调整,对许多细节问题的认识还有待于深入。另外,缺乏司法实践和判例制度,缺乏遵循先例,会导致许多具体情形无法确定,给法律实施造成很大困难。就立法而言,现有公司法的法条表述,存在着一些弊端:第一,将各成熟国家均无能力明确界定的加以立法确定,比如对公司机会的界定。第二,许多法条表述不合理,内部逻辑关系之间欠缺斟酌。许多禁止性规定缺乏相应的救济手段,或者过于僵化,不具备操作性。第三,割裂了外部关系和内部关系,将行为无效仅仅局限于公司内部。没有把董事违反竞业禁止交易行为作无权或者可撤销处理,强行规定了所谓的归入权,而对赔偿损失的规定则不足。第四,也是最重要的,没有区分不同维度的公司董事的不同情况。许多诚信义务行为受到企业性质、公司种类的影响而发生变化。

目前的立法规定显然是过于机械。

显然,2005年《公司法》立法表面上采用了有权机关批准的机制,但并没有根本上解决问题。其中核心困难是即将批准权限上交给了股东会,如果缺乏回避机制,控股股东仍然可以依据其在股东会中的多数而从事自我交易。既有的研究中其实已经注意到了这一问题,但并未被2005年版的修订所重视。比如,已经有许多研究提出对事前机制或制约机制的强化,并且体现在一些制度之中:

1. 董事的表决回避

如前所述,上市公司由于受到了证监会的规制,常常采取不同的规则,受到英美制度的影响较大。1994年8月27日,当时的国务院证券委员会以及国家经济体制改革委员会联合发布了《到境外上市公司章程必备条款》,其中第一次涉及董事回避制度。此后,在《上市公司章程指引》第83条重复了类似的规定。2001年6月8日,上海证券交易所以及深证证券交易所的上市规则,将回避制度扩大到了关联人。上市公司董事会就关联交易表决时,有利害关系的当事人属以下情形的,不得参与表决:1)董事个人与上市公司的关联交易;2)董事个人在关联企业任职或拥有关联企业的控股权,该关联企业与上市公司的关联交易;3)按法律、法规和公司章程规定应当回避的。至此,上市公司中采取的规则实际上和一般的有限公司并不相同,如何协调两者之间的关系,并且在新的公司法颁布之后如何解决不同的规定,目前尚无法判断。

2. 股东的表决回避

如果交易涉及该股东,股东在股东会应当回避。在1993年版本的公司法中并没有明确界定,新公司法的修订也仅仅是在担保行为上规定了股东的表决回避,但奇怪的是对其他的事项没有规定。

3. 独立董事、法律顾问和合规总监制度

出于缺乏内部制衡机制,上市公司制度中推行独立董事制度,国有资产管理部门推动国有企业法律顾问制度,在证券公司中证监会正在推行合规总监制度,这些都试图通过职业化或者专业化的方式,克服公司行为不当。然而,这些制度更多是借鉴英美法而来,而英美国家中两权分离比较充分,董事会中心主义较为突出,因此股东支持的独立董事或其他专业人员可以形成对管理层的制约。但中国法上的独立董事被赋予了更多一些的含义:制约大股东的利益冲突交易或其他损害公司利益行为。这表现在独立董事指导意见中对独立董事的界定,"不在公司担任除董事外的其他职务,并与其所受聘的上市公司及其主要股东不存在可能妨碍其进行独立客观判断的关系的董事",甚至要求"独立董事应当独立履行职责,不受上市公司主要股东、实际控制人,或者其他与上市公司存在利害关系的单位或个人的影响"。这个要求实在是勉人所难,既然独立董事的提名和任命都掌握在内部董事和股东手中,"63%的独董为上市公司董事会提名产生,超过36%的独董为第一大股东提名"①,要他们作为代理人去制约委托人,逻辑上就讲不通。这一定位错误在实践中已经得到证明,独立董事不可能起到证监会想象中的作用。② 在缺乏诚信义务的司法审查前提下,许多不能实际参加决策的独立董事被加诸了僵化认定的责任承担,导致更大的激励扭曲。

4. 监事会的制衡机制

强化监事会的监督作用,是学界在研究中着重强调的,其中主要的观点包括:第一,赋予监事会以罢免董事的权力,或者至少提出罢免案;也有学者强调,应当借鉴日本公司法的规定,监事如果不能履行职务,应当承担连带责任,并且强调了外部制衡机制即独立董事的重要性,但并没有分析两者之间的重合和冲突③,等等。2005年公司法对监事会的职权进行了大量扩充,规定了监事对董事的监督权、提出罢免的权利,以及提出对董事诉讼的权利。不过,在中国控制股东大量存在,公司主体性不强,资本市场和经理市场发展不充分的背景下,股东选举的监事会究竟在多大

---

① 参见《深康佳独立董事资格遭异议》,载《北京商报》,2007年8月8日。
② 参见方芳:《独立董事缘何纷纷请辞》,载《北京现代商报》,2002年11月6日。
③ 参见雷兴虎、蔡晔:《论董事行使职权的内外部制衡机制》,载《法学评论》2002年第6期,第151—157页。

程度上能起到监督作用,是令人怀疑的,并且,要求由股东通过股东会的方式来对日常决策作出制约,成本过高。公司法并没有规定对监事履行职责的激励,可以预见,监事非常容易被董事"捕获"。

有一些学者提出应当根据股东的多少和交易对公司的影响来区别批准的权力应该分配给股东会还是董事会。① 但显然 2005 年公司法并在没有这样来考虑,而是交给了公司章程自行规定。也有学者希望借鉴美国法上的非利害关系董事批准和股东批准的两种表决方式,提出中国法应当根据情形的不同有所区分。公司机会、管理报酬、连锁董事、同业竞争可以交给董事会批准,其他情形交给异议股东举证,由司法进行审查。而对于有限公司则采取强制向股东披露的原则。②

4.2 已有实践和法律责任

但是,这些仅仅是书面上的规则,并且强化事前控制机制,如果法律得不到有效遵守,仍然是画饼充饥。公司实践和条文规则及其执行之间,在我国存在着巨大鸿沟。1993CA §60 和 §61 都有禁止性规定,但利益冲突交易仍然普遍存在。许多实证研究验证了这种现象的发生频率和广度。比如余明桂和夏新平研究了 1999—2001 年的上市公司的情形,将关联交易分为销售产品、资金占用、资产重组、担保和应收账款五种类型,并且区分了控制股东是否担任公司的高级管理人员,发现控制股东的存在,以及控制股东担任、兼任高管人员情形下关联交易显著增加。③ 李增泉等以 2000—2003 年的数据研究了大股东占用公司资金的情形,发现第一

---

① 参见吴广海:《董事与公司交易的相关法律问题研究》,载《政治与法律》2005 年第 1 期,第 47—53 页。
② 参见施天涛、杜晶:《我国公司法上关联交易的皈依及其法律规制——一个利益冲突交易法则的中国版本》,载《中国法学》2007 年第 6 期,第 126—140 页。
③ 参见余明桂、夏新平:《控股股东、代理问题与关联交易:对中国上市公司的实证研究》,载《南开管理评论》2004 年第 7 期,第 33—38 页。

大股东的持股比例和对公司资金的占用呈先正相关再负相关的关系。①也有学者对大股东的侵害行为进行了实证考察,发现中国内地的大股东侵害为6%,显著高于美国、日本、新加坡、香港地区、泰国、菲律宾等,相当于印尼的水平。② 这种书面上的法和实践中的法之间的脱节,和我国的整体法治状况是吻合的,法律缺乏权威、实施不足、诚信缺失、集体性违法现象突出等弊端在几乎所有的法律制度中都存在。但是,就利益冲突的公司法规则而言,除了这些现实因素之外,法律责任承担上的模糊不清或者缺陷,也是一个重要的原因。

严格按照法律规则来理解,如果出现了利益冲突交易,交易获得合法正当效力的机制是获得股东会的批准。这一条件和程序,在控制股东通过代理人实施交易的情形下,是不能起到任何的控制作用的。CA§20"股东滥用权利"是否能够起到事后的救济;§16对担保的程序要求,是否能够在不遵守程序的情况下否定交易本身,目前还是无从知晓的。实际上获得股东会批准的规定,在现实的公司实践中形同具文。但是如果没有得到股东的批准,或者如果按照章程规定,在数额或重要性程度比较小的情形下,没有获得董事会的批准,面对已经发生的利益冲突交易,法律责任应当如何判断?最高法院的公司法解释迟迟不能出台,但鉴往知今,已有的司法实践、思维习惯和理论观点可以有助于理解利益冲突规则司法实现的可能路径:

1. 交易种类

何种情形的财产或利益转移构成了交易,公司法的标准不甚清晰,这是因为在合同法以及民法上的标准也不够清晰,并且这一问题并没有实际上得到重视。按照现行立法,将交易界定为"订立合同或者进行交

---

① 参见李增泉、孙铮、王志伟:《"掏空"与所有权安排——来自我国上市公司大股东资金占用的经验证据》,载《会计研究》2004年第12期,第3—13页。
② 参见唐宗明、蒋位:《中国上市公司大股东侵害程度实证研究》,载《经济研究》2002年第4期,第44—50页。

易",按照司法实践,这其实是一个"书面"合同的标准。但是,有几种类型的交易是被特殊对待的,即便是利益冲突人和公司之间发生的:(1)股东向公司的出资、公司向股东的盈余分配是单独适用出资规制规则的。(2)董事或高管人员的薪酬发放、费用报销以及其他支付并不包括在交易之中,而是适用薪酬规则,同时必须符合会计制度。在法律实践中,常常有公司因为中国的保险公司不提供董事和高管人员的责任保险,而无法满足外国合资者的要求,被迫采用损失补偿的方法。但这并不视为与公司的交易。(3)尽管贷款和担保明确属于交易,但立法高度重视这两种行为,并将其单列(第16条)。(4)赠与,没有公司法上的规则单独界定是否属于交易,但在合同法中常常将其单独列出。

捐赠在中国法上,常常不被视为交易的一种。合同法中将其单列,但公司法中常常回避捐赠的判断问题。即使是在2005年《公司法》中,规定了直接和间接自我交易,并且设定了许多严格的规制措施,但并没有对捐赠作出明确的规定。这就遗留了很大的漏洞,因为当事人实际上可以借捐赠之名而行交易之实。由于公司法确认了所谓的"公司社会责任"[①],这一问题可能会更为严重。

2. 主体标准

哪些人会被认定为从事自我交易?对《公司法》的条文进行概括总结,可以发现其将自我交易的主体区分为两类:(1)违反忠实义务的董事、监事和高级管理人员,高级管理人员则包括"公司的经理、副经理、财务负责人,上市公司董事会秘书和公司章程规定的其他人员";(2)行使公司实际控制权的权力行使人,包括"控股股东、实际控制人、董事、监事、高级管理人员",不得通过关联交易来损害公司利益。这种标准和其他的法律规则,比如会计制度、税法等其中的界定相比,范围比较狭窄。

---

① 也有研究注意到了类似的问题,但讨论并不深入。参见张怡超:《论公司慈善捐赠中的利益冲突与平衡》,载《兰州商学院学报》2006年第3期,第10—15页。

不过，最为严重的是，这些人员的认定标准，受到登记制度的影响，实际上采用"名义"标准。即只有得到正式委任的，行使权力的人才会被包括在这个范围之中。尽管对关联交易，"实际控制人"采取了一定的实质判断标准，"虽不是公司的股东，但通过投资关系、协议或者其他安排，能够实际支配公司行为的人"，但在实际公司法的运作中，法院大多采用该主体是否得到了正式的委任的判断标准。在裁判中，并不考虑实际权力的行使人，也不考虑拥有职位的人是否能真正行使权力。典型案例是证监会对作为"郑百文"上市公司独立董事的陆家豪，因公司会计报告虚假而进行处罚。事实上，陆家豪并不实际参与决策，仅仅是一个上市公司为了符合证监会要求而聘请的"花瓶"董事，但是在追究公司责任的时候，证监会并不考虑陆家豪是否能行使真正的监督权力。①

3. 责任形式

就现行立法规则而言，涉及利益冲突交易的法律责任承担，一共有以下条文：(1) CA §21，关联交易的损害赔偿责任；(2) CA §148 列举的忠实义务规定的归入权；(3) CA §149 的执行公司职务造成损失的赔偿责任；(4) CA §20 规定的股东滥用股权的赔偿责任。这四个条文的适用范围分别是什么，其中的关系究竟应当怎么理解，至少目前还缺乏比较权威的解释。就利益冲突交易而言，直接利益冲突交易显然直接适用的是 CA §148，但间接利益冲突就可能适用 CA §21。如果管理人员和股东的身份重合，是否可以适用 CA §20 是不清晰的。但是，利益冲突交易也会表现为履行公司职务，是否要适用 CA §149 是不清晰的。

就狭义的直接利益冲突交易而言，CA §148 只是规定了"所得的收入应当归公司所有"。如何判断"所得收入"，目前并没有明确的标准，甚至缺乏深入的理论讨论。从目前发生的多数关于违反竞业禁止要求行使

---

① 参见《郑百文原独立董事陆家豪告证监会案周四开庭》，载《国际金融报》，2002 年 06 月 18 日，第 1 版。

"归入权"的案例来看①,法院在具体的审理中因为其他原因并没有支持"归入权"。烟台法院的一个判例是在公开发表文献上能检索到的支持归入权案例的例子。②

案例1:烟台开发区华园老年人服务有限公司诉被告李梁、宋洪民、烟台开发区津中旅服务有限公司、第三人中国人民解放军济南空军烟台房地产管理处董事经理损害公司利益纠纷案

原告聘请了李梁和宋洪民担任公司的总经理和副总经理。1999年5月7日,原告与第三人签订合同,购买第三人一块土地的使用权,6月,第三人准备收回部分土地,双方提出在合作建房的基础上让第三人回购土地。2000年6月,李梁和宋洪民组建了两个人的公司,即第三被告,与第三人签订了合同,共同开发回购后的土地。2001年3月,两被告解除了和原告的承包合同,不再担任总经理和副总经理。原告诉至法院,烟台开发区法院认为,第一和第二被告没有始终以最大限度地实现和保护公司利益作为自己执行经理职务的标准,客观上没有按照公平性原则实施职务行为,利用任职优势和地位为自己谋求在常规下很难获得利益。第三被告实施了侵权行为,因此第三被告的所得应当归原告所有。法院以合同中约定的利益为标准,判决原告应当获得该对被告而言"不当得利"的数额。在上诉中,被告主张合同未履行,不能以合同标准认定,但被二审法院驳回。严格来看这个案例,支持归入权显然是合理的,但"所得"认定则有待推敲。

从目前发表的对2005年《公司法》法条分析的初步研究来看,大多数

---

① 如号称第一个竞业禁止的案件,衣可绮服饰(上海)有限公司诉周宝军、上海中远商务有限公司违反竞业禁止规定要求返还钱款纠纷案,一审:上海市浦东新区人民法院(1998)浦经初字第3526号;二审:上海市第一中级人民法院(1999)沪一中经终字第485号。以及上海大祥化学工业有限公司与江明辉竞业禁止纠纷一案,上海市高级人民法院(2005)沪高民三(知)终字第17号。

② 参见史殿美、李学泉:《董事经理损害公司利益违反竞业禁止应赔偿损失》,载《案例研究》2004年第5期,第117—120页。

文章都认为我国不存在着损害赔偿请求权,而只是规定了归入权。有些观点认为应当借鉴德国股份公司法的规定,规定行使归入权的时效或损害赔偿请求权及其时效。也有案例表现出公司对损失的损害赔偿请求权问题,但法院常常回避实体问题的判断。

案例2:朱传林诉浙江五芳斋实业有限公司董事长赵建平损害公司利益纠纷案

浙江五芳斋实业公司董事长赵建平曾两次在五芳斋公司股东之一的浙江中百股份有限公司向银行借款250万元的担保合同上签字。2001年2月20日,中百公司被嘉兴市中级人民法院裁定宣告进入破产还债程序。同年3月13日,嘉兴市工商银行从五芳斋公司在该行的资金账户扣划了原中百公司所欠的贷款资金本息2597638.16元。5月8日,股东朱传林向浙江嘉兴市中级人民法院提起诉讼,状告公司董事长赵建平,诉称赵作为五芳斋公司的董事长,违反规定,两次以公司财产为中百公司向银行借款提供保证,导致公司承担了担保连带责任,赵的行为严重侵害了五芳斋公司广大股东的财产权,请求法院判令赵建平赔偿公司经济损失2597638.16元。6月20日,嘉兴中院判决赵建平赔偿五芳斋公司经济损失259738.16元。法院根据1993CA§16.3规定:董事、经理不得以公司资产为本公司的股东或者其他个人债务提供担保。法院认为,虽然赵建平作出保证的决定是基于董事会的授权,但这只能说明董事会全体成员对该授权决定负有连带过错,董事会成员对由此所造成的损失,应当承担连带赔偿责任。而在连带责任中,原告方有权选择诉讼对象,所以,朱传林单就赵建平起诉为法律所允许。但二审法院认为原告起诉时已不再具有股东资格而撤销了一审判决,从而回避了具体的责任判断。①

---

① 参见王申:《朱传林诉赵建平董事损害公司利益纠纷案法律适用理论研讨会综述》,载《法学》2001年第8期,第74—76页。

4. 免责事由

免责事由,除了获得股东会批准或授权之外,集体决策可能会构成一个免责事由,尽管没有明确规定在法律之中。法院有类似的实践,在叶建民诉惠州市新世纪建化有限公司财产损害赔偿纠纷案中,原告追究被告作为董事长的注意义务,认为公司向第三人购买的机械设备属于假冒伪劣产品,缺乏税务发票。但法院认为公司在为该多次行为之前分别经董事会讨论决定,并且经多人操作共同实施,属于公司集体行为,而不是个人行为。①

5. 公司治理中的替代机制

利益冲突交易在中国法上普遍存在,但在这种背景下的中国公司经济仍然保持了较高速度的增长。尽管并不能由此简单判断说法律上的产权界定和真实的经济发展之间的关系并不像我们平常想象得那样紧密,但显然,除了法律之外,还有其他的替代性机制,比如社会信任和社会规范。另外,不可忽视的是,普遍存在的国有公司内部奉行的治理规则,以及刑事责任的广泛采用,可能降低了利益冲突交易的发生频率或强度。

(1) 广泛存在的刑事责任

如同汉斯曼和克拉克曼的传神描述,"在公司化的经济中,国家对公司事务进行控制的主要工具在公司法之外。它们包括对信用、外汇、执照和反竞争法豁免的分配,其实体性的自由裁量权集中在政府官僚手中。然而,公司法仍然可以起到一些作用,比如弱化股东对公司管理者的控制(减少管理者面对政府优先性权利的压力)。作为对管理渎职的制裁,[经理人员]受到国家行政管理的刑事制裁而不是股东控制的私法诉讼(给予政府面对管理人员以更强的权威,由此可以行使政府的裁量权)"。② 中国也具有这种特点,对利益冲突交易损害公司利益的犯罪处

---

① 参见一审:惠州市惠城区人民法院〔2002〕惠城法民初字第 249 号民事判决;二审:广东省惠州市中级人民法院,(2002)惠中法民一终字第 322 号。

② See Henry Hansmann and Reinier Kraakman, The End of History for Corporate Law, *Georgetown Law Journal*, Vol. 89, 2001, pp. 439—468, at pp. 446—447.

罚在刑法中有广泛的规定。在1995年的《关于惩治违反公司法的犯罪的决定》中,刑法规定了商业受贿罪、受贿罪、侵占罪、贪污罪、挪用资金罪和挪用公款罪。此后,在《刑法》中,第163—169条,以及第271、272条,规定了非法经营同类营业罪;为亲友非法牟利罪;签订、履行合同失职被骗罪;徇私舞弊造成破产、亏损罪;徇私舞弊低价折股、出售国有资产罪;公司企业人员受贿罪;对公司、企业人员行贿罪;职务侵占罪;挪用资金罪。几乎从各个方面界定了违反忠实义务的犯罪。但这主要是针对国有企业而不是一般公司的。①

(2) 国有资产流失的高度规制和经营责任

作为一种意识形态普遍存在的"国有资产流失",成为推动国有资产监管部门加强对公司交易行为的控制、监督的主要动力。在这种情况下,国有资产管理部门不断介入公司的日常交易行为,对交易的对价进行审查:(1) 事前对公司重大资产交易对价的审批,包括通过中介机构的"资产评估";(2) 除了取得上级主管部门(现在也表现为控制股东)的批准之外,还需要经过国有资产管理部门的批准;(3) 如果涉及一定份额以上的股份交易,必须采用公开拍卖或者竞价的方式,在指定的交易场所(国有产权交易市场)上进行买卖;(4) 工资、奖金发放以及期权计划(ESOP)等受到规制;(5) 股息分配政策的制定受到国有资产管理部门的规章规制。② 如果董事和高级管理人员从事了利益冲突交易,并且被认为是对价不当,可能会出现几种不同的情形:如果合同已经履行,这种交易按照合同法有效,但董事和高级管理人员常常被会追究行政责任乃至于按照前述的刑事规则承担责任;如果交易没有履行,交易会被停止。

(3) 公有组织的组织原则和决策程序

对利益冲突交易形成制约的另外一个因素也和国有企业联系在一起。商事公司中常常存在着国有机构作为投资者和控制股东,董事和高

---

① 参见曲伶俐:《论公司利益的刑法保护》,载《法学论坛》2007年第3期,第80—84页。
② 参见邓峰:《国有资产的定性及其交易对价》,载《法律科学》2006年第3期,第113—122页。

管人员常常采用直接派出的方式,而不是存在着一个经理市场,以向公司独立负责的方式来履行职责。作为上级机构(控制股东)的派出人员,董事和高管人员本身属于政府官僚的一员,其职位常常可以和政府官员对调,或者属于原有的国有企业的经营管理人员,这就将公有组织的决策方式带入到了公司治理之中。有学者注意到了这一现象,并将其称之为"制度性利益冲突"。[①] 也有学者注意到了公共管理规则对经济组织中的利益冲突的制约作用。[②]

公有组织的组织原则既带有行政机关的特性,也带有党的组织管理的特性,影响到公司决策行为的因素包括:(1) 集体决策;(2) 上级授权;(3) 向利益攸关者负责。首先,虽然采用了法定代表人制度,但集体决策仍然是非常强烈的倾向,这使得利益冲突交易得到了相当程度的遏制。并且,如果交易等决策是集体决定的,实际上可以作为一个免责事由。其次,只有获得了来自于上级的授权,其责任才会被上级吸收,而上级常常随着级别的提高,即便是批准了错误的决策,其责任承担也趋向于政治责任而不是法律责任。[③] 最后,公共机关需要向更多的主体比如消费者、社区等负责,从而总是可以出现"免责理由",同样,也会对来自于多元主体的批评作出较为敏感的反应。即当"社会或公众舆论"比较强烈的时候,管理人员会倾向于采用较为保守的态度作出决策。这些公共组织的治理规则都在一定程度上制约着利益冲突交易的频率和强度。

4.3 公司利益的缺失

尽管存在着诸如"损害公司利益"的立法规则表述,但我国公司法对

---

① 参见王钧:《中国上市公司的制度性利益冲突》,载《北大法律评论》2001年第1辑,第82—117页。
② 参见程文浩:《中国治理和防止公职人员利益冲突的实践》,载《广州大学学报(社会科学版)》2006年第10期,第15—18页。
③ 参见邓峰:《领导责任的法律分析》,载《中国社会科学》2006年第3期,第136—148页。

利益冲突的法律调整中,实际上有一个命题被忽略了:公司利益是什么?利益冲突显然是两个利益——诚信义务人个人利益和公司利益——的冲突,缺乏公司利益的界定,如同缺乏比较的尺度,就不可能有良好有效的司法调整。法律规定了归入权,这不过是"不当的个人利益",而不是"对公司利益的损害",是"不当得利"的标准,而不是"侵权"的标准,是利益冲突交易本身所产生的"积极利益"而不是公司损失的"消极利益"。

不同的公司本质理论存在着激烈的争论,延宕至今,并无定论。[1] 但各国的法律规则中还是明确存在着董事会中心和公司利益的。公司之所以不同于合伙或独资企业,公司董事和管理人员不同于单纯的代理人,是因为存在着独立的公司利益。[2] 股东的财产加总并不等于公司利益,按照不同理解的解释,来自于:(1) 公司的法人人格和两权分离;(2) 公司的程式特性(formality);(3) 多元利益主体或利益相关者;(4) 长期的股东利益。[3] 在两权分离不充分的有限公司之中,管理者的诚信义务很大程度上并不需要法律的干预。这甚至被 Mitchell 教授称为"诚信义务的死亡"。[4]

相比之下,中国在法律思维和司法实践中,公司利益的概念并不突出,常常是股东利益替代了公司利益。这导致所有的内部管理上的风险完全由股东承担,公司的对外行为和内部关系完全脱离,这就使得委托代理上的问题常常得不到有效地法律救济。同时,规制型的公司法更多地采用事前禁止的方式,也造成了事后救济的不足。缺乏公司利益的概念,

---

[1] See William T. Allen, Our Schizophrenic Conception of the Business Corporation, *Cardozo Law Review*, Vol. 14, 1992, pp.261—280. 同时参见邓峰:《作为社团的法人:重构公司理论的一个框架》,载《中外法学》2004 年第 6 期,第 742—764 页。

[2] See Lawrence E. Mitchell, Fairness and Trust in Corporate Law Fairness and Trust in Corporate Law, *Duke Law Journal*, Vol. 43, 1993, pp.425—491.

[3] 关于公司理论的综述,参见 See Katsuhito Iwai, Persons, Things and Corporations: The Corporate Personality Controversy and Comparative Corporate Governance Persons, Things and Corporations: The Corporate Personality Controversy and Comparative Corporate Governance, *American Journal of Comparative Law*, Vol. 47, 1999, pp.583—632.

[4] See Lawrence E. Mitchell, The Death of Fiduciary Duty in Close Corporations, *University of Pennsylvania Law Review*, Vol. 138, 1990, pp.1675—1731.

缺乏两权分立，并且在股权结构上多数公司存在着控制股东，常常导致本来属于委托—代理关系中的问题，转化成为控制股东和其他股东之间的争夺。以广州市中级人民法院裁判的一个简单纠纷为典型例子，原告系公司法定代表人，并持有40%的股权，被告二人持有公司60%的股权。在公司放弃了对某租赁房屋的使用之后，出于认为公司不当放弃对房屋的经营，被告二人联合在该未到期的房屋上继续经营，原告认为两被告侵害了公司资产。法院在审理中的争论，集中于究竟属于公司意志和股东意志发生了冲突，还是大股东和另外两个占多数股的股东之间的冲突。在这种背景下，在公司法中强调对"股东权利的滥用"的制约，就很容易理解了。以北京市法院的公司诉讼纠纷来看，大部分都集中于股权的确认、转让，以及控制股东和非控制股东之间对公司政策或者行为，尤其是分配股息、出资、转让股权等方面的冲突。缺乏两权分离和公司利益，还导致法律强化了对公司行为的禁止性规制，比如僵化地赋予小股东以公司五年不分配股息而拥有请求公司回购股权的权利。

我国法律和理论中缺乏独立公司利益，而是采用了物权式的"所有权"标准。司法中对公司利益的界定一般采用名义所有权标准，即在公司名下的财产属于公司财产，而一旦采用其他名义，试图获得民事救济就非常困难。最典型的例子是，如果股东对公司的出资不足，并不产生公司对股东的请求权，而是产生股东之间的违约责任。在中国公司的实践中，大量存在着挪用公司资产（常常以现金的形式）来规避严格法律规制的行为，这种情况下，公司资产可能会以其他人的名义持有，此时证明公司对该资产的所有权，是非常困难的。因此，公司法中会单独规定"挪用"，但如果资产被"挪用"到第三人名下，只能产生公司的债权请求权，而不能产生物权请求权。但是值得注意的是，在刑事规则中，如果转移资产或者交易对价不合理，可能会被认定为侵占或者挪用公司资产，如果属于国有公司，则甚至可能构成贪污，这种情况下，管理和决策人员（直接责任人员和法定代表人）需要承担刑事责任。

这方面的典型代表案例是东方电子的证券欺诈案。东方电子于

1997年1月21日上市,其后股价飞涨。2001年东方电子曝出高管财务造假问题:1997年4月至2001年6月以来,先后因内部职工股套现和资金炒作获得收益,其中主要采取的方法是将公司的资产分散为其他个人名义持有,违反公司直接在股市上炒作自己的股票的规定(规则已修改),合计17.08亿元,并通过虚开销售发票、伪造销售合同等手段,将其中的15.95亿元计入主营收入。但是,该案中的管理人员,隋元柏、高峰、方跃等人并没有将公司资产归入自己的名下,故而只是按照"编制虚假财会报告罪"追究其刑事责任。①

公司利益的认定标准,在"法人财产权"的概念之下,注重有体财产的保护,体现为"所有权"性质的"有体财产"才会被认定为公司利益。总体上来说,认定公司利益损失的标准转化为"意志"(will)理论和授权原则。法律和法院倾向于回避对实体利益大小的衡量。这种情形下,不仅公司的市场机会、交易中的利益对价等无法得到法律的保护,即使是无形资产,诸如特许权利、商誉(good will)等无形财产的公司归属的确认都存在着困难。这表现在所谓的"国有资产流失"命题之中。在国有企业通过合并、改组、换股等多种方式进行有限公司化或者股份公司化的过程中,这一现象被注意到了。②

尽管对非有体财产的公司利益确认存在着困难,在国有公司内,1994年之后采取的国有资产监管体系,逐步完善了"产权确认和登记""交易价格和方式规制"等制度,防止所谓的"国有资产流失"。首先通过登记、清查等方式对国有资产进行确认,其次要求任何涉及国有资产的转让,应当得到国有资产管理部门的批准,或者在一定限额之上的国有股权应当在指定的交易场所进行公开程序的交易。在实际操作中,涉及国有公司的交易,常常在股权等方面的交易上采用价格审查,对合同中的交易对价依据市场价格的判断。因此,许多利益冲突交易也牵涉在内,对这样的交

---

① 参见康伟平:《洗钱成就庄家》,载《财经》2003年4月5日,总第81期,第39—41页。
② 参见周凌霄:《国有无形资产的流失及其对策》,载《探求》2002年第1期;徐文秀:《论国有无形资产的流失及保护》,载《理论观察》2004年第6期,第18—19页。

易如果价格不当,会导致法院面临艰难的选择:以合同法确认效力,还是以国有资产管理放弃管辖或判断,也会在理论上引起较大的争议和关注,比如典型的"健力宝张海案"。① 另外,在国有企业"私有化"过程中的管理层收购(MBO)则构成典型的利益冲突交易,但由于上述的法律规则缺陷而陷入争论,其中反对的观点主要是交易对价不合理,而支持的观点则认为行政叫停 MBO 破坏了市场和交易自由。②

除了"资产流失"之外,缺乏公司利益标准还表现在无法界定"利益冲突规则"中的公司损失的范围。除了对积极利益的归入,对公司损失的"消极利益",股东是否可以请求诚信义务人赔偿,赔偿范围如何认定,在缺乏公司利益的思维和概念情况下,存在很大困难。CA§149 是否可以用于忠实义务是存在歧义的。该条有两个限定,"执行公司职务"和"违反法律、行政法规或公司章程",但是违反忠实义务或者进行利益冲突是否构成执行职务是值得商榷的,同时,后面的限定究竟何指也是不明确的。因为违反诚信义务一定是违反公司法,这里所限定的"法律、行政法规或公司章程"究竟是否包括公司法? 另外,何谓执行职务也存在着不同标准,比如《刑法》中存在着"为公司利益"的主观标准、"公司获得利益"的客观标准,以及授权范围内的"权限标准"等争论,因此,这里的执行公司职务究竟是一个实指还是一个虚指是不清楚的。这些规定都表现了试图通过"迂回"界定公司利益的努力。

与缺乏公司利益相联系的问题是,如果公司和董事等高管人员之间发生直接的利益冲突交易,或者是通过股东或高管人员控制的第三人发生和公司之间的间接利益冲突交易,这种合同是否可以被否定? 在我国的法律实践和理论思维中:(1) 缺乏公司作为一个"Common Pool"的概念;(2) 合同理论中采用了意志理论(Will Theory),对缔约中的过失缺

---

① 材料非常多,例如参见沈莉:《法学家炮轰三水区政府 称其接管健力宝属违法》,载《中华工商时报》2005 年 3 月 1 日。
② 例如参见李爱明:《刘纪鹏直言郎咸平下手太狠 江平质疑行政叫停 MBO》,载《中华工商时报》2004 年 12 月 20 日。

审查能力和标准;(3) 公司被理解为股东的集合财产,所有的代理风险首先由股东承担;(4) 在内部行为效力的判断上,并不采用代理理论,而是采用代表理论,有一个专断的、集权的法定代表人。① 公司的所有对外行为必须得到法定代表人的授权,并且法定代表人的行为和公司的行为是合二为一的。事实上,学者大多注意到了各国采用了不同的理论学说,比如代理说、代表说、委任说、特殊关系说等②,但少有学者将其与利益冲突中的交易效力联系起来,并不认为应当采用代理理论。有学者提出了对各国立法的总结,将其分为:第一,当然无效说;第二,可撤销说;第三,无权代表说,并且认为无权代表说更为合理,但并没有引起广泛的回应③,个别学者认为这种合同当然无效。④ 但典型的理论观点,则属于民事理论,有着强大的统治力,比如"代表人与法人是民事主体内部的法律关系,是一个民事主体……代表人为法人实施民事法律行为即为法人的民事法律行为,不发生效力归属的问题"。⑤ 也有一些学者分析了其他国家的情形,认为由公司追认效力的方式很少,大多数国家都是充分保护善意第三人的。⑥ 在这样的理论背景下,几乎没有案例显示利益冲突交易得到了否定,除非是不涉及任何其他主体的情形。法院倾向于采用标准的合同方式来作出解释,比如下述的案例。

案例 3:羊老大商标案,陕西省高级人民法院

1995 年 7 月,被告与原告等股东成立了榆林市羊老大制衣有限责任

---

① 对法定代表人的批评,参见方流芳:《国企法定代表人的法律地位、权力和利益冲突》,载《比较法研究》1999 年第 3、4 期,第 419—438 页。
② 参见朱晓娟:《股份有限公司董事"恶"之法律抑制》,载《政法论坛》2004 年第 5 期,第 50—58 页。
③ 参见何永哲:《董事自己代表和双方代表与公司交易行为之禁止探讨》,载《中国司法》2001 年第 10 期,第 72—74 页。
④ 参见石少侠:《公司法》,吉林人民出版社 1994 年版,第 243 页。
⑤ 参见魏振瀛主编:《民法》,北京大学出版社 2000 年版,第 86 页。
⑥ 参见董峻峰:《董事越权代表公司法律问题研究》,载《中外法学》1997 年第 1 期,第 39—45 页。

公司(以下简称"榆林公司"),原告为控股股东,被告为第二股东,原告为董事长,被告为总经理。同年,申请注册了"羊老大"文字商标。公司起步之后,为了走品牌发展道路,2000年8月,股东会决定把北京作为对外窗口,榆林作为生产基地,以转让"羊老大"商标为条件,重新融资成立了北京羊老大服装公司(以下简称"北京公司")。

"北京公司"发起成立后,原告担任公司董事长,被告担任总经理,股权分布和榆林公司相比较为分散。公司重新投资设计了羊老大图形商标,鉴于"北京公司"在登记成立中,就根据事先约定先以"榆林公司"的名义申请注册了这些商标(包括羊老大图形商标和羊老大文字+图形商标),并等公司成立之后再将这些商标转让到"北京公司"。2001年,"北京公司"正式完成工商登记注册,便按照公司发起大会上的约定,把羊老大商标陆续从"榆林公司"转让到了"北京公司"。2002年9月,整个商标转让完毕,从此"北京公司"成为"羊老大"系列商标的唯一合法所有人,包括羊老大文字商标、羊老大图形商标和羊老大文字+图形商标。

从2000年开始,"北京公司"聘请著名歌星担任形象代言人,提升了"羊老大"品牌的知名度。原告从2000年起就背着其他股东在榆林擅自加工服装,收取品牌管理费据为己有,2002年用"羊老大"商标在榆林集资成立"榆林市羊老大服饰公司",生产和销售"羊老大"品牌的服装。原告利用自己同时担任"榆林公司"和"北京公司"法定代表人的身份,2002年4月20日,以两家公司的名义,签订"联合声明",将"北京公司"拥有的"羊老大"商标转回"榆林公司"。"北京公司"于2002年8月召开股东会,依法罢免了原告的董事长职务,选举被告为董事长。原告以榆林公司的名义向榆林市中级人民法院提起诉讼。

一审法院认为,2001年7月10日,原被告向国家商标局申请将文字商标转让给被告,其转让时原告任原告、被告公司的法定代表人,原告现在也不否认转让商标的真实性,说明转让该商标是两公司的真实意思表示,且双方就转让事宜已向国家商标局提出申请,应当认定转让行为有效。后原、被告又签订了联合声明,其实质内容是双方当事人对羊老大商标专用权由原告转让给被告合同的终止,联合声明具有合同的性质,是对原转让协议的终止。原告不能取得图形、图形加文字的商标所有权,要求被告停止使用这两个商标的诉讼请求没有法律依据,依法不能成立。被告所持有的文字商标归原告所有。被告在本判决生效之日起一月内负责协助原告办理羊老大文字商标注册人的变更手续。二审法院除了维持一审法院的判决之外,认为图形商标、图形加文字商标均属于文字商标的衍生,因此,既然主商标转移,从属商标也应当归属于原告。被告提起再审,获得支持。

很显然,上述案例代表了我国法院受到公司是股东手臂的延伸和利益加总的一贯思维束缚,即并不考虑公司内的关系,而只是将关联交易等同于独立主体之间的关系,仅仅考虑合同关系而不考虑组织内部关系。甚至,法院有时候会给人一种印象,试图采用类似于"诡辩"的方法,完全采用主体或意思表示的标准,回避对这种交易效力的判断。[1]

不能通过否定利益冲突交易(撤销或无效)的方式来保护公司利益,成了我国的司法实践惯例。由于受到代表理论的制约,同时公司的独立主体地位并不能真正转化为法律制度和法律思维中得到支持的概念,公司内所有实际上的代理风险都被股东承担,公司的纵向管理中的矛盾也被转化为股东间的矛盾。显然,只要满足了法定代表人的授权,就代表了公司行为,对外的合同和交易就容易被认定符合条件,在这里不存在着基于利益冲突交易的禁止性规定或者"过错"而导致的对外合同无效。如果交易缺乏授权,无论是否构成了利益冲突交易,在民事理论上采用"表见代理"制度。《合同法》第50条规定,"相对人知道或者应当知道其超越权限,代表无效或者可撤销",但实践中并没有发展出来,如何判断相对人的"知道或者应当知道"。和公司进行交易的第三方如何能够意识到"交易的代理权存在疑点"呢?实际上,缺乏对公司作为层级组织的理

---

[1] 参见北京市中级人民法院民四庭主编:《公司法审判实务与典型案例评析》,中国检察出版社2006年版,第380—390页。

解,根本就无法考虑"应当知道",在法律实践中,法院倾向于采用"知道"标准,而缺乏"应当知道"的判断。即使是关联交易或自我交易,当事人也可以援引"并不知道"来免责,或者说这一规定实际上将"知道"的举证责任配置给了原告,从而实际上无法基于过错而否定交易。

法律不能否定利益冲突交易本身,也就丧失了对利益冲突交易最核心的控制手段。不过值得注意的是,如果在现行法律制度下,满足了两个条件之一,在理论上还是有可能否定利益冲突交易的,但很不明确:(1)违反了法律、行政法规的强行性规定。但在实施中,违反了公司法上的忠实义务本身是否属于违反了法律的强行性规定呢?这存在着很大的逻辑循环问题:董事违反了忠实义务而和第三人签订的合同,第三人的过错难以举证和判断,公司只能借助于强行性规定希望宣布合同无效,但违反忠实义务本身也是一般性的强行性规定。在这种背景下,公司是否可以直接宣布该合同违反强制性规定?如果没有法院通过案例的界定,很难解决这种判断问题。(2)第三人不存在着善意。这本来是一个非常"通用"的标准,可以为公司提供否定与第三人之间的合同的救济。但是,受到法定代表人制度、内部关系和外部关系分离、强调交易安全而不是考虑公司利益的保护等方面的影响,加上对交易过失的判断和代理法规则的缺乏,导致善意第三人制度在实践中变成了第三人保护。善意第三人的规则,本来包括"应当知道"和"知道"两个层面,但实践中"知道"与否成为单一标准。公司试图去证明第三人"知道",几乎是不可能完成的任务。在这样的背景下,对广义的利益冲突交易,中国法上几乎不可能对公司提供合同无效或可撤销,并由此产生各自返还(包括利益或原物)、撤销履行等法律责任的救济手段。

如果进一步考虑到盛行的法定资本制的政策理由:股东用交给公司的财产作为对债权人的利益的担保,即"托管资金"理论(trust fund theory)①,加上保护善意第三人变成了"保护第三人"的司法实践。实际上我国的法律实践中,存在着债权人利益优先于股东利益,股东利益优先于管理者利益的逻辑,而独立的公司利益则无从判断。

进一步,"归入权"也就构成了中国法上对利益冲突交易的主要救济方式,但实际上这种救济是对公司内部管理关系的一种替代,法律是否需要明确公司对这种利益拥有归入权并不重要。即使法律没有明确规定,公司完全可以凭借合同、章程或者侵权规则,对内部人造成的公司利益损失进行请求赔偿。公司也可以行使事实上的处罚,比如减薪、解职、开除等制度来作为对违反诚信义务行为的自力救济。法律需要调整的利益冲突或者违反忠实义务,常常和外部关系纠集在一起,而归入权不过是对董事等高管人员获得的积极利益的没收而已,和外部关系无关。这显然是一种回避问题,回避如何判断交易中的代理过失的做法。而且,并不是所有的利益冲突交易都是不当或非法的,比如公司获得了正向利益,或者是公平交易,或者是得到批准的交易,等等,都可能属于利益冲突交易的范围。有许多正常交易或者公司行为会和 CA §148 的规定发生重叠,比如股东向公司的出资,尤其是实物出资,向董事发放补贴或者报销,作为奖励的折扣或提成分配等,归入权显然存在着诸多例外。诚信义务人并不是完全不能或不应当获得类似的利益,强行禁止的规定过于严格。相比之下,《反不正当竞争法》第 8 条规定"经营者销售或者购买商品,可以以明示方式给对方折扣,可以给中间人佣金。经营者给对方折扣、给中间人佣金的,必须如实入账。接受折扣、佣金的经营者必须如实入账"的做法在原理上更为妥当。董事和高管人员虽然不是中间人,但这种利益只要披露即可无害。如果公司认为在披露的基础上认为不当,可以采用自我救济(比如在未来抵扣工资等)方式来获得救济。显然,归入权并不能解决应当解决的问题,而只是在事后做了一个一刀切的规定。不仅如此,中

---

① 参见邓峰:《资本约束制度的进化和机制设计——以中美公司法的比较为核心》,载《中国法学》2009 年第 1 期,第 99—109 页。

国法上对归入权的范围和期限还需要进一步细化规则,尤其是"所得的收入"如何界定,在司法中面临着认定困难。

4.4 理论追踪的解释

利益冲突规则受制于理论或观念上的欠缺公司利益,体现了用产权规则替代责任规则,用事前的"客观的"——这常常意味着是僵硬和机械的——权利义务配置替代事后对不同主体的过错、损益比较的责任分配机制的特点,它是以事前规制而不是司法裁判进行法律调整的模式。这种特点在中国法上,是由法人财产权的理论争论决定的。

受制于维涅吉克托夫的国家所有权理论,伯勒和米恩斯的两权分立观念,加之受制于大陆法系的公司三元论和用物权理论来解释股权等来自多方面的影响和制约,我国自 1994 年以来的理论探讨,集中表现为对法人财产权的争论。这一争论的激烈程度、范围之广和持续时间之长,在三十年的改革法律史中是比较突出的。法人财产权的渊源是 1993 年版 CA §4,首创性地试图通过法律条文对股东和公司之间的关系作出界定。"公司股东作为出资者按投入公司的资本额享有所有者的资产受益、重大决策和选择管理者等权利。公司享有由股东投资形成的全部法人财产权,依法享有民事权利,承担民事责任。公司中的国有资产所有权属于国家。"这个条文表述不清,一方面有"全部",另外一个方面又有"国有资产所有权",这造成了困扰。关键的"法人财产权"是一个法学史上从未有过的概念。究竟这个财产权,按照物权的理解,是所有权还是经营权,抑或者是"自物权"还是"他物权",和"一物一权"之间的原则如何协调?再加上,这一阶段对公司本质的探讨和国际上的争论几乎同步,所以产生争论是不可避免的。在 2005CA §3 中,仍然延续了这一立法,尽管文字有所损益,去掉了"全部","公司是企业法人,有独立的法人财产,享有法人财产权"。

在中国公司法的主流理论中,将有限公司作为公司的基准样板,是投资者作为股东的延伸,强调"谁投资,谁受益"。更为突出的是,在民事法律中,将公司看成是"股东财产的集合"。① 这种根深蒂固的观念,一方面来自于对财产的主要法律分析工具是物权,沿用传统罗马法的物权观念,比如所有权权能及其分离,来解释股东和公司对同一份财产的不同权能。另一方面,由于中国大陆的企业观念来自于国有企业改革,出于维涅吉克托夫的国有财产的所有权—经营权结构,防止所谓的"国有资产流失",而制约着公司法中对公司独立利益的判断。中国《公司法》1993CA§4以及2005CA§3,界定了一个争论了十年之久的概念,即所谓的独立财产权,"公司是企业法人,有独立的法人财产,享有法人财产权"。

法人财产权表面上是一个公司是否对自己的财产拥有独立、完整权利的争论,其背后意味着在国有企业为主导的1993年版《公司法》中,公司治理设计的目标是趋向于管理者中心还是国有所有权中心。但这种争论,局限于通过"自物权—他物权"的框架,这就使得争论局限于财产支配能力在股东和公司之间的分配,间接造成了"公司利益"观念的缺乏。其中,比较著名的理论观点包括:(1)公司是唯一所有权主体的观点②;(2)股东与公司双重所有权观点③;(3)股东所有权观点④;等等。显然,对这些争论不用过多地介绍,就可以看出这些分析仍然是局限于"财产",局限于"国家—个人"或"所有者—占有者"之间的关系来分析的,缺乏"组织"以及"团体/共同体利益"的概念。在这样的理论背景下,"公司利益"常常被等同于"股东利益",管理者的行为不当视为对股东而不是公司的财产侵害,在规制路径上就会向股东授权倾斜。同时,在意识形态

---

① 比较典型的观点,比如钱明星:《论公司财产与公司财产所有权、股东股权》,载《中国人民大学学报》1998年第2期,第54—60页。
② 参见郭锋:《股份制企业所有权问题的探讨》,载《中国法学》1988年第3期,第3—13页。
③ 参见王利明:《论股份制企业所有权的二重结构》,载《中国法学》1989年第1期,第47—53页。
④ 参见孙志平:《对股份及股份公司财产关系的再认识》,载《中国法学》1988年第3期,第14—18页。

中,也强化了股东利益,表现在"谁投资、谁决策、谁收益、谁承担风险"①的原则之中。这样,就决定了中国法上利益冲突的两个核心特点:(1) 并不强调甚至不存在公司利益的概念,而是强调股东对公司的权利;(2) 董事和高管人员的利益冲突交易完全变成股东之间的权利冲突;(3) 股东的意志自由、财产权保护以及对公司事务的批准,替代了公司法对公平交易等原则的判断。

1993 年版本的《公司法》在很大程度上是服务于国有企业改革的,1990 年代后期的中小企业改制就是一个不断"公司化"乃至于"私有化"的过程,再加上从国有企业管理转变成国有资产的管理,从对国有企业作为主体的控制变成对国有股权的监督管理,在这些背景下,直接影响到了"公私不分"的公司法规则。在"谁投资、谁所有、谁受益"的主导思维下,并且加上公司法研究中常常以有限公司作为标准样本,法律规则的解释和技术分析采用的是大陆法系的物权思维模式,这些因素加在一起,导致法律规则中强化了股东对公司的控制,而公司作为一个独立的主体,作为一个长期存在的"共同财产"(Common Pool),就在理论思维和司法实践中消失了。但事实上,所谓的"法人财产权"理论争议的淡出,仅仅是将股东作为单一角色,即股东作为所有者或委托人的角色作为理论前提而讨论的,忽略了股东作为受益人(Beneficiary)、旁观者(Bystander)、政治实体的参与者(Participant in a Political Entity)、投资者(Investor)、看门狗(Cerberus)等多种不同的角色。② 在这种单一的角色假设下,对法人财产权的大多数探讨都受制于大陆法系的物权思维模式(一物一权,所有权和他物权,物权法定)以及三元论的对公司本质的理解。法人财产权无非是对法人的独立意志和主体地位加以确认的延伸,而仅仅凭着一个财产权的概念,是不可能达到这一目的的。事实上,没有其他国家试图通过立法

---

① 《中共中央关于完善社会主义市场经济体制若干问题的决定》,2003 年 10 月 14 日,新华社 2003 年 10 月 21 日电。
② See Jennifer Hill, Visions and Revisions of Shareholder, *American Journal of Comparative Law*, Vol. 48, 2000, pp.39—79.

上的概念去明确界定股东和公司的财产关系,没有这样的概念界定丝毫不影响公司法的运作。但是如果缺乏了公司利益的假定或思维,就会导致诸多的法律规则变成了无源之水、无本之木。利益冲突规则的尴尬困境,就是一个典型的例子。

解决利益冲突,以及其他的诸如董事会席位瓜分、控股股东过度控制公司,民主决策被资本规则所替代、两权分离和公司程式不足的种种弊端,通过所谓的"股权"界定,以及将公司法的规则变成对"大股东和小股东的利益平衡"等角度,并不能从根本上解决问题。这种思路,无非是将公司变成合伙,将代理成本变成股东之间的利益分配,将公司内的管理和民主矛盾变成了股东之间的矛盾。救赎之道虽然有许多的技术细节,但根本上在于必须确立公司利益,摆脱单纯从"权利"视角界定的思路,确立公司的主体地位,才能实现公司作为一个永久存续假定下的,不断地将人力资本和物质资本结合起来的,对社会效率作出贡献的 Common Pool 机制的价值。

§5 注意义务模式的领导责任

从"非典"之后卫生部部长和北京市市长均被免职为代表,一旦发生公共安全危机事件,以及矿难、特大污染等事故之后,监察、纪检部门在程序上往往组成专案组,对有关事故进行调查,进而追究有关的官员责任,这些官员的责任被称为"领导责任"。

对领导责任的追究,较早地规定见于1988年的《党员领导干部犯严重官僚主义失职错误党纪处分的暂行规定》(以下简称《官僚主义规定》),随后在党的纪律处分条例和政府有关的监察条例之中均有所规定。1998年之后,在《关于实行党风廉政建设责任制的规定》(以下简称《廉政建设规定》)中加以了进一步明确。

近年来,由于事故发生透明度的增强,以及问责制的实施,对官员的责任追究也不断得到加强,现在的领导责任不再仅仅是一个党内责任的概念,也常常构成法律上的责任。表现为法律责任的领导责任,有一般性规定,比如《国务院关于特大安全事故行政责任追究的规定》(以下简称《事故责任规定》),有具体性的规定,常常会和该官员的具体职位所对应的实体法相联系,比如《行政监察法》和《安全生产法》,还表现在一些更具体的"责任制"上,领导责任在某些情况下会构成"责任制"的一部分,比如工程质量领导责任制,规定在《国务院办公厅关于加强基础设施工程质量管理的通知》(国办发〔1999〕16号),其中明确规定了工程质量领导责任制;如果发生重大工程质量事故,除追究工程单位和当事人的直接责任外,还要追究相关行政领导人在项目审批、执行建设程序、干部任用和工程建筑监督管理等方面失察的领导责任。

　　领导责任在不同时期所强调的重点有所不同,在 90 年代末期,主要是针对党风廉政建设①,而在近两年,则主要是针对重大事故。2005 年底,按照监察部的总结,发生重大事故的时候,被追究责任的包括以下几种:(1) 事故的直接责任或者主要责任,比如矿长、副矿长、调度员、安监站站长或者安监员;(2) 主要领导责任,由于矿井安全措施不到位,工作面巷道布置不合理,导致事故发生的责任,责任主体是公司、矿务局等单位负责人;(3) 重要领导责任,即对安全生产负有监督管理责任但没有履行或者渎职,比如政府监管部门的相关职能部门负责人,如安监局、煤炭管理部门、国土资源部门、工商部门、公安部门等;(4) 领导责任,一般属于市长、县长等主管领导甚至地方领导人,其过错在于"未能树立科学发展观和正确政绩观,没有处理好安全与生产的关系",这在某种程度上属于方针、路线和实施政策上的过失。② 显然,后面三种均属于领导责任,但种类不同,分别属于"主要""重要"等。

　　这种领导责任的划分及其认定依据,在法律之中的规定,往往较为简略,比如在国务院的规定中,只是提出"负有领导责任的"的概念,具体如何判断的标准,最为全面和详尽的规定,主要是党内的有关规定,其依据是《中国共产党纪律处分条例》(以下简称《纪律条例》)和前述《官僚主义规定》和《廉政建设规定》。在《纪律条例》中,领导责任几乎完全是规定在第十二章失职、渎职行为的规定之中的。综合 127—139 条的失职渎职类行为,涉及面非常广泛,从政治路线到具体经济决策,从发生反党路线的集会,到盲目签订合同导致被骗、延误索赔期,甚至被对方退货的,从所属人员叛逃,到物资储藏中致使物质损坏的,甚至到虽然没有重大损

---

① 参见滨、刘蓓:《追究反腐败失职干部的领导责任——党风廉政建设责任制实施一年情况综述》,载《瞭望》1999 年第 49 期,第 4—5 页;同时参见李德民:《真抓就灵——河南省贯彻党风廉政建设责任制述评》,载《人民日报》1999 年 9 月 11 日。
② 《陈昌智:重大事故发生的主要原因有四种情况》,新华网 2005 年 12 月 23 日电,http://news.xinhuanet.com/politics/2005-12/231concent_3960885.htm,最后访问时间 2014 年 12 月 5 日。

失,但造成严重不良影响的。在总则部分第 38 条规定了有关责任的区分,"失职、渎职行为有关责任人员的区分:(1)直接责任者,是指在其职责范围内,不履行或者不正确履行自己的职责,对造成的损失或者后果起决定性作用的党员或者党员领导干部。(2)主要领导责任者,是指在其职责范围内,对直接主管的工作不履行或者不正确履行职责,对造成的损失或者后果负直接领导责任的党员领导干部。(3)重要领导责任者,是指在其职责范围内,对应管的工作或者参与决定的工作不履行或者不正确履行职责,对造成的损失或者后果负次要领导责任的党员领导干部"。总则第 40 条还界定了直接经济损失和间接经济损失,也是作为判断责任的一个标准。

从顺序和内容变化上来看,《纪律条例》第十二章中的规定,实际上来源于 1988 年的《官僚主义规定》,后者和前者也略有区别,更为具体地规定了和损失之间的关系(第 5 条),领导责任分为直接、重要和一般三类(第 14 条),而前者分为主要和重要两类,对重大损失和巨大损失也进行了具体的界定。

由此我们可以看出领导责任这个被法学界并未投入很多精力研究的重要制度的组成:第一,它是对官员在决策中的不作为、不正确作为甚至渎职的责任追究;第二,它更多地和后果相联系,尤其是重大损失、重大事故,这种损失和事故常常用金钱损失数额和死亡人数等客观标准来衡量;第三,不同的职位所负有的责任不同,可以分为主要、重要和一般三类;第四,责任的承担方式则是复合型的,既有引咎辞职,也有免职,党内处分,如果和某一实体法律规范相联系,还会进一步上升到行政责任或者刑事责任。最后,在因果关系上,领导责任并非直接因果关系,如果属于直接因果关系,就会构成直接责任,而显然,领导责任强调的是失职、渎职、不作为、懈怠所带来的间接因果关系。

尽管学界对领导责任已经有从政治责任、问责制等等角度进行的研究,但领导责任和直接事故责任不同,更多是和组织体的决策联系在一起,领导责任本质上是个人为组织的决策行为承担政治、行政或者法律责任的方式,也属于公共责任(accountability)的范畴。公共责任来自于英国宪法中的内阁负责制,部长应当通过议会向公众负责,带有解释的义务,文官成员向其首长负责。[1]

> 就其内容来说,公共责任有三层意思:在行为实施之前,公共责任是一种职责(responsibility),负责任意味着具有高度的职责感和义务感——行为主体在行使权力之前就明确形式权力所追求的公共目标;在行为实施的过程中,公共责任表现为主动述职或自觉接受监督(answerability),"受外界评判机构的控制并向其汇报、解释、说明原因、反映情况、承担义务和提供账目";在行为实施之后,公共责任是一种评判并对不当行为承担责任(liability)——撤销或纠正错误的行为和决策,惩罚造成失误的决策者和错误行为的执行者,并对所造成的损失进行赔偿。[2]

显然,领导责任属于公共责任的一部分。

行政首长、负责人之于公共机关,与董事之于公司社团也是相通的,对董事的"不作为、乱作为和渎职",也会出现股东通过诉讼方式的责任追究。随着企业的扩大,公司的社会性、公共性的增强,社会资本的分散化,所有—控制之间的分离程度增大,这带来了不同主体之间,对同一个决策,在不同的时间中的判断上出现了差异,尤其是对公众公司而言,大部分股东并不直接参与经营,公司决策由管理者作出。[3] 由于这种独立的管理权力,一方面,在公司治理中出现了股东行动主义[4],股东的派生

---

[1] See Peter Barberis, The New Public Management and A New Accountability, *Public Administration*, Vol. 76, 1998, pp.541—470.
[2] 参见周志忍、陈庆云:《自律与他律——第三部门监督机制个案研究》,浙江人民出版社 1999 年版,第 24 页。
[3] See Peter v. Letsou, Theory Informs Business Practice: Implications of Shareholder Diversification on Corporate Law and Organization: The Case of the Business Judgment Rule, *Chicago-Kent Law Review*, Vol. 77, 2001, pp.179—210.
[4] See Edward B. Rock, The Logic and (Uncertain) Significance of Institutional Shareholder Activism, *Georgetown Law Review*, Vol. 79, 1991, pp.445—506.

诉讼在不断增加,股东的监督在英美法中日益成为外部审计之外最重要的治理机制,迫使法律尤其是法院对此作出回应。① 董事对公司事务的漠不关心,同样也会遭到股东的追究,领导责任和董事的注意义务在具体的判断标准上,存在着共性。

无论是公共责任,还是董事的注意义务;无论是社团也好,还是公共机关也好,在组织决策和组织行为中,法律规则的设置必须考虑行为、责任、权利和绩效之间的相关制约关系。现行的党纪国法中虽然确定了领导责任,也被大规模的运用,但究竟如何判断这一责任,仍然是非常模糊的,也并没有很好地平衡和协调制度的激励和约束等等之间的价值,甚至存在着"滥用"的倾向。在问责制不断得到加强的政治、社会背景下,这一制度应当如何设计呢?公司法法治成熟国家已然发展出一套行为规则来进行事后的裁量,以平衡对个人的行为约束和激励,这些原则是否可以应用于领导责任的追究制度呢?

5.1 政治责任还是法律责任

问责制对权力滥用的控制,对民主制度的实现,以及对政治系统的正常运作,其积极意义毋庸置疑。和其他的政治体系相比也是如此,90年代以来西方国家的新公共管理运动中,公共责任的兴起就是其中的一个标志。② 我国政治和法律制度中领导责任,作为公共责任的一部分,尽管其产生背景并不相同,但同样带有其复合的特性:政治责任、职业责任、道

---

① See Stuart R. Cohn, Demise of the Director's Duty of Care: Judicial Avoidance of Standards and Sanctions Through the Business Judgment Rule, *Texas Law Review*, Vol. 62, 1983, pp.591—637, at p.596.

② See N. Buckmaster, Associations Between Outcome Measurement, Accountability, and Learning for Non-Profit Organizations, *International Journal of Public Sector Management*, Vol. 12, 1999, pp.186—197.

德责任、角色责任、行政责任、会计责任等①,非但如此,更重要的,还包括党内责任。这种复合性质给领导责任带来了复杂性和不确定性,究竟在事故发生之后,根据何种原则、方法、角度来进行判断,在制度组成、实施和运行中,也存在许多模糊的地方。公开的报道常常并不涉及具体的判断依据,导致目前的领导责任,更多是基于事后的"后果"导向的"政治责任"。

在任何一个宪政体系下,政治领导必须对其所领导的系统中产生的重大失误,承担不利的个人后果,包括引咎辞职、降职,乃至于上升到刑事责任。我国现有的研究中,学者多强调问责制下的引咎辞职应当属于领导责任的重要内容,这种理解值得推敲。② 公共责任的一个重要起源就是英国的"部长负责制"(ministerial accountability)③,然而,"政治制度是以复杂的方式创造的:通过正式的组织安排、围绕和隔离这些机制的惯例和协议、共识和认知,以及感情连接和认同"④,有学者指出,由于现代政府管理上的复杂性,首相为代表的向国会(下议院)作出陈述和说明的责任,这种政治责任有趋向于衰落的趋势。而与之相对应的,随着新公共管理(NPM)的兴起、公私的融合,公共责任中的职业、角色、法律等责任等因素不断突出。

政治责任的核心是路线责任,即政策责任(policy accountability),"在公共管理的传统概念背后,在组织性的公共责任的背后,是隐含的假设,一个组织对一个政策负责,或者至少每个政策由合适的一个组织负责。

---

① See Linda Deleon, Accountability in a "Reinvented" Government, *Public Administration*, Vol. 76, 1998, pp. 539—558. 同时参见邓峰:《论经济法上的责任:公共责任与财务责任的融合》,载《中国人民大学学报》2003 年第 3 期,第 146—153 页。
② 参见刘俊生:《党政领导干部引咎辞职制度探析——一种政治责任的视角》,载《理论与改革》,2002 年第 6 期,第 66—68 页;同时参见杜钢建:《走向政治问责制》,载《中国经济时报》,2003 年 5 月 26 日。
③ See P. Craig, *Administrative Law*, 3rd Edition, Sweet & Maxwell, 1994, pp. 88—89.
④ Patrick Dunleavy, G. W. Jones, Jane Burnham, Robert Elgie and Peter Fysh, Leaders, Politics and Institutional Change: The Decline of Prime Ministerial Accountability to the House of Commons, 1860—1990, *British Journal of Political Science*, Vol. 23, 1993, pp. 267—298, at p. 267.

这是层级官僚体系的另一个魅力所在。组织的每一个部分,非常清晰地对某一个政策或政策的一部分的实施负责。个人清晰地对每一个组织的一部分承担职责"①,由此,很明显,路线或者政策目标,是组织行为而不是个人行为,个人只能对职位负责。对政策目标负责,在现代宪政和文官制度背景下,如果存在着政务官和常务官的区分,在追究政策失误的时候,由政务官来负责才是合乎逻辑的。英国宪政制度中早期所确立的"部长负责制",在发生重大事故的时候的"引咎辞职",很大程度上就是这种体现。路线、政策目标上的政治责任更多是通过选举制度来加以约束,并不一定采取"引咎辞职"的方式,并且在政党轮换政治体制下常常是政党集体负责的。② 在选举制度的约束下,政策目标的失误,常常表现为结果责任,政务官员对不利的社会影响、重大后果负责,也是对民愤的一种平息。

非但个人,即便是组织的政策目标的责任确定,也需要目标的明确和单一,"一张账单,一个政策,一个组织原则"(one bill, one policy, one organization principle)③,这在现代社会中只能是学者的理念之中存在。"公共责任的两个敌人是不清晰的目标和匿名性"④,当政府实现的政策目标变得复杂之后,判断政治责任就变得几乎难以实施。假定存在着个两个目标,比如安全和生产,要追究组织乃至个人的目标责任,必须确定两个目标之间的权衡关系以及判断依据。而现代社会中的政策目标的复杂性,更多需要组织之间的网络协同才能完成⑤,更产生了追究事后路线上

---

① Robert D. Behn, The New Public Management Paradigm and the Search for Democratic Accountability, *International Public Management Journal*, Vol. 1, pp. 131—164.
② See Robert C. Lowry, James E. Alt and Karen E. Ferree, Fiscal Policy Outcomes and Electoral Accountability in American States, *American Political Science Review*, Vol. 92, 1998, pp. 759—774.
③ See Robert D. Behn, The New Public Management Paradigm and the Search for Democratic Accountability, *International Public Management Journal*, p. 144.
④ Sanford Borins, The New Public Management is here to Stay, *Canadian Public Administration*, Vol. 38, 1995, pp. 122—132, at p. 125.
⑤ See E. Bardach and C. Lesser, Accountability in Human Services Collaborative for What? And to Whom?, *Journal of Public Administration Research and Theory*, Vol. 6, 1996, pp. 197—224.

的政治责任的困难。这也是为什么需要"一把手"来承担这种责任的原因所在。

我国目前所实施的领导责任,在某种程度上也属于政治责任,比如前文提到的强调官员忽视了"科学发展观",是否正确处理了"安全和生产之间的关系",等等,这被划分进入了一般领导责任。尽管在正式规则文本的表述上,将这种路线、政策、方针上的"咎"进行了一定的界定,比如不传达贯彻、不督促落实、放任不管等①,但这种责任的模糊性、不确定性是非常明显的,这更多的是一种结果责任。由于我国政治体制和西方国家并不相同,并不存在着政务官和常务官的划分,并且从已有的案例来看,遭到责任追究的官员常常并不是类似于政务官职位的"一把手",即某一层政权的首席负责人,同时,责任追究的范围常常会涉及众多的职能部门负责人或者副职负责人,因此,领导责任和政治责任之间的重合程度是非常低的。比如2005年的广东兴宁矿难之中,被认定为应当承担领导责任的官员包括:省安全生产监督管理局局长、省国土资源局副厅长、梅州市市长、梅州市副市长、兴宁市委书记、兴宁市市长、梅州市人大常委会秘书长、梅州市政法委副书记。②用政治责任的标准来衡量,只有兴宁市委书记属于一级政权的"一把手",梅州市市长属于政府的首席负责人,而其他人的标准则极不统一。我国已有的案例中,大概只有80年代铁道部长和2005年国家环保局长引咎辞职符合承担政治责任的情形。

因此,仅仅从政治责任上来理解领导责任,是远远不够的。政治责任更多地和政党相联系,但实施之中常常是对政府官员的惩罚,尽管其中很多的责任承担方式采取了党内处分的方式。强调领导责任中的角色责任、道德责任色彩,也不能过分夸大,毕竟官员、领导并不能被看成职业,承担责任的方式也远远超出了道德惩罚。考虑到领导责任的概念已经规

---

① 《中国共产党纪律处分条例》第101、102条。
② 《广东处理兴宁"8.7"矿难有关责任人》,人民网2005年12月24日,http://politics.people.com.cn/GB/1026/3971302.html,最后访问时间2014年12月5日。

定进入行政法规,依法行政和依法治国的大背景下,从法律责任的角度来考虑,可能更为合适一些。

但是,从法律责任的角度来考察,带来的问题可能会更多。现有领导责任的具体规定,首先是较为详尽地规定在党内规范之中的,在行政法规中并没有确定认定的标准。这需要法律进一步完善规定,才能解决党外官员的领导责任和追究责任的法律效力问题。其次,从具体规定来看,这些责任归入了"失职类错误",在相应的刑事处罚中,对应着职务犯罪中的渎职类型,但渎职犯罪属于事故的"直接责任",如何判断官员作为领导人的"非直接责任"呢?无论从行政法上,还是从刑法之中,几乎没有理论来支撑这一责任的具体认定。

用法律责任的方式来追究层级组织之中的成员责任,在理论也存在着很大的困难,一旦涉及法院裁量和司法裁判,用法律来追究行政机关、政府官员的"不作为"过错或失误,在宪政和政治理论上就会产生冲突。

首先,法院是否可以审查行政机关或者公共政策,在不同的政治理论下并不相同,也造成了各国不同的实践。按照实证权威主义(positivist authoritarianism),法院并不会过多对权威机关的决策进行实体性审查;也不存在基于自然正义的审查[1];按照自由多数主义(Liberal Majoritarism),这是现代多数国家的政治原则,公共机关的权力来自于民意,法院对行政机关的审查重点是"目的性",主要判断行政机关是否超越法定职权(ultra vires)或者明确授权,更多采用程序性审查,而对不作为很少考虑。[2] 这就限制了法院对行政机关的责任认定;按照审慎利他主义(considerate altruism),公共机关不能有自己的利益而必须按照整体公共利益来行使职权,对此,法院主要是审查权力行使者有没有自我利益;而按照参与性的共

---

[1] See De Smith, Woolf & Jowell, *Judicial Review of Administrative Action*, Sweet & Maxwell, 5th edition, 1998, Chapter 24. 绝对权威主义和纳粹主义之间的关系,See Charles D. Farris, "Authoritarianism" as a Political Behavior Variable, *Journal of Politics*, Vol. 18, 1956, pp.61—82.
[2] See Mark Elliott, The Demise of Parliamentary Sovereignty? The Implication for Justifying Judicial Review, *Law Quarterly Review*, Vol. 115, 1999, p.119

同体主义(participative communitarianism),或者被有些学者称之为社团主义①,公共决策应当开放给更多公民参与决策的机会,因此诸如听证会、公开咨询等参与机制,这一发源于1970年代的理论强调作出好的决策,也存在很多不同的走向,既包括强调个人尊严的康德传统,法律理论中侧重于划分私人的不可侵犯的领域和对行政权边界的控制;也包括强调共同善的边沁理论,这产生了对公共权力行使中的程序适当性的要求。②由此可见,只有基于边沁政治理论,基于共同善的目的,或者基于自然正义(natural justice)和道德③才会对行政机关和官员的权力有略微的实体性审查。而这种审查也是非常有限的。

Shapiro和Levy教授指出,美国最高法院试图在控制现代政府的行为时,面临着"自由主义"和"进步主义"的价值观的冲突,而"对机构行为的司法审查反映了这种冲突,因为每一组政治价值都要求不同形式的司法审查"④,受到价值观的影响,对行使公共权力的司法审查可以归纳为结构主义者模式(structuralism)、程序主义者模式(proceduralist)以及理性主义者模式(rationalist),可见这种政治理论和司法审查之间的相互制约关系。

其次,采用法律责任来追究"不作为"或者路线错误的责任,还涉及分权理论。为什么要由司法机关对行政机关及其人员的行为进行审查呢?从宪政权力来源的角度来说,司法机关和行政机关本身都是人民民

---

① See Philippe C. Schmitter, Still a Century of Corporatism?, *Review of Politics*, Vol. 36, 1974, pp. 85—131. See also Norman H. Keehn, A World of Becoming: From Pluralism to Corporatism, *Polity*, Vol. 9, 1976, pp. 19—39. 有许多学者指出中国的社团主义倾向,See Bruce J. Dickson, Cooptation and Corporatism in China: The Logic of Party Adaptation, *Political Science Quarterly*, Vol. 115, No. 4, 2000—2001, pp. 517—540; See also Jean C. Oi, Fiscal Reform and Economic Foundations of Local State Corporatism in China, *World Politics*, Vol. 45, 1992, pp. 99—126.
② See Dawn Oliver, *Common Value and the Public-rivate Divide*, Butterworths, 1999, pp. 2—8.
③ See Allen Buchanan, Political Legitimacy and Democracy, *Ethics*, Vol. 112, 2002, pp. 689—719, at p. 703.
④ See Sidney A. Shapiro and Richard E. Levy, Heightened Scrutiny of the Fourth Branch: Separation of Powers and Requirement of Adequate Reasons for Agency Decisions, *Duke Law Journal*, Vol. 1987, No. 3, 1987, pp. 387—455, at p. 390.

主的派生。而且,"尝试去区分司法的和行政的决定存在着明显的弱点"①,司法和行政的划分,在现代规制国家和行政国家中非常困难,在我国本身就存在着行政司法和司法行政,在英美国家还存在广泛的准司法。② 如果司法权和行政权是并列的,对行政机关及其官员究竟应当如何去行使公共权力,哪一个政策目标优先,是否应当积极推动某一个目标的具体实现,在实现政策目标上如何去做,以及如果没有去作是否应当承担不利后果,法院应当遵循分权原则而不作过多的介入。而行政机关及其组成人员的政策实施过程,由于其多目标性,以及自由裁量权的存在,理论上并不能就法院对行政机关如何作为指手画脚自圆其说。

许多派生的问题都是和宪政分权相关的,比如:选举产生的官员,其合法性(legitimacy)来自于民意,是否可以由另一个部门来撤换?法院、准司法机关是否具备事实上的能力来审查是否应当作为或者不作为?法院、准司法机关依据何种标准来衡量行政机关的绩效?等等问题,不一而足。

最后,通过法律对行政行为的审查,还涉及公权力和私权利的界限划分问题。③ 法院对行政行为的实体性裁量是非常有限的,除非是侵犯了私人的财产性和人身等基本人权。④ 这也就进一步延伸了诉讼模式的问题,只有私人权利受到侵犯才提起民事或者行政诉讼的司法审查,而只有直接责任才应当由国家公诉机关提起刑事诉讼。而在领导责任的确定中,常常是作为渎职来审查行政责任,私人无法针对行政官员的不作为提起诉讼。

---

① See S. A. de Smith, The Limits of Judicial Review, Statutory Discretions and the Doctrine of Ultra Vires, *Modern Law Review*, Vol. 11, 1948, pp. 306—325, at p.309.
② See Peter L. Strauss, The Place of Agencies in Government: Separation of Powers and the Fourth Branch, *Columbia Law Review*, Vol. 84, 1984, pp.573—669.
③ See K.D. Ewing, A Theory of Democratic Adjudication: Towards a Representative, Accountable and Independent Judiciary, *Alberta Law Review*, Vol. 38, 2000, pp.708—733.
④ See Bernard Schwartz, *Administrative Law*, 3rd edition, Little, Brown and Company, 1991, pp. 76—79.

理论的冲突和薄弱,导致了各国的实践之中,法律对行政机关的审查,更多集中在越权行为之上。① 如同 Wade 和 Forsyth 所说:

> 法院只有一个武器:越权原则……法官在每一个案件中必须去证明他是在贯彻国会表述在法律之中的权力授予……如果缺乏这种明确表达的条文,他所能做的唯一方法就是去发现法令之中的隐含的条款或情形,违反了这些就要承担越权的指责。②

传统上法院对行政机关的审查,就是集中于是否超越了职权,是否存在着个人利益,是否有滥用职权、收受贿赂等利益冲突的行为,是否不当地侵害了相对人的权利,而不是去发现有没有去履行职责,有没有忽略、懈怠和不足,更不是去指挥行政机关如何作为。

> 法官们的目标并不是去行使专家意见或者决定技术性问题,而只是简单地获得充分的背景介绍……我们的角色并不是命令我们所审查的机构的决定,对这些我们必须收敛,即便我们可能作出别种决定,只要机构的决定过程并不是非理性的或歧视性的。③

不仅如此,如同 Atiyah 所指出的,尽管法律救济是公法中的核心问题,但是司法救济中的原则,法律上的权利等等问题,也只是近些年来才得到发展。④ 英美法上更多坚持国会主权和民主制度对官员的约束。法院对权力的这种克制态度,表现在英国在 1985 年的 Council of Civil Service Unions v. Minister for the Civil Service 一案中所确立的原则,"合法性、程序优先或程序公平、理性"。⑤ 在美国法上,成文法《联邦行政程序法》

---

① See Mark Elliott, The Ultra Vires Doctrine in a Constitutional Setting: Still the Central Principle of Administrative Law, *Cambridge Law Journal*, Vol. 58, p.129.
② H. W. R. Wade and C. F. Forsyth, *Administrative Law*, 7th edition, Oxford University Press, 1994, p.44.
③ *Ethyl Corp. v. Environmental Protection Agency*, 541 F.2d 1, at p.69. (D.C. Cir. 1976)
④ See P. S. Atiyah, *Pragmatism and Theory in English Law*, London: Sweet & Maxwell, 1987.
⑤ See Dawn Oliver, *Common Value and the Public-rivate Divide*, Butterworths, 1999, p.26.

第706条规定了司法审查的范围,但并不包括不作为或懈怠①,在公法上的审查也是非常有限的,法院的态度也是非常克制的②,甚至有法官宣称,"联邦法院里面,没有普通法上的审查这种东西"。③ 大陆法系由于采取了严格的公法和私法划分,对涉及私人宪政基本权利的审查较为严格,而公法之中的审查则很薄弱,也是局限于越权。④

由此可见,领导责任不断延伸到法律之中,但在公法的法律理论上存在着很大的困惑。无论是政策目标、分权理论,还是公法和私法划分。如果是一种政治责任,那么其前提:政务官和常务官的划分并不存在,现有的责任追究显然突破了这一划分;如果是一种法律责任,对政策目标的确定,积极履行职责,法律如何审查呢?

5.2 领导责任的界定

在公法和私法划分非常清晰的情况下,司法对行政的审查就如同上文所分析,行政机关和行政官员的行为受制于民意或者权力机关而不是司法机关。但是,英美法上由于不存在着很强的公私划分,加上从1970年代以来公共责任的兴起,一方面,管制机构越来越多,许多第三部门、国

---

① 该法条中规定,审查的行为包括"1. 专断的、任性的、滥用自由裁量权或其他不符法律的;2. 和宪法权利、权力、特权或者豁免相反的;3. 超越法定裁量权、权威或者限制,或者缺少法定权利;4. 缺少法定程序要求;5. 在法律规定的机构听证记录中……缺少实体证据支持;6. 缺乏事实上的依据,以至于复审法院要重新审查"。See Administrative Procedure Act, Pt. I, Ch. 7, 5 U.S.C. § 706 (Scope of Review), quoted from Claudia Tobler, The Standard of Judicial Review of Administrative Agencies in the U.S. and EU: Accountability and Reasonable Agency Action, Boston College International and Comparative Law Review, Vol. 22, 1999, pp. 213—228, at pp. 218—219.
② See Ronald M. Levin, Understanding Unreviewability in Administrative Law, Minnesota Law Review, Vol. 74, 1990, pp. 689—781.
③ Frankfurter 法官, Stark v. Wickard, 321 U.S. 288, 312, 1944. quoted from Louis L. Jaffe, The Right to Judicial Review I, Harvard Law Review, Vol. 71, 1958, pp. 401—437, at p.410.
④ See Yutaka Arai-Takahashi, Discretion in German Administrative Law: Doctrinal Discourse Revisited, European Public Law, Vol. 6, 2000, pp. 69—80.

有企业和授权机关行使着公共权力,国家免责的信念得到挑战①;另一方面,人权和民主观念的兴起②,公共权威的下降③,国家赔偿的扩展也产生了对行政机关和政府官员造成损失的侵权诉讼,甚至包括对公共政策本身和执行政策这些传统领域的挑战。前者表现在英国法上从 1978 年的 Anns v. Merton London Borough Council 一案开始,对公共机关中的"过失"尤其是不作为进行界定和明确,并追究其侵权法上的责任,而后的许多案例,几乎都是围绕着公共产品提供者的过失出现的。④ 后者则更早一些,表现在美国法上,由于其进化时间更长,更能说明问题。

传统上,侵权中当事人追究行政机关的过失,司法审查的困难,在部门法的技术上被认为来自几个方面:(1) 国家主权豁免;(2) 不可或缺的当事人(indispensable parties)的缺席,即针对政府官员的个人诉讼由于其行为受到上级的指示,上级机关或者上级领导是诉讼中实际不能到场和承担责任但同时又不可或缺的当事人;(3) 在华盛顿特区之外采用"履行职责令"(mandamus)的困难⑤;(4) 很多情况下缺乏具体的加害人和受害人。⑥ 1946 年《联邦侵权赔偿法》宣布放弃国家豁免,该法声称,"美国应当对涉及的侵权赔偿承担责任……以私人在相同情况下的方式"。尽管如此宣称,但在实践中,私人侵权和政府侵权还是有所不同的,主要是三个方面:(1) 有些机构不承担来自外国的侵权诉讼赔偿请求;(2) 故意侵权;(3) 许多的官员在贯彻执行法令或者规制中的作为或者懈怠(acts or

---

① See Alfred C. Aman, Jr., New Forms of Governance: Ceding Public Power to Private Actors: Globalization, Democracy, and the Need for a New Administrative Law, *UCLA Law Review*, Vol. 49, 2002, pp. 1687—1716.
② See James Willard Hurst, The Function of Courts in the United States, 1950—1980, *Law & Society Review*, Vol. 15, 1980—1981, pp. 401—472, at p.462.
③ See James R. Hudson, Police Review Boards and Police Accountability, *Law and Contemporary Problems*, Vol. 36, 1971, pp. 515—538, at p.517—519.
④ See Hazel McLean, Negligent Regulatory Authorities and the Duty of Care, *Oxford Journal of Legal Studies*, Vol. 8, 1988, pp. 442—456.
⑤ See Clark Byse, Proposed Reform in Federal "Nonstatutory" Judicial Review: Sovereign Immunity, Indispensable Parties, Mandamus, *Harvard Law Review*, Vol. 75, 1962, pp. 1479—1531.
⑥ See Peter H. A. Lehner, Judicial Review of Administrative Inaction, *Columbia Law Review*, Vol. 83, 1983, pp. 627—689, at p.627.

omissions)、大多数的官员在行使自由裁量权中的过失都被免责,无论造成了多大的损失。① 1947 年的 Dalehite v. United States 是标志性的免责案例②。一个运输硝酸铵肥料大货轮在德克萨斯城靠泊的时候爆炸,把整个码头地区都炸光了,导致 560 人死亡,3000 多人受伤,财产损失上千万美元。肥料是联邦政府的工厂所有,并作为马歇尔复兴计划的一部分准备运往欧洲的。事故之后有 300 多个诉讼针对政府,基于过失责任和《联邦侵权赔偿法》要求赔偿。初级法院发现政府在肥料的制造、运输和储存中均存在过失,但最高法院认为属于政府机关的自由裁量权,而不应当承担责任。在此之后,情况有所改变,在案例中表明政府官员不作为的疏忽,比如森林看护不力导致火灾损失;灯塔管理不当导致轮船损失等,均需要承担侵权赔偿责任。

将承担责任的案例和不承担责任的案例相结合,可以看出政府对侵权赔偿的边界:

> 政府可以配置自由裁量权机关履行或不履行一定的职能,但当履行这种功能,如果存在过失,其情形类似于私人应当负责的情况,那么不能免除责任。不同之处在于计划和操作之中:自由裁量权功能例外,被限制在政策或者计划层面(是否去提供灯塔服务的决定),并不能应用到操作层面(不能将灯塔保持在良好的工作状态)。③

对于不作为、懈怠的行政行为,在传统的法律制度中还存在着"履行职责令"(writ of mandamus)的救济④,但这仅仅限于"强制性的"(ministerial)而不应用于存在着"自由裁量"(discretionary)的情况,"换句话来说,

---

① See Bernard Schwartz, *Administrative Law*, 3rd edition, Little, Brown and Company, 1991, pp. 608—609.
② Dalehite v. United States, 346 U. S. 15, (1953).
③ See Bernard Schwartz, *Administrative Law*, 3rd edition, Little, Brown and Company, 1991, p.610.
④ See Louis Jaffe, *Judicial Control of Administrative Action*, Little, Brown. 1965, pp.176—92.

法庭不能强迫官员去做属于他自由裁量范围内的事情,如果官员拒绝去做的话"。①

毫无疑问,我们可以看出,侵权中的进步主义(progressive)的主张,也没有追究官员的领导责任,而是"直接责任"。其实从过失侵权的要件中,我们就可以得到结论:不具备直接因果关系。领导责任更多属于间接责任,没有履行职责,在英国法的类似案例中,最近原因是承担责任的前提②,而在美国法上,还有"不可或缺的当事人"抗辩。不仅如此,我国采用了大陆法系,存在着明确的行政诉讼和民事诉讼的区分,私人并不能提起对官员责任的追究,领导责任也不同于侵权模式。就领导责任在组成的几个特点来看:因果关系上的间接性、法律责任为主要方式、政党内部责任追究、行政追究和司法追究混合而排除外部责任追究的模式、不作为和懈怠,这些特点很难用现有的公法和私法中的侵权法律理论和技术来进行有效的分析。

从法律规则和具体实践来看,领导责任可以理解为"系统管理"的责任,在一个组织内有效进行指挥、控制和管理的义务,并将这种义务转化为对重大事故的避免,并且承担党内的、行政上甚至刑事上的不利个人后果。这种系统管理者的义务,在现有的法律理论中,庶几类似于公司法上的董事注意义务,而由党的纪检部门、国家的公诉部门来对官员的责任追究,也类似于"委托人"之于"代理人"的追究方式,和股东的派生诉讼模式相类似。不同之处在于:责任的承担方式,领导责任是以党内责任、行政责任和刑事责任为承担方式,而董事的注意义务则以民事责任为承担方式。责任的承担方式不同,但义务的确定,责任的追究模式是类似的。

这是一个非常有意思的地方,公司法上的董事注意义务,虽然存在

---

① See H. M. F., III, Judicial Control of Administrative Inaction: Environmental Defense Fund, Inc., v. Ruckelshaus, *Virginia Law Review*, Vol. 57, 1971, pp. 676—705, at p. 679.
② See Jane Convey, Public or Private? Duty of Care in a Statutory Framework: Stovin v. Wise in the House of Lords, *Modern Law Review*, Vol. 60, 1997, pp. 559—571.

很久①,并且属于传统侵权法中的注意义务在组织之中的延伸。② 但如何去界定注意义务,则是近几十年来的问题,并且法律也采取了和对行政行为的司法审查同样的克制态度。③ 注意义务属于诚信义务的组成部分,在美国法上,和忠诚义务相对应,前者属于董事和高管人员的能力上的要求,后者属于品德上的要求。这一义务本质上来自于侵权,一个人作为一个社会的人,对他人的利益、权利等负有一定的义务,避免对他人构成伤害。④ 在公司法中,它还来源于委托代理关系,代理人除了不应当占有或者抢夺委托人的利益、机会等(这表现为利益冲突),还应当为委托人的最大利益来尽心尽力。⑤ 注意义务意味着公司的受托人—董事和高管人员,在管理、经营公司事务,商业决策和判断之中,应当尽到小心和谨慎,不得侵害公司和股东的利益,导致公司的损失,违反了这种义务,股东可以通过派生诉讼的方式来追究董事和高管人员的责任,承担责任的方式是损害赔偿。这产生了对权力的司法审查问题。

经常被忘记的是,在私法中也存在着监督性司法裁量(supervisory jurisdiction),其对决策作出中的合法性、公平性和理性进行质疑……我们可以注意到涉及自由裁量的决定的监督性司法裁量,存在于雇主对雇员的工作解除、受托人和公司董事、垄断者或者自我规制机构,采取限制贸易行为,追求私人成员的养老金或保险计划等类

---

① Charitable Corp. v. Sutton, 2 Atk. 400, 26 Eng. Rep. 642 (Ch. 1742). See Henry Ridgely Horsey, The Duty of Care Component of the Delaware Business Judgment Rule, *Delaware Journal of Corporate Law*, Vol. 19, 1994, pp.971—998, at p.975.
② See R. A. Percy and C. T. Walton, *Charlesworth & Percy on Negligence*, Ninth edition, London: Sweet & Maxwell, 1997, p.125.
③ See Stuart R. Cohn, Demise of the Director's Duty of Care: Judicial Avoidance of Standards and Sanctions Through the Business Judgment Rule, *Texas Law Review*, Vol. 62, 1983, pp.591—637.
④ See W. L. Morison, A Re-examination of the Duty of Care, *Modern Law Review*, Vol. 11, 1948, pp.9—35.
⑤ See Jeffery G. MacIntosh, Designing and Efficient Fiduciary Duty, *University of Toronto Law Journal*, Vol. 43, 1993, pp.425—473. Melvin A. Eisenberg, The Duty of Care of Corporate Directors and Officers, *University of Pittsburgh Law Review*, Vol. 51, 1990, pp.945—971.

似的合同中的权力等等之中。在每个这样的司法裁量之中,法庭会在司法审查之中对作出的决定,要求其满足合法性、公平性或者理性中的至少一个或者更多。①

这种注意义务是股东发动追究的,如果是第三人遭到了董事和高管人员错误决策的侵害,由于公司的内部分工、权力分配等不能对抗第三人的"特昆德规则"(Turquand's rule)限制②,这种情况下责任归属公司,个人行为被组织行为所吸收,类似于政府行为中官员错误行为造成的当事人损失首先应当是国家赔偿。同时,这种注意义务也是局限于组织、管理、决策上的,而不涉及品德、利益冲突上的问题,否则就会有基于忠诚义务的诉讼,而后者更容易界定并且诉讼中的责任要件更少,不需要证明"过错"。这两个特点使得董事的注意义务和领导责任发生了重合,但并不是所有的董事注意义务都和领导责任相同。

董事的注意义务的司法审查,对其管理和决策行为的控制,在各国法上的界定并不相同。大陆法系的标准可以称之为"热心的,但头脑空空的"(warm heart, empty head),"董事无须对任何作为董事所采取的行动,或者采取行动的失败负责,除非……有意地错误行为或者不计后果的违反或者疏于履行章程"。③ 法院主要审查的仍然是"越权行为",这和前文所述的公法理论是一致的。英美法中的英国法系,仍然沿用了侵权模式④,在其1985年《公司法》的727条也有明确的表述⑤,一些英联邦国家

---

① Dawn Oliver, *Common Value and the Public-rivate Divide*, Butterworths, 1999, p. 26.
② See Paul L. Davies, *Gower and Davies' Principles of Modern Company Law*, 7th edition, London: Sweet & Maxwell, 2003, p. 164. 另外,这是一个非常复杂的问题,特昆德原则只是一个原则,内部分工、权力分配等是否影响到外部人的预见能力,存在着很多边界问题。
③ Indiana Code, 23-1-35-1(e)(1989). Quoted from Douglas M. Branson, The Indiana Supreme Court Lecture: The Rule That Isn't a Rule—The Business Judgment Rule, *Valparaiso University Law Review*, Vol. 32, 2002, pp. 631—654.
④ See Franklin A. Gevurtz, The Business Judgment Rule: Meaningless Verbiage of Misguided Notion?, *Southern California Law Review*, Vol. 67, 1994, pp. 287—337.
⑤ See Mohammed R. Pasban, Clare Campbell, and John Birds, Section 727 and the Business Judgment Rule: A Comparative Analysis of Company Directors' Duties and Liabilities in English and United States Law, *Journal of Transnational Law & Policy*, Vol. 6, 1997, pp. 201—221.

曾经试图吸收美国法上的模式,但最后仍然放弃了。① 所有这些沿用传统的侵权模式的注意义务,使得公司法上,或者更准确地说,基于组织决策关系上的注意义务的审查,仍然局限于传统侵权的直接责任。这和这些国家的公司治理强调采用分权模式,强化监督和股东控制,而不是采用股东派生诉讼的方式有紧密的关系。

但公司法的董事注意义务随着企业的扩大,公司的社会性、公共性的增强,社会资本的分散化,所有—控制之间的分离程度增大,而不断地和一般侵权规则相独立。对不断纵向一体化,科层组织不断增加的公众公司(public corporation)而言,股份分散、股东消极参与②,公司决策由董事会和管理层控制。③ 而与之相对应的另一个趋势是70年代在养老基金推动下的股东行动主义④,股东的派生诉讼不断增加,股东的监督在英美法中日益成为外部审计之外的最重要的治理机制,迫使法律尤其是法院对此作出回应。⑤ 同时,由于董事决策和管理层执行等科层制度的分离,导致了董事的不同分工。这些要素结合起来,在美国法上,产生了"系统维护"(responsibility for systems)的董事责任。⑥ 科层的增加和分工的细化,董事主要在董事会中集体决策,导致了董事并不直接执行经营活动,但董事负有对公司作为一个运行良好的系统的"设计者"和"维护者"的职责,负有"督导"(monitor)的义务。Eisenberg教授在1976年最早分析指出,如果产生了"系统性错误"(systematic error),那么在公共性较强的公司之

---

① See Deborah A. De Mott, Director's Duty of Care and the Business Judgment Rule: American Precedents and Australian Choices, *Bond Law Review*, Vol. 4, 1992, p.133.
② See Bernard S. Black, Shareholder Passivity Reexamined, *Michigan Law Review*, Vol. 89, 1990, pp.520—608.
③ See Peter v. Letsou, Theory Informs Business Practice: Implications of Shareholder Diversification on Corporate Law and Organization: The Case of the Business Judgment Rule, *Chicago-Kent Law Review*, Vol. 77, 2001, pp.179—210.
④ See Edward B. Rock, The Logic and (Uncertain) Significance of Institutional Shareholder Activism, *Georgetown Law Review*, Vol. 79, 1991, pp.445—506.
⑤ See Stuart R. Cohn, Demise of the Director's Duty of Care: Judicial Avoidance of Standards and Sanctions Through the Business Judgment Rule, *Texas Law Review*, Vol. 62, 1983, pp.591—637, at p.596.
⑥ See Robert C. Clark, *Corporate Law*, Aspen Law & Business, 1986, pp.129—136.

中,董事应当对此负责。① "董事负有合理督导或看管(oversee)公司商业行为的职责,同时,作为推论,应当采取合理的步骤,作为督导程序和技巧的结果,及时了解传递给董事会的信息。"②而当公司产生了公司利益或股东利益的损失,在董事对系统维护不作为的因果关系成立的时候,董事应当承担由此引发的责任。

1963 年的 Graham v. Allis-Chalmers Manufacturing Co. 一案常常被用来解释这种类型的董事义务,Allis-Chalmers 公司与其 4 名雇员被认定为违反了反垄断法中的固定价格,被认为有罪,股东宣称公司的董事违反了防止违法行为发生的注意义务。特拉华州最高法院否定了这一起诉,法院指出,Allis-Chalmers 拥有 30000 名雇员,在广泛的地区从事业务活动,这意味着,董事会只能,也有必要限制董事会的权力于政策的制定,而不是试图监管公司的日常活动(day to day activities),比如设定价格。③ 该判决遭到以前联邦证监会主席 Cary 为代表的学者批评,所谓设定价格是法院转移注意力(red herring)的做法,原告是希望董事承担这种活动,换言之,即便董事不去监督公司价格政策,也应当建立一个制度有效地控制公司不违反法律。④

由此,我们可以知道,系统管理的责任,在公司法的董事注意义务之中开始得到分析和关注,而这一责任,和领导责任是类似的。第一,是委托人提起的责任追究,在公司法中表现为股东派生诉讼,而在领导责任中属于党的内部监督和行政监督;第二,系统管理而不是具体执行的直接责任;第三,怠于履行产生责任的承担;第四,司法审查以及法律责任的承

---

① See Melvin A. Eisenberg, The Structure of Corporation Law, *Columbia Law Review*, Vol. 89, 1989, pp. 1461—1525.
② Melvin A. Eisenberg, The Duty of Care of Corporate Directors and Officers, *University of Pittsburgh Law Review*, Vol. 51, 1990, pp. 945—972, at p. 948.
③ See Franklin A. Gevurtz, *Corporation Law*, West Group, 2000, pp. 276—277.
④ See William L. Cary, Federalism and Corporate Law: Reflections upon Delaware, *Yale Law Journal*, Vol. 83, 1974, pp. 663—705, at 683—684.

担。如果考虑到董事会采取的是集体决策①,而领导责任也常常是嵌入在政府整体决策系统之中的,并且常常采取合议制,这两者之间的共通性就更强。集体负责常常意味着需要对系统的维护负责,而不是具体的执行。

公私法交融下的公司法中的董事义务,和公法之中的领导责任产生了重合,其实本质上是相同的,均属于司法对"权力"的法律界定和救济,均产生于组织分工下的决策行为,同时都是社团组织化的社会结构变化带来的法律制度变化。② 公司法最初受到政治理论的影响,而随着这一部门的理论和实践发展,其进化要远甚于受制于政治理论的行政领域,因而,找到了领导责任可供分析的理论框架,我们就可以对其进行法律责任认定标准上的分析,从而有助于明确清晰的规则,以检讨和指导现有的领导责任、官员问责制的分析。

5.3 督导系统的责任

尽管对权力行使的要求,近三十年来,在公法上已经有所发展,如同 Diplock 爵士在 1985 年的 CCSU v. Minister for Civil Service 之中指出得那样,要求行为的"合法、程序合理、理性"③,但这和领导责任的核心——督导系统的责任之间还是存在着距离的。公司法上的股东派生诉讼的增多,发展了较为完善的注意义务的组成要素、认定标准、免责事由,尤其是督导系统的责任,而这些可以借鉴于领导责任的认定。

督导系统的责任,是对权力相对应的自由裁量权的司法审查和限制,

---

① See Stephen M. Bainbridge, Why a Board? Group Decisionmaking in Corporate Governance, *Vanderbilt Law Review*, Vol. 55, 2002, pp. 1—55, at p. 48—54.
② See Donald F. Kettl, *Sharing Power: Public Governance and Private Markets*, Washington, D. C.: The Brookings Institution, 1993, p. 13.
③ See Nicholas Bamforth, Reform of Public Law: Pragmatism or Principle?, *Modern Law Review*, Vol. 58, 1995, pp. 722—730.

它包括两个方面:事前的义务、权力、权利界定,以及事后的司法审查。如同任何责任的界定一样,如果不存在事前的义务,事后的责任追究就可以变成司法的滥用,"不教而杀谓之虐;不戒视成谓之暴"①。这种事前权力义务结构的安排和事后的责任追究之间的关系,恰如事前的公司治理结构与事后的公司法上的诉讼之间的关系。注意义务在大陆法系之中完全来自于法定,而在英美法上来源更为广泛,领导责任虽然在我国也表述为对法定职责的"不作为",但由于组织的权力行使特点——自由裁量权,意味着并不必然要去履行某一个特定的行为。那么,承担领导责任的主体的事前法定义务的判断,就必然涉及自由裁量权。如果决策或者行为的结果根本不是个人的自由裁量权能够决定的,让他承担责任有什么意义呢?

从广义上来理解权力和自由裁量权的话,几乎在任何组织关系之中的任何主体都行使一定的权力,享有程度不同的自由裁量权。行政长官在"首长负责制"下享有法定的该组织的最后的自由裁量权,但最低级的职员甚至包括司机和厨师也享有一定的裁量权,司机可以决定路线、车速,而厨师可以决定火候、材料等等,但是从最高长官到低级职员,同时也会受到约束,来自于"决策网络"之中的上级、平级甚至下级②;同时,自由裁量权的决策也受制于信息的准确程度,任何决策都依赖于其他人所提供的信息。具体到决策和行动,还要受制于主体所具有的理性能力和该决策和行动时候采取的理性水平。这些都构成了个人责任判定中的困难,在组织之中,决策和行动是网络化的,在应然层面上,如何将个体的自由裁量权从组织的分工之中划分出来,在实然层面上,如何从组织的一般程序之中,将具体的个案中的自由裁量划分出来,都是非常困难的。

在应然的层面上,公司法上的董事注意义务,Eisenberg 教授指出有

---

① 《论语·尧曰》。
② Scott 教授在分析规制的公共责任的时候,将公共责任分为"向上的","平面的"和"向下的"三种。See Colin Scott, Accountability in the Regulatory State, *Journal of Law and Society*, Vol. 27, 2000, pp.38—60, at p.43.

四个方面:(1) 系统的督导;(2) 对应当引起关注的信息进行调查;(3) 采用合理的决策程序;(4) 作出合理的(reasonable)决策。① 这一分析仍然是没有区分直接责任和间接责任,(4) 显然不属于领导责任的范畴,如果因为领导决策的作为导致了事故,那么领导责任就会被直接责任所吸收。同时,在公司之中,董事们负有"设计"系统的责任,但是在公共部门之中,设计系统的责任很大程度上属于法律、法规的设计者、议会②,甚至系统之中某种运行的惯例已经存在了很久,这很难成为当下领导者的权力范围和义务范围。

除了上述的职责分工角度以外,非但如此,在公司法上董事是否构成过失,则同时需要考虑公司业务的性质和范围,这在领导责任中也应当如此。如果某个管理部门的监管行为或者审查行为只是程序上的,而不是"实质审查",权力行使的不作为就应当仅仅局限于没有程序作业上的不作为。在已有的事故发生之后的领导责任承担上,工商部门的负责人常常因为直接责任的公司或者组织的资本不实,疏于发现而被追究领导责任,这显然是没有考虑工商登记本身就存在着定位不明的特点。

出于明确事前的义务,以便于事后的责任追究,更加强化对官员的控制的目的,新公共管理中出现了许多细化、明确责任的做法,在网络化的决策过程中,一方面通过下放权力,扩大官员的自由裁量权,另一方面,通过将网络化的责任分解成为具体的方向,以便于激励和控制③,也会采用合同的方式,体现为自愿参与和更具体的责任。④ 在我国也有类似的机制,比如行政法和经济法中的"责任制"越来越经常被采用,在安全事故

---

① See Melvin A. Eisenberg, The Duty of Care of Corporate Directors and Officers, *University of Pittsburgh Law Review*, Vol. 51, 1990, at p.948.
② See Barry R. Weingast & Mark J. Moran, Bureaucratic Discretion or Congressional Control? Regulatory Policymaking by the Federal Trade Commission, *Journal of Political Economy*, Vol. 91, 1983, pp.765—800.
③ See Arthur Lupia and Mathew D. McCubbins, Designing Bureaucratic Accountability, *Law and Contemporary Problems*, Vol. 57, 1994, pp.91—126.
④ See John Martin, Contracting and Accountability, in Jonathan. Boston ed., *The State under Contract*, Bridger Williams Books Ltd., 1995, p.39.

等高危事故发生领域也不断推广。这并不能很好地解决领导责任的认定问题,第一,当责任越具体、越明确,不作为导致事故的责任,就越趋向于直接责任;第二,设计责任制的责任,需要判断设计职责,在行政领域常常是法定责任制,那么主管官员并不存在设计系统的权力;第三,如果责任制属于合同方式产生的,就又会涉及"授权"问题。拥有权力的公共机关以及官员,常常倾向于采用合同方式将具体的责任"转让"出去,或者"明确"给合同的相对方,在我国的公共管理中常常出现的当事人需要在强制性协议上签字来明确责任,也可以看成是这种问题的延伸。这实际上是在义务模糊的情况下,通过合同实现的一种"责任转移"。

督导系统的责任,必然会涉及授权、信任,组织的特点在于其网络化的结构、协同工作,信赖别人并将职责、决策和自由裁量权授权,是完成组织使命不可或缺的。如果上级将职责、权力和自由裁量权授权下去,其在"领导"之中的不作为的过失是什么呢?既然不可能事必躬亲,如何去判断他应当怎样去不信任呢?在任何事情上都不信任下级,任何事情都要复核之后才属于无过错,这是不可能的事情。

董事在多大程度上可以信赖高级管理人员,在公司法的注意义务判断中也是一个非常困难的问题,但是又是如此重要,甚至就是系统管理责任的核心。随着公司治理的发展,许多的信息收集、监督职责交给了会计师、律师、独立董事,等等,董事会的"系统管理"职责依赖于这些角色,如何确定他们的责任呢?[①] 英国公司法确立了授权的三个基本原则:一般性的职责不能被授权;不能盲目信任;授权之后仍然负有监督和控制的义务。[②] 美国公司法上则是,董事可以合理地信赖别人,不必要对日常的管理行为进行监督,可以合理地相信公司是一个运作正常的信息

[①] See Jill E. Fisch and Caroline M. Gentile, The Qualified Legal Compliance Committee: Using the Attorney Conduct Rules to Restructure the Board of Directors, *Duke Law Journal*, Vol. 53, 2003, pp.517—583.

[②] 参见[马来西亚]罗修章、(香港)王鸣峰:《公司法:权力与责任》,杨飞等译,法律出版社2005年版,第460页。

收集系统。① 然而,如果董事会对雇员的非法行为有所告知,则有义务去停止该项行为;这一告知不需要是实际情况的报告,只要是推断性(constructive)的告知足已;构成推断性的通知,应当有危险信号(red flag)的概念,足以引起董事的怀疑;如果不存在危险信号,董事会并没有义务实际去监视非法行为。董事有权依赖诚实和正直的下属,直到发生某些引起怀疑的错误事情发生。这被称之为"红色警报"(red flag or fire alarm)标准。②

但仅有红色警报标准是不够的,这会产生一个消极的激励,不去努力发现危险信号,对系统维护者而言,还负有一个职责就是"警察巡视"(police patrol)。③ 这就在两个方面界定了督导系统的责任,正向的义务在于要时时去检查系统,负向的义务则是在发生警报之后对系统中的问题进行检查。

第三个规则则来自于特拉华州公司法,发现了警报要不要去巡查,巡查到什么程度,也是属于自由裁量权的范围;这仍然需要一个假定,在司法实践中发展出凯马可案规则(Caremark rule),即注意到何种程度?要注意到能够系统正常运行的程度。④ 由此,督导系统的责任,包括董事注意义务之中的督导系统责任,和公共领域之中的领导责任就可以得到明确。

事前的应然义务明确之后,对照官员的实然状态,事后的责任追究就可以明确。其责任的要件包括:(1) 职责和义务,和自由裁量权的范围、性质相结合来判断;(2) 不作为和后果,主管官员的不作为,重大事故,在

---

① See Lisa M. Fairfax, Spare the Rod, Spoil the Director? Revitalizing Directors' Fiduciary Duty Through Legal Liability, *Houston Law Review*, Vol. 42, 2005, pp. 393—455.
② Committee on Corporate Laws, American Bar Association, *Corporate Director's Guidebook*, 3rd Edition, 2001, *Business Lawyer*, Vol. 56, 2001, pp. 1571, at p. 1583.
③ See Arthur Lupia and Mathew D. McCubbins, Learning from Oversight: Fire Alarm and Police Patrols Reconstructed, *Journal of Law, Economics, & Organization*, Vol. 10, 1994, pp. 96—125. 这两位学者是在国会如何监督官员的概念上使用的,但同样也可以运用到授权之中。
④ See Timothy F. Malloy, Regulation, Compliance and the Firm, *Temple Law Review*, Vol. 76, 2003, pp. 451—531.

我国是采用了人员损失和经济损失的标准;(3)过错,没有履行"警察巡逻"和"红色警报"之后的纠正职责;(4)不可或缺的,因果关系,尽管可能不是直接因果关系。

除了要件之外,判断责任的大小程度也是非常重要的。同样我们可以借鉴公司法中对董事的注意义务的认定来运用到领导责任之中。公司法中判断注意义务的时候,常常从三个方面来进行:(1)投入的时间和精力,无需投入全部精力,但不投入则是明显错误的;(2)信赖他人,可以对管理层进行授权,并对其的行为加以信任和依赖,从而无须自己投入管理,但并不能丧失督导和监控;(3)谨慎小心的程度,董事在从事行为和作出决策的时候,应当采取合理的谨慎小心和理性程度。① 这实际上就是一个过错程度的判断,同样也可以运用到领导责任的认定之中。

5.4 激励和组织公共性

法律是社会控制的工具,其目的在于激励社会中的人的行为,"分配责任的目的是社会的而不是哲学的"。② 作为一个制度化的规则体系,它不应当是结果责任——尽管后果是一个标准,而应当是理性的规则,法律责任的分配是通过"惩前"的手段以达到"毖后"的目的,同时也要激励适当,考虑规则对行为人的影响。组织从某种意义上来说,和法律制度一样,也是一个规则的集合体,组织责任的分配也必须服从规则的特性。同时,组织也是一个激励机制,这和组织的自身目的紧密相关。

当问责制通过领导责任向官员们施加了一个责任负担的时候,其所依据的是"制裁理论"或者说"威慑理论"(deterrence),即官员应当努力去作为,避免懈怠而产生恶性的、重大的事故,导致人员和财产的损失。

---

① See *Re City Equitable Fire Insurance Company Limited*, (1925), 1 Ch. 407, at p. 429.
② 〔美〕波斯纳著:《法理学问题》,苏力译,中国政法大学出版社1994年版,第223页。

这几乎是一个作为个人的、私的"注意义务",但是当官员被嵌入在组织的决策和行为网络之中的时候,其行为还有另外的一个价值目标:组织目标。公司的官员要服从于公司利益最大化,而政府官员的行为目标则和具体的职位相联系,显然,如果只考虑避免损失的结果,组织的目标就可能会落空。

公司法上的规则发展验证了这一政策考量,为了避免董事出于对责任的畏惧而无所作为,在界定注意义务的时候,也会同时界定了其责任的免除机制:责任保险、责任赔偿免除或者补偿(包括事前的法定和章程免除,以及事后的公司免除)[1],更为重要的是,规定了明确的免责事由:业务判断规则。该规则最为通用的表述,是1984年RMBCA中的§8.30(a),董事应当如下履行其职责,包括他作为一个委员会的成员:(1) 善意;(2) 如同一般的审慎之人在相类似的职位上,在相同的情形下的小心行使职权;(3) 以他所理性之确信出于公司最佳利益的考量的方式。截止到1999年,美国42个州采用了RMBCA而借鉴了这一表述。[2] 近年来,伴随着股东行动主义、企业兼并浪潮等,业务判断规则不断扩大了适用范围。[3]

业务判断规则对注意义务进行了实体和程序上的划分,在实践中,法院常常并不对具体的决策进行审查,只是对程序进行审查。[4] 这一免责事由和我们前面所分析的程序上的义务是相对应的,权力行使、自由裁量权判断的事后司法审查,应当主要集中于对系统的程序,以及对系统维护的注意程度之上。在公司法领先的特拉华州,还出现了将"善意"作为判

---

[1] 美国公司法的规定,See Franklin A. Gevurtz, *Corporation Law*, West Group, 2000, pp. 437—448;英国公司法的规定,See Paul L. Davies, *Gower and Davies' Principles of Modern Company Law*, 7th edition, London: Sweet & Maxwell, 2003, pp. 437—440.
[2] See D. Gordon Smith, A Proposal to Eliminate Director Standards from the Model Business Corporation Act, *University of Cincinnati Law Review*, Vol. 67, 1999, pp. 1201—1228.
[3] See Dennis J. Block, Michael J. Maimone and Steven B. Ross, The Duty of Loyalty and The Evolution of the Scope of Judicial Review, *Brooklyn Law Review*, Vol. 59, 1993, pp. 65—105.
[4] See Franklin A. Gevurtz, The Business Judgment Rule: Meaningless Verbiage of Misguided Notion?, *Southern California Law Review*, Vol. 67, 1994, pp. 287—337.

断董事是否需要承担过失注意责任的趋势①,这就更加缩小了注意义务的适用。非但如此,有许多更为激进的学者建议废除注意义务②,或者干脆走向大陆法,仅仅审查越权行为③,对董事的注意激励仅仅扩展忠诚义务就足够有效。④ 在英国法上,学者则主张对董事的这一义务应当从客观标准的审查,转向主观标准,即只有董事有能力去阻止损失的发生而怠于行为才承担责任。⑤

不仅是董事的免责规则和制度不断扩展,公司治理上也发生了变化。由于外部董事、非执行董事随着证券交易所和监管机构的要求,其成员和权力日益增加,公司的系统管理、设计和维护的权力日益被控制在他们手中,这就要求采用更大更宽泛的业务判断规则对责任加以免除和限制。⑥ 在公共领域中也有学者指出了政策审查和集体决策之间的替代。⑦

公司法上的这些趋势表明,一方面司法对权力的实质审查是非常困难的,存在着众多的困难,比如侵权上的因果关系认定,法官事后评价的

---

① See Tara L. Dunn, The Developing Theory of Good Faith in Director Conduct: Are Delaware Courts Ready to Force Corporate Directors to Go Out-of-Pocket After Disney IV?, *Denver University Law Review*, Vol. 83, 2005, pp. 531—577; See also CG Hintmann, You Got Have Faith: Good Faith in the Context of Directorial Fiduciary Duties and the Future Impact on Corporate Culture, *Saint Louis University Law Review*, Vol. 49, 2005, pp. 571—604; See also Thomas Rivers, How to Be Good: The Emphasis on Corporate Directors' Good Faith in the Post-Enron Era, *Vanderbilt Law Review*, Vol. 58, pp. 631—675.
② See Kenneth E. Scott, Corporation Law and the American Law Institute Corporate Governance Project, *Stanford Law Review*, Vol. 35, 1983, pp. 927—948; See also Douglas M. Branson, Assault on Another Citadel: Attempts to Curtail the Fiduciary Standard of Loyalty Applicable to Corporate Directors, *Fordham Law Review*, Vol. 57, 1988, pp. 375—402.
③ See Douglas M. Branson, The Indiana Supreme Court Lecture: The Rule That isn't a Rule—The Business Judgment Rule, *Valparaiso University Law Review*, Vol. 36, 2002, pp. 631—654, p. 634.
④ See Frank H. Easterbrook and Daniel R. Fischel, *The Economic Structure of Corporate Law*, Harvard University Press, 1991, p. 108.
⑤ See R. A. Riley, The Company Director's Duty of Care and Skill: The Case for Onerous But Subjective Standard, *Modern Law Review*, Vol. 62, 1999, pp. 697—724.
⑥ See Robert J. Haft, Business Decision by New Board: Behavioral Science and Corporate Law, *Michigan Law Review*, Vol. 80, 1981, pp. 1—67.
⑦ See James R. Hudson, Policy Review Boards and Police Accountability, *Law and Contemporary Problems*, Vol. 36, 1971, pp. 515—538.

能力不足,诉讼中的股东动机以及责任承担本身具有的威慑效果有限等等①;但另一方面,则是出于对组织特性的考虑和对管理者的行为激励的需要;设立企业的目的,是实现公司价值的最大化而不是仅仅让董事们成为不利后果的替罪羊,动辄承担责任,将使得企业组织的根本目的落空。②

因而,当我们将公司法上的系统管理责任应用到领导责任上的时候,更要注意到,公司法上的责任限制和免除上的重要发展,领导责任也不例外。过分地追究政府官员责任,导致的结果是政府官员的无所作为,使得政府仅仅成为一个应付事故发生的"灭火器",使得官员变成"靠天吃饭"(在自己的任期内不要出现重大事故的祈祷者),或者是"多一事不如少一事",或者是将自己的精力转向关注不会引起事故发生的领域(比如文化领域等)。尽管党纪国法似乎是在追究不作为,但实际上诚如 Atiyah 所说,"不当作为"(malfeasance)和"不作为"(nonfeasance)并不那么容易区分。③

如果考虑到政府组织的特性,其目标的多元性,以及决策权力的网络化,"公共领域的机构有一些特别的不同之处,最显著的是方向上的多元性,在任务上,在利益攸关者及其关于目的和方式上常常发生的利益冲突,以及管理和第一线的工作者的不同层级上"④,事后的行政复核、司法裁量等方式就显得困难,也会越发产生免责的需要。这是组织的公共性所带来的特点,组织的公共性越强,业务判断规则的范围应当越大。与之

---

① See P. John Kozyris, Richard M. Buxbaum, Tamar Frankel, Harvey J. Goldsmid, Robert W. Hamilton, Alan Schwarz, Phillip C. Sorensen and James M. Tobin, Symposium: Current Issues in Corporate Governance: Conference Panel Discussion: The Business Judgment Rule, *Ohio State Law Journal*, Vol. 45, 1984, pp. 629—653.
② Kenneth B. Davis, Jr., Once More, The Business Judgment Rule, *Wisconsin Law Review*, 2000, pp. 573—595, at p. 574.
③ See Peter Gane, ed., *Atiyah's Accidents, Compensation and the Law*, George Weindenfeld and Nicolson Ltd., 1987, pp. 80—82.
④ Avinash Dixit, Power of Incentives in Private versus Public Organization, *American Economic Review*, Vol. 87, 1997, pp. 378—382.

相对应的,更多地依赖于事前的治理结构的调整,事前参与性约束和参与性民主替代司法裁量的趋势越大、自由裁量权越大,责任追究上应当越轻。这一原理,和企业理论中的多任务是类似的,目标单一的薪酬支付可以采用"计件工资",但是多任务的工作就要采用"固定工资",才不会发生恶性激励。①

法律规则的明确性也是产生有效激励的条件,尽管我们分析指出,领导责任可以吸收公司法的"督导系统"责任来进行分析,并将其具体为"红色警报"和"警察巡逻"义务,再加上"业务判断规则"进行免责,但这些规则本身仍然是非常模糊的。如果不放弃领导责任的法律责任确定模式,对模糊性的克服,应当确立判例制度,通过个案的探索一步步来进行界定,如同学者已经证明指出的,通过判例和"遵循先例",可以逐步找到有效率的规则边界。②

通过以上的分析,我们可以反思一下现有的领导责任追究:(1) 这一责任的定位,究竟是出于后果、"消除社会影响"的政治责任,还是"法律责任",仍然是有待于推敲的,目前在发生事故之后追究责任的范围是不确定的,这很难产生有效的激励;(2) 法律责任的认定要件没有明确,现有的规则更多强调的是后果严重性;(3) 法律责任的确定标准,在量上严重依赖于损失程度而不是过失程度;(4) 缺乏明确的免责事由;(5) 相关的案例不公开,也导致了这些规则、标准、要件的不确定性。这些弊端结合起来,形成了整体的模糊性,这产生了对政府行为和官员行为的激励不当,不作为的现象在公共领域越来越多。

---

① See Bengt Holstrom and Paul Milgrom, Multitask Principle—agent Analysis: Incentive Contracts, Asset Ownership, and Job Design, *Journal of Law, Economics and Organization*, Vol. 7, 1991, pp. 24—52.

② Robert Cooter and Lewis Kornhauser, Liability Rules, Limited Information, and the Role of Precedent, *The Bell Journal of Economics*, Vol. 10, 1979, pp. 366—373.

§6 业务判断规则

业务判断规则(business judgment rule),是在美国法上发展出来的,用于对董事和高级管理人员的决策是否合理、正当的司法裁量。和大多数国家沿用侵权模式对董事的注意义务进行追究不同,业务判断规则创造了一个具体的免责制度。"business"也可以翻译为"商业",这对公司等商业组织的判断标准,"商事性"有较好的反映,但对其他组织模式而言,则略为狭窄;"rule"也可以翻译成为"准则",比如台湾学者将其翻译为"业务判断准则"①。准则在语感上强调了事后(ex post)法院裁量中作出判断的思维依据的特色②,但得对其事前作为普遍遵守的规范特定强调不足,反之,规则对事后自由裁量的思维准则的色彩强调不足。③

这一章的目的在于介绍和探讨这一规则的具体内容及其理性依据,并将其与侵权制度进行比较,指出其独立存在的合理性,其地位不断上升、独立性不断增强,是和企业制度的不断发展、两权分离的增强、公司控制权价值的上升和独立同步发展和统一的。同时,这一规则的独立,还表现了法院对商业领域的决策判断保持了较为克制的司法审查态度,也有助于对创造性决策的激励。

---

① 参见刘连煜:《公司监控与社会责任》,台湾五南图书出版公司1995年版,第151页。
② Branson教授指出,这一规则更多是司法裁量的技术性思维。See Douglas M. Branson, The Indiana Supreme Court Lecture: The Rule That Isn't a Rule—The Business Judgment Rule, *Valparaiso University Law Review*, Vol. 32, 2002, pp. 631—654.
③ 也有学者认为存在着business judgment rule和business judgment doctrine的不同。曼宁认为这种区分只是存在于文字上,但可能有助于我们的认识。See Bayless Manning, The Business Judgment Rule in Overview, *Ohio State Law Journal*, Vol. 45, 1984, pp. 615—627.

6.1 内涵和适用

业务判断规则的表述实际上是不清晰的,普通法的判例中并没有准确和统一的界定,在美国的各州立法中,也表述不一。立法中,最为通用的表述是1984年RMBCA的8.30(a),董事应当如下履行其职责,包括他作为一个委员会的成员:(1)善意;(2)如同一般的审慎之人在相类似的职位上,在相同的情形下的小心行使职权;(3)以他所理性之确信出于公司最佳利益的考量的方式。截止到1999年,42个州采用了RMBCA而借鉴了这一表述。① 美国法律研究院(ALI)的《公司治理原则》4.01(c)中,则表述为:善意作出业务判断的董事或者高级职员(在如下情况下)视为履行了本节之下的义务:(1)作出业务判断与其无利益关系;(2)作出业务判断得到了信息,而且他也合理地(reasonably)相信在当时情况下作出该判断是适当的;并且(3)理性(rational)地相信,该业务判断出于公司最佳利益的考量。②

在普通法院的判例之中,各州的不同法院,在不同的时期,也表述不一。而在特拉华州,该规则并没有明确的立法,依赖于法官在判例中的解释,它在 Aronson v. Lewis 中的表述,是这样的,"[业务判断规则]是一个推定,公司董事在作出业务决策的时候,是建立在获得信息基础之上的,善意的,并且诚实地相信(belief)所采取的行动出于公司最佳利益的考虑"。③ 这当然和立法规则以及很多州的司法实践有所不同,按照这一说法,举证义务应当由原告负责,原告为了推翻这一董事履行职责的假定,

---

① See D. Gordon Smith, A Proposal to Eliminate Director Standards from the Model Business Corporation Act, *University of Cincinnati Law Review*, Vol. 67, 1999, pp.1201—1228.
② See Charles Hansen, The Duty of Care, the Business Judgment Rule, and The American Law Institute Corporate Governance Project, *The Business Lawyers*, Vol. 48, 1993, p.1355.
③ Aronson v. Lewis, 473 A.2d 805 (Del. 1984), p.812.

必须证明:(1)董事没有作出决策;(2)决策没有得到相关信息;(3)董事有利益关系或者不独立;(4)决策构成了重大过失(gross negligence)。①

Block、Barton和Radin的表述,是对这一规则的较为一般化的描述,包括:(1)业务判断;(2)无利害关系;(3)合理谨慎;(4)善意;(5)没有滥用自由裁量权。② 尽管表述不一,我们还是可以总结出业务判断规则的要素:善意(in good faith);适时获得了应当得到的信息(duly informed);不具有个人利益(financially disinterested);理性判断或者合理谨慎水平(due care)。③

尽管有了要素,但这并不等于规则清晰程度的提高,这些表述大部分都是正向的描述,而不是客观的标准。如何去判断善意,只能用"不善意"来界定,而这时候也会存在着主观标准和客观标准的分野,最后必然是用不存在故意侵害公司利益来具体界定,但这个标准仍然会涉及故意和疏忽之间的区分;如何去判断信息的获得程度,首先要回答哪些信息是应当去获得的,这只能根据事前决策时候的"应然"标准来判断,并且还要和获得信息的"可能性"相联系;而合理谨慎的水平更多地依赖于理性人(reasonable man)的假设,在这个方面上也会存在许多不同的走向。如此之多的模糊地带,表明现有的业务判断规则的表述仍然是非常不清晰的。④ 1984年,在重述MBCA的时候,起草人试图作出进一步的界定,但结果仍然是失败的,他们明确地表示:"我们知道的确存在着业务判断规

---

① See Elizabeth S. Miller and Thomas E. Rutledge, The Duty of Finest Loyalty and Reasonable Decisions: The Business Judgment Rule in Unincorporated Business Organization?, *Delaware Journal of Corporate Law*, Vol. 30, 2005, pp.343—388, at p.347.
② See D. Block, N. Barton and S. Radin, *The Business Judgment Rule: Fiduciary Duties of Corporate Directors and Officers*, New York: Prentice-Hall Law & Business, 1987, p.9.
③ See Dennis J. Block, Stephen A. Radin, and Michael J. Maimone, Chancellor Allen's Jurisprudence: Chancellor Allen, The Business Judgment Rule, and The Shareholder's Right to Decide, *Delaware Journal of Corporate Law*, Vol. 17, 1992, pp.785—842; at pp.793—799.
④ See Jill E. Fisch, The Peculiar Role of the Delaware Courts in the Competition for Corporate Charters, *University of Cincinnati Law Review*, 2000, p.1061, at pp.1074—1075.

则,也知道它是什么和什么时候适用它,但就是不知道怎么定义它。"①

这种表述上的模糊,也是非常自然的。它和公司法的特性是紧密联系的,由于事前的权利界定成本昂贵,很多需要事后的判例来作出对具体规则的解释、补充和扩展。"公司法的'血和肉'是法官造法"②,企业本身作为一个"不完全合同"(implicit contract)、"关系型契约"(relational contract)的结合体,留有非常多的空白。现在的做法是:概括性表述的义务界定了事前所应当遵循的规则,而通过个案(case-by-case)事后逐步界定的诚信义务,起到了对明示规则(合同法、章程、股东之间的契约)的空白填补的作用。③

业务判断规则不适用于忠诚义务,如果董事和高管人员在决策中存在着利益冲突,不能援引这一规则来免责。④ 克拉克(Clark)总结了不适用业务判断规则的四种例外:如果存在着其他的业务判断冲突[比如独立董事并不批准交易];管理者的社会或者个人目标;管理者的自我利益;以及特定的法律规则和政策。⑤

不过,基于品德的忠诚义务和基于能力的注意义务的划分,不过是理论上甚至是表述上的清晰而已,"然而很不幸,在注意义务和忠诚义务之间并不存在鲜明的界限"。⑥ 这是因为:首先,行为上的不作为,以及由此带来的对公司的损害,常常会出现难以区分究竟是由于品德(私心)还是由于能力(不够尽心);其次,在混合动机的并购行为发生的时候,并不能

---

① See Robert Hamilton and Jonathan R. Macey, *Corporations: Including Partnerships and Limited Partnerships: Cases and Materials*, 4th edition, West Publishing Company, 1990, p.703.
② E. Norman Veasey, and Christine T. Di Guglielmo, What Happened in Delaware Corporate Law and Governance From 1992—2004? A Retrospective on some Key Developments, *University of Pennsylvania Law Review*, Vol. 153, No. 5, 2005, pp.1399—1512, at p.1411.
③ See Oliver Hart, An Economist's View of Fiduciary Duty, *The University of Toronto Law Review*, Vol. 3, No. 3, 1993, pp.299—313, at p.301. See also Henry N. Butler, The Contractual Theory of the Corporation, *George Mason University Law Review*, Vol.11, 1989, pp.99—123.
④ Rodman Ward, Jr. et. al, *Fork on the Delaware Corporation Law*, 4th edition, 2000, §141.2, at GCL-IV-20.
⑤ See Robert Charles Clark, *Corporate Law*, Aspen Law & Business, 1986, p.136.
⑥ Frank H. Easterbrook and Daniel R. Fischel, *The Economic Structure of Corporate Law*, Harvard University Press, 1991, p.103.

根据是否存在着自我利益来判断,大部分情况下根据动机来进行判断,这在安然、Smith v. Van Gorkom 以及 Unocal Corp. v. Mesa Petroleum Co. 等一系列案件中表现出来①;第三,在违反公司章程、细则、内部规则的情况下,难以区分,比如在基于越权行为的诉讼中,对董事和高管人员的免责仍然可以使用业务判断规则。② 这就带来了一个问题:如果扩大了业务判断规则的适用范围,就不仅仅是对注意义务的免责,而重合的情况下也可能构成对忠实义务的免责。

基于能力的注意义务和基于品德的忠实义务的划分,并不是绝对的。英国法上的董事义务的划分就和美国法上的二元方法不同,甚至和大多数国家的消极义务界定方式不同,而是以积极义务的方式来界定的,注意义务有学者将其总结为:(1) 正当行使职权(remain with their power);(2) 为公司的最佳利益善意行事;(3) 亲自行使裁量权(unfettered discretion)。③ 因此,并不能将业务判断规则或者董事和高管人员的免责完全和注意义务相对。除了业务判断规则之外,章程的概括性免责条款、董事和高管人员的保险、赔偿责任免除和赔偿责任补偿制度,共同组成了对董事和高管人员的保护机制。④ 这也说明了注意义务和忠诚义务的划分不过是美国法上的产物,而且也是相对而言的。

注意义务和业务判断规则在方向上是相对的,前者确定了义务而后者明晰了权力,因此存在着重复界定的问题,这在美国法上非常明显。但随着注意义务和忠诚义务之间界限的模糊,业务判断规则的适用范围不断扩大,尤其是在特拉华州,"[司法中的倾向是]模糊了注意义务和忠诚

---

① See Lyman Johnson, After Enron: Remembering Loyalty Discourse in Corporate Law, *Delaware Journal of Corporate Law*, Vol. 28, 2003, pp.27—73.
② See *Shlensky v. Wrigley*, 95 Ill. App.2d 173, 237 N.E.2d 776 (1968).
③ See Paul L. Davies, *Gower and Davies' Principles of Modern Company Law*, 7th edition, London: Sweet & Maxwell, 2003, p.381.
④ See Franklin A. Gevurtz, *Corporation Law*, West Group, 2000, pp.315—320; pp.437—448; See also Robert Charles Clark, *Corporate Law*, Aspen Law & Business, 1986.

义务的区分"①。特拉华州本身就有对管理层较为保护的倾向②,在所谓的"放松管制的竞争"(race for laxity)中,甚至被称为"章程贩子"。③ 在涉及判断董事的反收购行为是否适当的案例之中,董事会和股东之间对收购行为的评价是不同的,判断董事是否存在着忠诚义务上的"自我利益",较为模糊和非常困难,这种情况下,特拉华州法院会较为倾向于通过业务判断规则来保护董事的自由裁量权,只要决策过程是谨慎和善意的。④ 注意义务和业务判断规则的针对性,在经受着考验。

6.2 由来和进化

作为对注意义务的免责,以及对公司内部事务自治权限的尊重,业务判断规则的起源,在美国法上一般认为可以追溯到1829年的Percy v. Millaudon案件。⑤ 而如果超出美国法,更广义地以对董事责任的免除这一意思来理解,按照特拉华州最高法院前大法官Horsey的说法,英国法在1742年的Charitable Corp. v. Sutton案例,是今天的"业务判断规则"的始祖。⑥ 不过尽管出现类似的判例很早,这些规则并没有引起多

---

① See Lawrence A. Cunningham and Charles M. Yablon, Delaware Fiduciary Duty Law after QVC and Technicolor: A Unified Standard (and the End of Revlon Duties?), *The Business Lawyer*, Vol. 49, 1994, pp.1593—1628, at p.1594.
② 20世纪70年代的SEC主席Cary对此提出了严厉的批评,并试图将公司法联邦化,从而引发了学术界关于"底线竞争"(race for bottom)持续至今几十年的争论,See William Cary, Federalism and Corporate Law: Reflections upon Delaware, *Yale Law Journal*, Vol. 83, 1974, pp. 663—705.
③ See Joel Seligman, *The Transformation of Wall Street: A History of Securities and Exchange Commission and Modern Corporate Finance*, Aspen Publisher, 1982, p.42.
④ See Brehm v. Eisner, 746 A. 2d 244 264 n. 66 (Del. 2000).
⑤ Percy v. Millaudon, 8 Mart. (N. S.) 68 (La. 1829), See Franklin A. Gevurtz, *Corporation Law*, 7th edition, London: Sweet & Maxwell, 2003, p.278.
⑥ Charitable Corp. v. Sutton, 2 Atk. 400, 26 Eng. Rep. 642 (Ch. 1742). See Henry Ridgely Horsey, The Duty of Care Component of the Delaware Business Judgment Rule, *Delaware Journal of Corporate Law*, Vol. 19, 1994, pp.971—998, at p.975.

少重视。

在美国的19世纪中,对董事的注意义务的追究,大多数情况下都局限于银行和金融机构的董事,而不会涉及普通公司。① 1850年的 Hodges v. New England Screw Co. 案件中,当公司董事被控越权购买了另外一家公司的股份之后,法院开始清晰地表达,"如果董事所作出的错误是这样的,即采取了合适的注意,善意地为了公司的利益,他们不应当被追究责任"。② 1940年纽约州的 Litwin v. Allen 案件,是最为广泛引用的判例之一,Shientag 法官确立了今天所使用的业务判断规则。

> 非常清楚,董事对公司负有忠诚和效忠(allegiance)的义务,忠诚是不可分割的,效忠则影响到采取行动的对价,只能是公司的财富而不能是其他的东西。董事的任何相反的利益将会受到严格的审查,并且不可妥协。他不能以公司的花费来获利,和公司的权利相冲突;他不能为了个人收益而转移在股份上或者按其他公平标准属于公司的机会。他应当独立地作出判断。他履行其职责的时候,当然必须是诚实的、善意的,但这还不够。他必须同时采取一定程度的技巧、谨慎和勤勉……
>
> 董事们应当对其履行义务的时候的过错负责。既然不是保险人,董事们并不为判断上的错误(errors)或者从事行为的合理技巧和谨慎上的失误(mistake)来负责……董事履行职责与否,存在着过失与否(比如违反了注意义务),依赖于特定案件的事实和情形,涉及的公司种类、大小和财务资源,交易的额度,以及问题的直接程度。

---

① See Stuart R. Cohn, Demise of the Director's Duty of Care: Judicial Avoidance of Standards and Sanctions Through the Business Judgment Rule, *Texas Law Review*, Vol. 62, 1983, pp. 591—637, at p.603.
② See Henry Ridgely Horsey, The Duty of Care Component of the Delaware Business Judgment Rule, *Delaware Journal of Corporate Law*, Vol. 19, 1994, p.975.

一个董事应当根据具体情形需要来使用其注意和技巧。①

特拉华州法院从 1926 年的 Bodell v. General Gas & Electric Corp. 案中开始确立董事的责任,常常会提到欺诈等董事的行为不当,但一直到 1963 年的 Graham v. Allis—Chalmers Manufacturing Co. 一案。以前,并没有明确董事应当以何种方式来履行职责,尤其是明确董事的注意义务中的理性人标准,而更多地规定善意和诚实信用的目的等等。② 这种情况下并没有明确地界定注意义务和业务判断规则。非但特拉华州如此,整个美国差不多都如此,采用的标准并不清晰。在 1963 年,一些州的成文法中开始界定注意义务,1968 年的宾夕法尼亚州商业公司法明确界定了注意义务。

不仅如此,学者的研究揭示出,尽管不那么准确,在 1970 年以前,只有很少的案件,并且主要是局限在金融机构之中,董事要对其注意义务承担法律责任。按照耶鲁大学的 Bishop 教授的说法,1968 年之前只有 4 个案例,无利害关系的董事在派生诉讼中被认为是违反了注意义务。③ 在这样的背景下,业务判断规则作为一个单独的规则并没有得到独立表述。Bishop 指出对董事和官员的保护规则应当得到加强,而通过董事和官员自我保护机制,包括保险、章程的概括免责等制度,会产生和忠诚义务相冲突的结果,"如果董事和官员不能表现出这种自我限制,那么立法和法院应当填补这种缺乏"④。这种情况到了 1980 年代发生了改变,"几乎是一致的倾向,司法并不情愿应用勤勉标准来反对出于好心的,不存在自我谋利的董事和官员"⑤。Arsht 在 1979 年用自己的语言重新表述业务判断

---

① Litwin v. Allen, 25 N. Y. S. 2d, quoted from Henry Ridgely Horsey, The Duty of Care Component of the Delaware Business Judgment Rule, *Delaware Journal of Corporate Law*, Vol. 19, 1994, p.976.
② Ibid., p.982.
③ See Joseph W. Bishop, Jr., Sitting Ducks and Decoy Ducks: New Trends in the Indemnification of Corporate Directors and Officers, *Yale Law Journal*, Vol. 77, 1968, pp.1078—1103, at p.1099.
④ Ibid., p.1103.
⑤ See Stuart R. Cohn, Demise of the Director's Duty of Care: Judicial Avoidance of Standards and Sanctions Through the Business Judgment Rule, *Texas Law Review*, Vol. 62, 1983, p.593.

规则①,并为特拉华州法院所采纳,在 Aronson v. Lewis 案件中,特拉华州最高法院将业务判断规则引入到对注意义务的判断之中,并且融合了原有诸多案例中的规则,明确了其构成要件和适用范围。

从此,业务判断规则开始有了独立表述,伴随着股东行动主义、企业兼并浪潮等,不断地扩大了其适用范围。② 特拉华州法院的法官指出③,在 1973 年到 1982 年,在 156 个判例中援引过业务判断规则,而在 1983 年到 1992 年,这一数字上升到 620 个,其重要性的提高可见一斑。业务判断规则的独立,还从法学研究中表现出来,"律师、学者和法官们,为了更新在'交易年代'(deal decade)即 1980 年代产生的,以及在 1990 年代不断涌现新问题的业务判断规则的答案而奋斗(struggle to fashion answer)"。④

和美国法上的业务判断规则不同,英国法在追究董事的注意义务的时候,仍然依照传统,依赖于侵权规则。⑤ 但对董事和高管人员同样有免责性的规定,不过是在成文法中。1908 年的《公司法》第 727 条赋予了法庭以更为广泛的司法审查范围,授权在特定的情形下,法庭可以解除董事的个人责任,从而对董事提供保护。该条规定,"如在任何针对本条适用的人的疏忽(negligence)、失责(default)、失职(breach of duty)或违反信托行为(breach of trust)的法律程序中,审理有关案件的法院觉得该人须或可能须就该项疏忽、失责、失职或违反信托行为承担法律责任,但又觉得该人曾诚实及合理地行事,而且在顾及该案件的所有情况后(包括与该人

---

① See S. Samuel Arsht, The Business Judgment Rule Revisited, *Hofstra Law Review*, Vol. 8, 1979, p. 93.
② See Dennis J. Block, Michael J. Maimone and Steven B. Ross, The Duty of Loyalty and The Evolution of the Scope of Judicial Review, *Brooklyn Law Review*, Vol. 59, 1993, pp. 65—105.
③ Cinerama, Inc. v. Technicolor, Inc., 663 A. 2d 1134, 1141 n. 9 (Del. Ch. 1994), aff'd, 633 A. 2d 1156 (Del. 1995).
④ See Dennis J. Block, Stephen A. Radin and Michael J. Maimone, Chancellor Allen's Jurisprudence: Chancellor Allen, The Business Judgment Rule, and the Shareholder's Right Decide, *Delaware Journal of Corporate Law*, Vol. 17, 1992, pp. 785—842, at p. 785.
⑤ See R. A. Percy and C. T. Walton, *Charlesworth & Percy on Negligence*, Ninth edition, London: Sweet & Maxwell, 1997, p. 125.

的委任有关的情况),觉得该人的疏忽、失责、失职或违反信托行为应予公平地宽宥,则该法院可按其认为合适的条款,完全或部分宽免该人的法律责任"。① 该条实际上借鉴了1896年的《司法受信托人法》(Judicial Trustees Act 1896)。不过,这一条款的适用仍然存在许多模糊的地方,可以适用于过失,但是否适用于注意义务和勤勉义务则存在不同的看法。②

进入到80年代以来,英国也出现了和美国同样的趋势,加强了对董事和高管人员的保护。③ 1989年,英国修改了1985年《公司法》中的310条,允许公司为其董事提供责任保险。④ 这背后的原因,和美国一样,就是:第一,来自股东诉讼的压力;第二,来自企业的兼并和收购活动的加剧。前者是公司的主体性增强,而后者则是公司的客体性增强,似乎是相反的两个运动,但其实是一致的,就是公司控制权越来越独立出来,也就意味着职业群体的自由裁量权的价值在增强,在这种情况下,业务判断规则的独立也就是必然的逻辑。

之所以需要业务判断规则,是因为控制权本身的价值日益独立。随着企业的扩大,公司的社会性、公共性的增强,社会资本的分散化,所有—控制之间的分离程度增大,使得不同主体之间,对同一个决策,在不同的时间中的判断上出现了差异,尤其是对公众公司而言,大部分股东并不直接参与经营,公司决策由管理者作出。⑤ 由于这种独立的管理权力,一方

---

① Company Act, 1985, 727(1)。本条采用了香港法例的翻译方式,规定在香港公司条例的358条,"法院在某些情况给予宽免的权力",香港在1997年6月30日吸收了这一立法。Be available at http://www.legislation.gov.hk/chi/home.htm。
② See Paul L. Davies, *Gower and Davies' Principles of Modern Company Law*, 7th edition, London: Sweet & Maxwell, 2003, pp.431—432.
③ See D. D. Prentice, Creditor's Interests and Director's Duties, *Oxford Journal of Legal Studies*, Vol. 10, 1990, pp.265—277.
④ See Mohammed R. Pasban, Clare Campbell, and John Birds, Section 727 and the Business Judgment Rule: A Comparative Analysis of Company Directors' Duties and Liabilities in English and United States Law, *Journal of Transnational Law & Policy*, Vol. 6, 1997, pp.201—221, p.213.
⑤ See Peter V. Letsou, Theory Informs Business Practice: Implications of Shareholder Diversification on Corporate Law and Organization: The Case of the Business Judgment Rule, *Chicago-Kent Law Review*, Vol. 77, 2001, pp.179—210.

面,在公司治理中出现了股东行动主义①,股东的派生诉讼在不断增加,股东的监督在英美法中日益成为外部审计之外的最重要的治理机制,迫使法律尤其是法院对此作出回应②;另一个方面,随着公司控制权的争夺,公司并购的加剧,公司管理层的防御措施本身带有混合动机:保卫公司和保卫董事和高管人员的自己职位之间难以区分,由此也产生了明确规则的需要,"在我们刚刚结束的时代,空前的并购行为,惊醒了公司法上沉睡了50年的问题"③,而业务判断规则,有助于法院避免介入到对动机的考量之中。这样,业务判断规则,既维护了社团的独立性、控制权和自由裁量权的独立价值,以及社团民主和集中决策,也体现出法院对公司内部决策干预上的谨慎小心。④

> 坚实的业务判断规则……表达了美国法庭的共识决定,以躲避对公司决策事务的干预,如果董事和官员们的决定受到了个人考虑的影响,同时诚意履行了职责……在这一规则的背后是用于作出决定的被理性人过失的假设。⑤

> 业务判断规则是一个假定,董事们独立行事,以善意和合理谨慎水平来作出业务判断。它在判断被质疑的时候适用,其分析主要是对过程进行调查。只要董事们的决策作出是通过适当程序,法庭就给予他们保护,并不在该案中采用客观的理性(reasonableness)测试来检查判断本身具有的智慧。⑥

业务判断规则的使用也延伸到大陆法系,日本的"野村证券案"就是

---

① See Edward B. Rock, The Logic and (Uncertain) Significance of Institutional Shareholder Activism, *Georgetown Law Review*, Vol. 79, 1991, pp. 445—506.
② See Stuart R. Cohn, Demise of the Director's Duty of Care: Judicial Avoidance of Standards and Sanctions Through the Business Judgment Rule, *Texas Law Review*, Vol. 62, 1983, p. 596.
③ See William T. Allen, Independent Directors in MBO Transactions: Are They Fact or Fantasy?, *The Business Lawyers*, Vol. 45, 1990, p. 2055, at p. 2055.
④ See Stephen M. Bainbridge, The Business Judgment Rule as Abstention Doctrine, *Vanderbilt Law Review*, Vol. 57, 2004, pp. 83—130; See also Stuart R. Cohn, supra note ②, pp. 591—638.
⑤ Miller v. American Telephone & Telegraph Co. [507 F. 2d 759, 762 (3d Cir. 1974)].
⑥ Brazen v. Bell Atlantic Corp. 695 A. 2d 43 (Del. 1997).

该国最早的判例。在该案中,住友信托银行在野村证券开立账户,为委托人东京放送买卖、管理和营运10亿日元,由于日本股市下跌,导致东京放送的证券投资账户上出现了3.6亿元的损失,野村证券对这一损失进行填补,导致野村证券的股东提起了代表诉讼,追究董事的责任。日本东京地方法院认为,填补客户因为证券交易而产生的损失,属于维持和扩大公司与客户间交易的关系,从野村证券的长期利益来看,也有获益的可能性,法院援引了业务判断规则驳回了原告的起诉。①

由此可以看出,随着企业的所有权和控制权的分离,业务判断规则的重要性、独立性在上升,其适用随着企业并购的加剧在不断扩大。② 尤其是在全球化的公司治理趋同下③,全球化的资本市场逐步形成,股东的权利保护主义上升④,派生诉讼不断增加的背景下,导致股东本身成为一种公司治理中的监督力量。另一个方面,人力资本的上升,专业化的管理,经理市场的形成,控制权价值的独立⑤,也带来了对管理者、决策者的激励需要。这种矛盾突出了"责任追究"和"保护—激励"之间的权衡,变得越发困难,业务判断规则恰恰处在"台风眼"上。

6.3 标准和批评

尽管作为对董事责任的保护制度和责任免除制度,业务判断规则的重要性和独立性日益上升,但批评、质疑也非常之多,无论是在规则表述

---

① 参见刘连煜:《公司监控与社会责任》,台湾五南图书出版公司1995年版,第157—161页。
② See Arthur R. Pinto, Corporate Governance: Monitoring the Board of Directors in American Corporations, *American Journal of Comparative Law*, Vol. 46, 1998, pp.317—346.
③ See Henry Hansmann and Reiner Kraakman, The End of History for Corporate Law, *Georgetown Law Journal*, Vol. 89, 2001, pp.439—468.
④ See Rafael La Porta; Florencio Lopez-de-Silanes; Andrei Shleifer; Robert W. Vishny, Law and Finance, *The Journal of Political Economy*, Vol. 106, 1998, pp.1113—1155.
⑤ See Ronald Wintrobe, The Market for Corporate Control and the Market for Political Control, *Journal of Law, Economics, & Organization*, Vol. 3, 1987, pp.435—448, at p.435.

的层面,还是在实体判断的合理性方面,以及和其他法律制度的衔接方面。

首先,业务判断规则是不清晰的,而赋予了法院以太大的,甚至是完全自由的裁量权。不同的法院对业务判断规则有着不同的界定①,"独立的""善意的""得到了应当得到的信息""有理性基础的"的种种表述,都存在难以界定的特点。② MBCA 的起草人也对此进行了专门的阐释,"业务判断规则的组成要素,以及其应用的情形,仍然需要法院来进一步发展。8.30 条并不是努力去法典化业务判断规则,也不是去消除在防守规则和这一条款下的董事行为标准之间的差异。8.30 条只是针对行为的标准——每一个董事被期待的表现水平……"③由此可以看出起草人对这一表述缺乏信心,也表明了其模糊程度。至于具体的实施,按照 Gevurtz 教授的总结,在实践中美国法院至少存在以下的不同标准④:

第一,善意标准。当股东追究董事明显失误或错误决策,违反了一般的商业理性的时候,法院却采用善意的标准。这一原理,在职业群体的责任中也可以看到,"一个医生不是治疗,或者治疗的好结果的担保人,他并不应当为决策或者不同的可接受的治疗方式中的诚实错误负责"。⑤ Eisenberg 教授则指出,"作为对改变中的规则、概念和实践的回应,当新的具体诚信义务的范围,超出了注意和金钱上的自我利益的不足之外的时候,

---

① See Franklin A. Gevurtz, Corporate Governance and the Sarbanes—Oxley Act: Earnings Management and the Business Judgment Rule: An Essay on Recent Corporate Scandals, *William Mitchell Law Review*, Vol. 30, 2004, pp. 1261—1277, at p. 1264.
② See H. Henn and J. Alexander, *Laws of Corporations*, third edition, St. Paul: West Publishing, 1983, pp. 661—662.
③ Model Business Corporate Act, §8.30 official cmt., 8—161, at 8—163 (3d ed. 1984) (Supp. 1999). Quoted from Douglas M. Branson, The Indiana Supreme Court Lecture: The Rule That Isn't a Rule—The Business Judgment Rule, *Valparaiso University Law Review*, Vol. 32, 2002, pp. 631—654, at p. 633.
④ See Franklin A. Gevurtz, The Business Judgment Rule: Meaningless Verbiage of Misguided Notion?, *Southern California Law Review*, Vol. 67, 1994, pp. 287—337.
⑤ Ouellette v. Subak, 391 N. W. 2d 810, (Minn. 1986), at p. 813.

善意就成为一般义务的要求"。①

纽约州的 Kamin v. American Express Company 案件中,法院也是如此操作。在该案中,被告的董事批准了非现金(in-kind)的股息(dividend)分配。该股息包括美国快运所拥有的其他公司的股票,是美国快运多年前作为一项投资所买,但其价值下降非常大。股东认为这些股票应当由公司售出,弥补亏损,而不是将其分配给股东,并且,如果将这部分股票售出的话,由于股票价值下降,美国快运可以获得 800 万美元的税收抵扣。直接分配就不能弥补公司的亏损,也不能获得税收抵扣。法院认为董事的决策虽然是错误的,但却是善意的,因此驳回了派生诉讼的请求。法官在该案中声称,

> MBCA 720(a)(1)(A)条款,允许提起针对董事的诉讼,基于"董事依据其职责在管理和处置公司资产"时候的疏忽(neglect),或者失职(failure to perform),或者其他违反其义务的行为。但是这并不意味着董事由于一般疏忽作出了一个不适当的决策,或者是轻率行事就应当承担责任。'疏忽'在法条中是指对义务的漠视(neglect of duties)而不是错误判断(misjudgment)(比如失职 malfeasance 或者不履行义务 nonfeasance)。主张一个董事在股息事务中允许申报和支付中的疏忽,而不是主张欺诈、不诚实、不作为,实际上不过是对已经采取的决定表达不满而已。②

但是,同样还是纽约州法院,在另外一个案件中却采取了不同的做法。在 Litwin v. Allen 一案中,是按照一般侵权规则来裁判的。被告为 Guaranty Trust Company 的董事,决定购买三百万美元的债券,债券价值下降,导致公司发生了损失。但购买合约中规定销售者有权在 6 个月内原价购回。这意味着,公司在承担损失的时候,并没有打算获得回报。法庭

---

① See Melvin A. Eisenberg, The Duty of Good Faith in Corporate Law, *Delaware Journal of Corporate Law*, Vol. 30, 2005, p.14.
② Kamin v. American Express Company, 383 N. Y. S. 2d 807, (S. Ct. 1976), at p.811.

的结论是:"这不仅仅是一个业务判断的问题,而是有所不同。董事们很明显没有在此刻使用应当在这种情况下采取的注意。除非我们完全废除银行董事应当为管理事务的疏忽负责的原则(doctrine),并且应用到与本次交易有关的情况"。法庭进一步解释说,"换句话来说,董事必须对其履行他们职责的过失承担法律责任。除非作为保险人,董事不应当对决策错误(error)负责,或者运用理性的能力和审慎的失误(mistake)"。①

尽管存在着冲突的判例,但行为标准界定为善意,似乎是近年来主要的一个发展趋势。无论是在特拉华州法院的实践之中,还是在学者的论述之中。②

第二,重大过失(gross negligence)标准。特拉华州法院,在1980年代中期,将业务判断规则的标准确定为重大过失。③ 在 Aronson v. Lewis 案中,法院第一次采用了这一标准,"当特拉华州法院在判例中采用很多术语来描述可操作性的注意标准的时候,我们很满意我们自己的分析,就是董事在业务判断规则中的责任,可以建立在重大过失概念上"。④ 这一标准的应用,最典型的案例当属著名的 Smith v. Van Gorkom。在该案中,董事在一个仅仅2小时的会议上,依赖于总经理的20分钟的口头陈述,没有阅读书面的购买协议,而被法庭认定为存在着重大过失,从而应当承担责任。⑤

重大过失在很长的一段时间内,被视为董事和高管人员的注意义务

---

① Litwin v. Allen, 25 N. Y. S. 2d 667 (sup. Ct. 1940), at pp. 678,699.
② See Tara L. Dunn, The Developing Theory of Good Faith in Director Conduct: Are Delaware Courts Ready to Force Corporate Directors to Go Out-of-Pocket After Disney IV?, *Denver University Law Review*, Vol. 83, 2005, pp. 531—577; See also CG Hintmann, You Got Have Faith: Good Faith in the Context of Directorial Fiduciary Duties and the Future Impact on Corporate Culture, *Saint Louis University Law Review*, Vol. 49, 2005, pp. 571—604; See also Thomas Rivers, How to Be Good: The Emphasis on Corporate Directors' Good Faith in the Post-Enron Era, *Vanderbilt Law Review*, Vol. 58, pp. 631—675.
③ See William T. Allen, Jack B. Jacobs & Leo E. Strine, Jr. , Function over Form: A Reassessment of Standards of Review in Delaware Corporation Law, *The Business Lawyers*, Vol. 56, 2001, p. 1287.
④ Aronson v. Lewis, 473 A. 2d 805, Del. 1984, p. 812.
⑤ Smith v. Von Gorkom, 488 A. 2d 858, (Del. 1985).

的责任承担认定标准。① 但是,究竟什么才是重大过失呢? 这在英美法中本身就是非常不确定的,模糊的。按照英国法上的许多法官的意见,"是否有重大过失和纯过失,还是它们仅仅在思想中存在,这确实值得疑问"②,"至少到目前为止的所涉及的私人行动中,重大过失,在英美法中并没有被理解"③。Rolfe 法官认为,"看不出重大过失和过失存在着什么差别,不过是同一种东西的责骂式表述"。④ 当然,如果就违反义务而言,不存在着这一差别,但行为程度上还是有差异的,否定这种区分是一种"学究气"的表现。⑤

但是发展出这一标准的特拉华州法院在陆续的案例中,对此的界定也不令人满意。1986 年的 Rabkin v. Phillip A. Hunt Chem. Corp⑥ 中,采用这一标准对公司的实体和程序决策均进行了审查,同时指出所谓的重大过失是"不计后果的漠不关心,或者故意的忽略股东的利益……或者没有理由的行动";在 1988 年的 re J. P. Stvens & Co. 中⑦,则提出对实体决策的审查应当弱于对程序的审查。⑧

非常有趣的是,1997 年英国的 Armitage v. Nurse 案件,法院在诚信责任的确定中,指出,"受信人不需要对任何损失或者损害负责……无论在任何时候,或者基于任何原因,除非……是由于他自己的实际欺诈行为引起的"。法院的结论是,在欺诈和过失(包括重大过失)之间存在着某种

---

① See Lyman P. Q. Johnson and David Millon, Recalling Why Corporate Officers are Fiduciaries, *William & Mary Law Review*, Vol. 46, 2005, pp. 1597—1653, at p. 1631.
② Hinton v. Dibbin (1842) 2 QB 646, 114 ER 253, by Lord Denman CJ.
③ Pentecost and another v. London District Auditor and another, [1951] 2 KB 759, at p. 764, by C. J., Lynskey.
④ Wilson v. Brett (1843) 11 M. & W. 113. Quoted from R. A. Percy and C. T. Walton, *Charlesworth & Percy on Negligence*, Ninth edition, London: Sweet & Maxwell, 1997, p. 9.
⑤ See R. A. Percy and C. T. Walton, *Charlesworth & Percy on Negligence*, Ninth edition, London: Sweet & Maxwell, 1997, p. 9.
⑥ 547 A. 2d 963, (Del. Ch. 1986).
⑦ 542. A. 2d 770, (Del. Ch. 1988).
⑧ See S. Samuel Arsht, The Business Judgment Rule Revisited, *Hofstra Law Review*, Vol. 8, 1979. See also Franklin A. Gevurtz, The Business Judgment Rule: Meaningless Verbiage of Misguided Notion?, *Southern California Law Review*, Vol. 67, 1994, p. 298.

性质上的不同,而在过失和重大过失之间则只是程度上的差异。并且,这意味着有意的错误行为,对欺诈是必要的,但对重大过失则是不必要的。① 如果证明了善意,才会涉及是否存在着重大过失的判断,而特拉华州则将其作为对注意义务(本身要求善意)的免责。

第三,程序审查标准。即主要审查决策作出的程序是否妥当,而对实体决策的合理性审查很弱。按照 Gevurtz 教授的说法,这一区分来自于对前文已经引用过的美国法学会的《公司治理准则》中对董事义务界定的两个不同表述:董事必须得到作出业务判断有关事项的信息,合理的(reasonably)相信在该种情境下是合适的,但董事仅仅是理性的(rationally)相信……业务判断是为了公司的最好利益。在这种表述下,存在着合理的和理性的区分,前者是法律中的理性,强调了道德因素和社会标准,而后者是个人的理性判断。②

基于这种表述,产生了法院分别对决策中的不同因素进行审查的不同方向。董事和高管人员的决策常常依赖于其他人的判断,在获得这种信息的时候是否充分和合适,这种交易的程序、获得信息的程序应当根据"合理的"标准来进行审查,而对决策的判断是否合理等,则基本上不作审查。这在 Auerbach v. Bennett 一案中非常明显。由于公司向海外的公共官员和政党作出了有疑问的支付,General Telephone & Electronics Corporation 的股东提起针对董事和外部会计师的派生诉讼。作为回应,董事会任命了一个三名董事组成的特别诉讼委员会(special litigation committee),不包括派生诉讼中的被告,来决定公司应当采取何种策略。委员会在经过了一些调查之后,宣布派生诉讼并不会对公司有什么好处。上诉法院听从了这一委员会的报告,应用了业务判断规则。法院宣布:"我们现在考虑特别诉讼委员会的行动本身,它包括两个部分。第一,存在着一个经过选择的程序,符合董事的职责;第二,存在着一个完全的实体决策,

---

① Armitage v. Nurse and others, [1997] 2 All ER 705, at p.713.
② See Franklin A. Gevurtz, The Business Judgment Rule: Meaningless Verbiage of Misguided Notion?, *Southern California Law Review*, Vol. 67, 1994, pp.300—301.

根据选定的程序和数据作出,而不是追踪股东在派生诉讼中的主张。对后者而言,实体决策完全是受到业务判断规则的约束,这一判断需要涉及法律、伦理、商业、推广、公共关系、财务和其他许多类似的因素。由此,特别诉讼委员会得到的结论,超出了我们审查的范围。法院并不能像该委员会那样去考虑种种因素,以及作出这种决策判断的权重……"①

Gevurtz 教授批评这些标准是模糊的和冲突的,但实际上问题更复杂一些。上述三个标准之中,程序和实体的决策划分似乎容易一些,但如果董事们对其义务"履行不足",究竟是连程序上的判断都没有,还是没有善意或者没有尽到注意,在公司治理中越来越多地依赖于独立董事的情况下,变得更加困难。三个标准,在"不作为"的案件中,几乎会发生重合。"作出了一个坏的决策"和"没有作出一个好的决策"之间的主张,是很容易转换的。重大过失、程序和实体分离的标准,似乎更多的是对"作出坏决策"的审查标准,这可能会被善意标准所吸收,原告可以主张没有作出一个好的决策是善意不足。

著名的迪斯尼案件就是一个例子,并且被视为是注意义务和业务判断规则的重大变化:善意标准成为特拉华州的新标准。② 在该案中,原告追究董事们的责任,因为他们批准了一个有利于 Michael Ovitz 担任的总裁的合同,并且在其任职 14 个月后,允许其正常离职而获得了 1.4 亿美元的补偿。原告的理由是董事们没有进行任何决策,对股东们不存在着善意。③ 2003 年,在另外一个案件中,特拉华州最高法院进一步确认了迪

---

① Auerbach v. Bennett, 47 N. Y. 2d 619, 393 N. E. 2d 994, 419 N. Y. S. 2d 920 (1979), at p. 1002.
② See Tara L. Dunn, The Developing Theory of Good Faith in Director Conduct: Are Delaware Courts Ready to Force Corporate Directors to Go Out-of-Pocket After Disney IV, *Denver University Law Review*, Vol. 83, 2005, pp. 531—577. See also Thomas Rivers, How to Be Good: The Emphasis on Corporate Directors' Good Faith in the Post-Enron Era, *Vanderbilt Law Review*, Vol. 58, 2005, pp. 631—675. See also CG Hintmann, You Gotta Have Faith: Good Faith in the Context of Directorial Fiduciary Duties and the Future Impact on Corporate Culture, *Saint Louis University Law Journal*, Vol. 9, 2005, pp. 571—603.
③ In re Walt Disney Co. Derivative Litig, 825 A. 2d 275, Del. Ch. 2003.

斯尼案中的善意标准。[1]

但善意标准会引发更大的争议:诚信义务究竟应如何划分？善意无论对忠诚义务而言,还是注意义务而言,都是其中的构成要件,

> 善意标准,特别是放弃职权的情况下……几乎充当了合理注意和忠实概念的桥梁,将可能被视为是对前者的一定违反,转换成为对后者的违反,即便在缺乏相反的财务利益的情况下。的确,如同一部杰作的作者所注意到的,善意义务是董事的合理注意和忠诚的基础义务的共享因素(overarching element)。[2]

如果采用了善意标准,究竟是对忠诚义务的免责还是对注意义务的免责呢？是否意味着业务判断规则的扩大呢？在近来另外的一个案例中[3],表现了业务判断规则的扩大[4],两家公司达成了一个合并协议,而股东试图禁止这一合并,被告公司董事会改变了投票代表权的日期,以便于新股东更多地进入从而躲避合并被撤销,法院认为这一行为是合理的。修改投票日期,这是不是属于对忠诚义务的违反呢？善意标准的突出,也进一步引发了另外的理论纷争,善意是否应当是一个独立的义务？这可以追溯到1993年的Cede & Co. v. Technicolor, Inc.,在该案中,特拉华州最高法院宣称诚信义务的三元组成:善意、忠实和合理注意。[5] 并且为一些学者所主张。[6]

法院究竟会走向何处,采用了善意标准是否会产生如此深远的影响,还需要我们拭目以待。可以明确:善意固然得到了强调,但是其定义、范

---

[1] Emerald Partners v. Berlin, No. 295, 2003, Del. At p. 2.
[2] John L. Reed and Matt Neiderman, "Good Faith" and the Ability of Directors to Assert §102(b)(7) of the Delaware General Corporation Law as a Defense to Claims Alleging Abdication, Lack of Oversight, and Similar Breaches of Fiduciary Duty, *Delaware Journal of Corporate Law*, Vol. 29, 2004, p.111, at p.121.
[3] re MONY Group, Inc. Shareholder Litigation, 853 A.2d 661, 666 (Del. Ch. 2004).
[4] See Edward B. Micheletti and T. Victor Clark, Recent Developments in Corporate Law, *Delaware Law Review*, Vol. 8, 2005, pp.17—62.
[5] See Cede & Co. v. Technicolor, Inc. 634 A. 2d 345, (Del. 1993), at p.361.
[6] See Hillary A. Sale, Delaware's Good Faith, *Cornell Law Review*, Vol. 89, 2004, p.456.

围和操作标准仍然需要界定,毕竟这只是对董事的主观思想状态的界定。标准即便统一在善意之下,至少就目前来看,也仍然是模糊的。尽管包括 Allen 教授在内,都强调了公司法本身的模糊性。[①]

除了对业务判断规则本身的模糊性的批评之外,还有很多其他方面的批评,这些批评意见可以归结为两个方面:价值层面和技术层面。在价值层面上,法院本来之所以要采用业务判断规则,其直接原因在于这一规则对董事的决策进行保护,"法官并不是董事,董事也不是法官,业务判断规则是对这一区分的提醒"[②],但是,随着其应用则带来了另一个局面:法院实际上陷入了事后对董事业务判断的支离破碎的审查。另外一个方面,则是从技术上来进行批评的,为什么要独立创造一个这样的规则呢?用侵权规则本来就可以解决这个问题,独立的业务判断规则在技术上有什么独立的价值呢?这两个方面的批评,实际上仍然根源于业务判断规则自身表述上的模糊。

6.4 价值和技术

就业务判断规则本身的价值层面的批评,也有不同的方向,在公司和股东的紧张关系之中,支持股东的批评这一规则对股东不利,而支持公司的则批评这一规则对董事和高管人员不利。从第一个角度出发的批评,70 年代就有曾任联邦证券交易委员会的 Cary 教授。[③] 现在的批评主要集中在:第一,该规则大大加剧了原告的举证负担,他必须证明存在着恶

[①] See William T. Allen, Ambiguity in Corporation Law, *Delaware Journal of Corporate Law*, Vol. 22, 1997, pp. 894—903.
[②] See Jay P. Moran, Business Judgment Rule or Relic?: Cede v. Technicolor and the Continuing Metamorphosis of Director Duty of Care, *Emory Law Journal*, Vol. 45, 1996, pp. 339—386, at p. 339.
[③] See William L. Cary and Sam Harris, Standards of Conduct under Common Law, Present Day Statutes and the Model Act, *The Business Lawyer*, Vol. 27, 1972, pp. 61—74.

意、欺诈或者滥权。由于这些举证都是"带有颜色"的,导致负担较重,其中最困难的,在于难以证明董事和高管人员的行为是出于削减公司利益的目的[1];第二,该规则将一个股东寻求对抗压制性行为(oppressive conduct)的诉讼,变成非常松散的、形式化的审查过程。这导致了对股东的压制行为的法律规制变得非常困难[2];对董事和高管人员的决策进行追究所涉及的案件,常常是有利于大股东而不利于小股东的,比如工资的确定、公司资产的出售,或者是分红的发放或者形式,等等,业务判断规则保护董事的同时,实际上保护了大股东。[3] 第三,在更复杂的情形,比如合并中的排挤股东,公司先行合并,然后排挤小股东,这常常会出现每一个单独的步骤都具有"合理的理由"——比如公司为了扩大经营而和其他公司合并,并将控制权交给别人,而公司合并之后,利润下滑或者公司资产应当出售等等,或者另行发行新股将小股东的股权稀释,甚至将其排挤出局——但是这些步骤合起来看,就会出现明显的不当。然而每一个步骤都可能会受到业务判断规则的保护。[4] 第四,业务判断规则的案例中总是涉及利益冲突,常常对控制股东的自我交易视而不见,或者是对其信息的获得程度不加考量。[5] 第五,也有学者指出,股东可以通过合同或者章程将业务判断规则的免责排除在外。[6]

不过也有立法和学者站在另一个极端的立场上。比如采用大陆法系规则的印第安纳州,对董事的责任,采用了"热心的,但头脑空空的"

---

[1] See Ralph A. Peeples, The Use and Misuse of the Business Judgment Rule in the Close Corporation, *Notre Dome Law Review*, Vol. 60, 1985, pp.456—508, at p.482.
[2] See JAC Hetherington and Michael P. Dooley, Illiquidity and Exploitation: A Proposed Statutory Solution to the Remaining Close Corporation Problem, *Virginia Law Review*, Vol. 63, 1977, pp. 1—62, at p.39.
[3] See F. Hodge O'Neal, *Oppression of Minority Shareholders: Protecting Minority Rights in Squeeze-Outs and Other Intracorporate Conflicts*, West Group, 1985, §9.04.
[4] See Ralph A. Peeples, *supra note*, [1], at p.481.
[5] See Zohar Goshen, The Efficiency of Controlling Corporate Self-Dealing: Theory Meets Reality, *California Law Review*, Vol. 91, 2003, pp.393—438, at p.428.
[6] See William J. Carney, The ALI's Corporate Governance Project: The Death of Property Right?, *George Washington Law Review*, Vol. 61, 1993, pp.910—953, at p.924.

(warm heart, empty head)标准,"董事无须对任何作为董事所采取的行动,或者采取行动的失败负责,除非……有意地错误行为或者不计后果的违反或者疏于履行章程"。① 在强调社会责任、公司实体的学者看来,业务判断规则不应当被看成是一个规则,而只不过是一个"教条"②,只是法院如何处理这一问题的思维准则,将董事和高管人员的决策切分成几个部分来审查,反而超越了法院的能力,破坏了事前的公司决策本身所具有的完整性。Branson 教授指出,将业务判断规则等同于一个立法规则,混淆了政策性的导向和规则。保护董事本身是一个政策性导向,而采用这样的一个规则,反而造成了混乱,不如印第安纳州的做法清晰明了。③ 事实上,强调效率的许多学者都认为可以废除注意义务,而扩展忠实义务就足以解决问题。④ 英国学者主张对董事的这一义务应当从客观标准的审查,转向主观标准,即只有董事有能力去阻止损失的发生而怠于行为才承担责任。⑤

立法者也不看好业务判断规则,这在一些英美法系国家对业务判断规则的吸收和借鉴过程中也可以看出来。1958 年澳大利亚是在英联邦国家之中最早引入对注意义务的法定表述的国家,1989 年又重新进行表述,实际上就是照搬照抄了 MBCA。⑥ 尽管该国法院也受到越来越大的压

---

① Indiana Code, 23-1-35-1(e) (1989).
② See Joseph Hinsey IV, Business Judgment and the American Law Institute's Corporate Governance Project: The Rule, the Doctrine, and the Reality, *George Washington Law Review*, Vol. 52, 1984, pp. 609—623, at p. 611.
③ See Douglas M. Branson, The Indiana Supreme Court Lecture: The Rule That Isn't a Rule—The Business Judgment Rule, *Valparaiso University Law Review*, Vol. 32, 2002, p. 634.
④ See K. E. Scott, Corporation Law and the American Law Institute Corporate Governance Project, *Stanfod Law Review*, Vol. 35, 1983, p. 927. See also Frank H. Easterbrook and Daniel R. Fischel, *The Economic Structure of Corporate Law*, Harvard University Press, 1991, p. 108; See also Douglas M. Branson, Assault on Another Citadel: Attempts to Curtail the Fiduciary Standard of Loyalty Applicable to Corporate Directors, *Fordham Law Review*, Vol. 57, 1988, pp. 375—402.
⑤ See R. A. Riley, The Company Director's Duty of Care and Skill: The Case for Onerous But Subjective Standard, *Modern Law Review*, Vol. 62, 1999, pp. 697—724.
⑥ See J. H. Farrar, Corporate Governance, Business Judgment and the Professionalism of Directors, *Canadian Business Law Journal*, Vol. 6, 1993, p. 1.

力,要求对公司董事的决策进行审查,但在经过对比之后发现,业务判断规则可能造成对自我交易的免责而不利于投资者的保护。① 澳大利亚和新西兰在1992年明确放弃了业务判断规则的引入。②

在美国遭遇到安然丑闻之后,加上全球化下的股东保护主义的抬头,业务判断规则在各国的延伸遭到了挑战。在许多立法者和学者眼中,与其加强对董事和高管人员的责任保护,不如采用更为严格的程序规定,来加大公众公司的信息披露,更为合理。也有学者站在《SOX法案》的立场上,对这一规则进行批评。③

显然,对业务判断规则的独立性,存在着很大的分歧。如何认识这一规则呢?其背后的理性又是什么呢?在过去的认识中,对法院需要业务判断规则的理由,学者们的总结甚多,但无外乎以下几个方面:

(1)评价能力。法官并非经营上的专家,在这种情况下,强行介入对决策的裁量,常常变成"二次猜测"(second guess)④;事后试图回溯董事和高管人员的事前决策,事实上是非常困难的。业务判断规则反映了法院不愿意介入到对董事会决策理由、过程、依据的猜测之中。"业务判断规则的一个明显标记,就是法院不会替代董事会的决策。"⑤业务判断规则与其说是一个责任规则,还不如说是一个"司法克制"的规则。⑥

这不仅仅和法官并非商业上的专家相关,就理论而言,法官本身就难

---

① See Deborah A. De Mott, Director's Duty of Care and the Business Judgment Rule: American Precedents and Australian Choices, *Bond Law Review*, Vol. 4, 1992, p.133.
② See John Farrar, The Duty of Company Directors in Australia and New Zealand, in Barry AK Rider, ed. *The Realm of Company Law*, London: Kluwer Law International, 1998, pp.37—52, at p.49.
③ See Lisa M. Fairfax, Spare the Rod, Spoil the Director? Revitalizing Directors' Fiduciary Duty Through Legal Liability, *Houston Law Review*, Vol. 42, 2005, pp.393—456.
④ See P. John Kozyris, Richard M. Buxbaum, Tamar Frankel, Harvey J. Goldschmid, Robert W. Hamilton, Alan Schwarz, Phillip C. Sorensen and James M. Tobin, Symposium: Current Issues in Corporate Governance: Conference Panel Discussion: The Business Judgment Rule, *Ohio State Law Journal*, Vol. 45, 1984, pp.629—653, at p.646.
⑤ Unocal Corp. v. Mesa Petroleum Co., 493 A.2d 946, (Del. 1985), at p.954.
⑥ See Stephen M. Bainbridge, The Business Judgment Rule as Abstention Doctrine, *Vanderbilt Law Review*, Vol. 57, 2004, pp.109—110.

以对组织中的决策作出裁量和判断。无论是哪一种组织,其内部的信息传递、组织结构,以及个人与组织之间的责任切分、认定与追究,原本就不为传统法律理论所关注。① 这一原理,对公司也不例外,有学者宣称,"公司治理的基石是这样一种理念:法院对公司内部事务的干预必须最小"。②

(2) 因果关系。事前行为和事后结果之间的不一致。决策的合理性和结果的合理性并不是吻合的,结果产生的原因是多元的,因果链条可能很长,从而导致行为和结果之间的因果关系变远。从事后来看,判断导致结果产生的因素,由于时间的关系而不可逆(这意味着难以从逻辑上区分),而导致产生结果的原因分散。

在既有的案例中,也表现出这种特色。比如 Smith v. Lewis(1975)案件,原告在退休计划中遭到了个人利益的损失,但被认定为属于其律师的责任;在 Spherex, Inc. v. Alexander Grant & Co. (1982)案件中,债权人依赖于有问题的财务报表而放贷,导致了损失,被认定为属于其会计师的责任;在 City of Eveleth v. Ruble(1974)案件中,城市需要重新安装通风口,被认定是工程师的责任。③

在英美法中,责任承担的因果关系要求有两个:事实上的原因和法律上的原因,后者也被称之为"最近原因"(proximate cause)。④ 公司董事和高管人员的决策,其结果可能会受到市场、产品、技术、财产、财务等等多方面因素的干扰,常常会出现,"错误的决策导致了错误的业绩"成立,但"没有错误的决策就不会产生错误的业绩"难以证明。前者是事实原因,后者是法律原因。这既可能是一个因果关系问题,也可能表现为是一个

---

① See Peter Harris, Difficult Cases and Display of Authority, *Journal of Law, Economics, & Organization*, Vol. 1, 1985, pp. 209—221.
② Charles Hansen, The ALI Corporate Governance Project: Of the Duty of Due Care and the Business Judgment Rule, a Commentary, *The Business Lawyer*, Vol. 41, 1986, pp. 1237—1253.
③ See Franklin A. Gevurtz, The Business Judgment Rule: Meaningless Verbiage of Misguided Notion?, *Southern California Law Review*, Vol. 67, 1994, p. 313.
④ See Thomas J. Miceli, *The Economic Approach to Law*, Stanford University Press, 2004, pp. 60—61.

"损害"(damage)的认定问题,并不是所有的损失(loss)都可以被认定为原告损害的。对诚信义务的诉讼尤其如此。① 这表现在 Mendelovitz v. Vosicky(1994),re Teledyne Defense Contracting Derivative Litig.(1993)等案件之中。②

因果关系和损害认定中的第三个方面,则是"经济损失"问题。由于英美法中认定损害,在私法规则中采用了"期待利益"标准,这一标准产生的"鸡又生蛋,蛋又生鸡"的问题自然也就带到了对董事责任的认定之中。③ 因此,英美法中常常并不保护纯经济损失④,在公司决策诉讼之中,许多"没有得到应当得到的利益"是无法保护的。

(3) 风险激励。努力和成果之间,存在着风险,也产生了结果的不确定性,比如 A 项目投资,回报 50 万,确定 100%;B 项目投资有 95% 的可能性获得 1000 万的收入,5% 的可能性为零,期望回报应当是 $1000 \times 95\% + 0 \times 5\% = 950$(万),显然理性的决策应当选择 B 项目。但当 5% 的可能性发生的时候,则可能会发生股东对董事决策的质疑。而在这种诉讼之中,法官常常只能调查投入,不能调查产出,因此并不能依赖调查最后的结果来推断事前的决策是否合理。⑤

> 如果公司董事面临着个人责任,在这种情况下,他们就会躲避开风险性的行动,即便这种行动整体上有助于公司及其股东的利益。风险投资一般会具有更大的潜在利润,作为交换,则强化了损失的风险。为什么董事会进入到这样的冒险活动之中呢,如果他们可能被

---

① See William A. Gregory, The Fiduciary Duty of Care: A Perversion of Words, *Akron Law Review*, Vol. 38, 2005, pp. 181—206, at p. 183.
② See Norwood P. Beveridge, Does the Corporate Director Have a Duty Always to Obey the Law?, *DePaul Law Review*, Vol. 45, 1996, pp. 729—779, at p. 741.
③ 参见邓峰:《合同责任的经济结构与社会执行机制》,北京大学光华管理学院博士后出版报告,2003 年。
④ See Richard A. Epstein, *Torts*, Aspen Law & Business, 1999, p. 404.
⑤ 参见张维迎:《产权、激励与公司治理》,经济科学出版社 2005 年版,第 197 页。See also Reinier H. Kraakman, Corporate Liability Strategies and the Costs of Legal Controls, *Yale Law Journal*, Vol. 93, 1984, pp. 857—898, at p. 864.

要求从不幸的结果承担一部分的损失,而幸运的结果产生的利润则流向了股东。①

非但如此,对同一个决策总是会有不同的方案出现,在事后来衡量和比较事前的不同决策选择,对管理层而言,会产生不当的激励。

> 在股东和管理者之间的利益偏离将会混同,如果管理者面临着法律责任的风险,及其所伴随的经济损失,如果风险决策的结果变糟糕。业务判断很少属于黑白分明的情况,相反,它们常常是属于在一系列似是而非的替代方案之中的谨慎判断。如果属于异想天开的业务,即便是在多重选择中仔细作出的选择,也会变得非常糟糕。②

(4) 诉讼因素。董事是股东所选举的,股东对其的制约方式是多样的,比如选举、章程、监督机制的设计,并不是在诉讼中不提供救济,股东就无法得到权利的实现和保护,以及对董事和高管人员的制约。股东也不是被强迫成为股东的,当他对公司管理者的决策不满的时候,可以采用"用脚投票"的权利。③ 集中的、非民主的决策本来就是社团的本质所在,如果仅仅在股东和管理者的决策意见发生分歧的时候就追究董事和管理者的责任,就违反了社团的多数表决规则和权力行使原则。社团的加总意志本来就是通过"布尔什维克式"的方式形成的,股权可以是分散的,但控制和决策则是集中的,这本来就是企业的特点所在。如果过分地按照某一部分成员的意志来判断正确与否,就会破坏社团本身所具有的特点。

非但社团的本质如此,有限责任的要求也似如此,有限责任使得股东

---

① Kenneth B. Davis, Jr., Once More, The Business Judgment Rule, *Wisconsin Law Review*, 2000, pp.573—595, at p.574.
② See Stephen M. Bainbridge, The Business Judgment Rule as Abstention Doctrine, *Vanderbilt Law Review*, Vol.57, 2004, pp.113—114.
③ See James J. Hanks, Jr., Evaluating Recent State Legislation on Director and Officer Liability Limitation and Indemnification, *The Business Lawyer*, Vol.43, 1988, pp.1207—1255.

无需向合伙一样,对公司的事务事事关心。① 有限责任还产生了另外一个激励:大小股东之间的智猪博弈②,小股东放弃了管理公司的权力,而取得稳定的收益、多元化投资等等诸多的好处。换言之,小股东本身在正向的决策中,并没有积极参与管理,而一旦出现了问题或者坏的结果,就来提出意见,这似乎也是矛盾的。在追究董事责任的派生诉讼之中,真正发挥作用的并不是实际上的股东,而是律师,这又有架讼的嫌疑。③ 为什么一个股东买了一份股票之后,就可以不用付出精力,不参与管理,享有收益而又可以去质疑管理者的决策呢?就公平的角度来说,股东可以通过多元化投资来分散风险,而董事和高管人员则不同,其作出决策所需要的人力资本不能分散投资④,如果缺乏业务判断规则,也难以对其有效激励。

(5) 威慑效果。法律责任本身不是目的,而对社会的激励,产生服从的效果,才是法律的合理性所在。董事和高管人员的决策行为,作为社团意志的具体来源,带有一定的公共特性⑤,而在法院的诉讼中,董事承担责任的方式主要依赖于金钱方式的损害赔偿。是否采用了类似于金钱惩罚的方式,可以实现对决策行为更为理性,更为聪明的激励?在一些学者的眼中,这是否定的。⑥ 不仅如此,公司越来越多地提供各种免责,责任保险,而这些成本本身是公司承担的。这就出现了一个循环:董事被追究注意义务的责任,判断标准是损害了公司利益,而承担责任的时候,则是

---

① See Frank H. Easterbrook and Daniel R. Fischel, Limited Liability and the Corporation, *University of Chicago Law Review*, Vol. 52, 1985, pp. 89—117, at p. 94.
② 参见张维迎:《博弈论与信息经济学》,上海三联书店、上海人民出版社1996年版,第18页。
③ See John C. Coffee, Jr. & Donald E. Schwartz, The Survival of Derivate Suit: An Evaluation and a Proposal for Legislative Reform, *Columbia Law Review*, Vol. 81, pp. 261—336, at p. 316.
④ See John C. Coffee, Jr., The Regulation of Entrepreneurial Litigation: Balancing Fairness and Efficiency in the Large Class Action, *The University of Chicago Law Review*, Vol. 54, pp. 877—938.
⑤ See Dawn Oliver, *Common Value and the Public-Private Divide*, Butterworths, 1999, p. 182.
⑥ See Patricia A. McCoy, A Political Economy of the Business Judgment Rule in Banking: Implications for Corporate Law, *Case Western Reserve Law Review*, Vol. 47, 1996, pp. 1—80, at p. 57. See also Alfred F. Conard, A Behavioral Analysis of Director's Liability for Negligence, *Duke Law Journal*, Vol. 5, 1972, pp. 895—919.

公司出钱为董事和高管人员上保险。①

对这种效果的质疑,和公司的本质争论也纠缠在一起。Dooley 提出,存在着两个不同的公司治理模式,"权威的"和"责任的",分别强调了不同的倾向。② "毫无疑问,对董事会举止不端的威慑和惩罚是需要的,但是公共责任(accountability)自身是不充分的公司法标准。一个完全明确的公司法,必须将权威的价值包括在内,比如需要发展出一整套规则和程序从而可以提供最有效率的决策体系。"③当强调公司的权威的时候,对业务判断规则必要性的强调就会突出出来。

不仅仅是强调权威的学者,法律经济学的学者也是如此。对董事和高管人员的决策,这种复杂的行为,市场的监督是最好的。④ 公司作为一个合同的连接体,即使合同不完全,许多不可见因素的激励市场也可以完成这种激励,而无须法律的介入。

尽管有这些合理性的论证,不过这些理由并没有解决法律上的技术问题。为什么要在侵权之外发展一个独立的规则,称之为业务判断规则呢？上述理由,同样可以适用于任何的职业侵权。它只能解释"免责事由"的合理性,而不能解释独立的业务判断规则存在的合理性。新的规则之所以要引入,不管它是一个明确的规则还是一个事后的处理准则,都应当有助于清晰的判断。但业务判断规则并非如此,那么,既然董事、高管人员的决策失误,在传统上是采用侵权模式来解决的,为什么还需要这样一个改进呢？Gevurtz 并没有从价值上来进行批评,而是从技术上指出：

当决策导致了对其他人的伤害,那么医生、律师或者司机将会发

---

① See George L. Priest, The Current Insurance Crisis and Modern Tort Law, *Yale Law Journal*, Vol. 96, 1987, pp. 1521—1590. See also Roberta Romano, What Went Wrong with Director's and Officer's Liability Insurance？, *Delaware Journal of Corporate Law*, Vol. 14, 1989, pp. 1—33.
② See Michael P. Dooley, Two Models of Corporate Governance, *The Business Lawyer*, Vol. 47, 1992, p.461.
③ See Stephen M. Bainbridge, Director Primacy: The Means and Ends of Corporate Governance, *Northwestern University Law Review*, Vol. 97, 2003, pp.547—606, at p.551.
④ See Oliver Hart, An Economist's View of Fiduciary Duty, *The University of Toronto Law Journal*, Vol. 43, 1993, pp.299—313.

现自己在基于过失的诉讼中处于被告的地位……非常简单,并不需要对公司董事们的业务判断作出什么特别的对待。那么应当置业务判断规则于何地呢?显然,这是一个作用非常有限的短语,而存在非常大的可能性造成毛病(mischief)。因此,业务判断规则就是这样一个规则,没有它公司法同样运作得很好。①

这种追问的确是非常有道理的,同样是采用判例法模式的英国法,并没有这一独立的规则,而是仍然沿用了侵权来解决。②"公司可以和个人一样基于过失而被诉讼。有限公司的董事,并不能仅仅因为他们是董事就要对雇员的侵权承担个人责任,除非他们需要对已经作出的行为的指示负责,或者怠于作出指示,或者违反了个人的注意义务。"③如果说,业务判断规则是对董事责任的免除,那么也不如印第安纳州的法律模式,或者采用各种立法中都有的责任免除立法,也可以作为侵权的免责事由而存在,业务判断规则独立的必要性似乎并不那么强烈,它是侵权规则的同义反复。④

6.5 辩护、理性和借鉴

既然如同美国之外的各国实践所揭示的,运用侵权规则来解决公司法上的董事和高管人员的激励、责任问题完全可行,独立的业务判断规则,其存在的理性何在呢?我认为,业务判断规则是必要的,关键在于如何理解它,是否独立则涉及如何理解与传统法律规则的接轨。这其中的

---

① See Franklin A. Gevurtz, The Business Judgment Rule: Meaningless Verbiage of Misguided Notion?, *Southern California Law Review*, Vol. 67, 1994, pp.336—337.
② See W. V. H. Rogers, *Winfield & Jolowicz on Torts*, Fifteenth Edition, Sweet & Maxwell, 1998, pp.837—838.
③ See R. A. Percy and C. T. Walton, *Charlesworth & Percy on Negligence*, Ninth edition, London: Sweet & Maxwell, 1997, p.125.
④ See Franklin A. Gevurtz, *Corporation Law*, West Group, 2000, p.279.

理性,可以从两个方面来理解:客观层面的社会经济形态、组织结构的变化,以及主观方面的法律技术和法律理论上的进步。

前文中所引述和总结的批评,是针对业务判断规则的,然而,我们要看到问题的另外一个方面:侵权模式在解决公司治理中的困难。这从反面也说明了,为什么公司法发展最快的美国法上会需要这样一个独立规则。这可以从英国学者的反思中得到一个印证,基于侵权的注意义务并没有得到理论上的有效支持。① 这既有社会实践中的因素:股东诉讼较少、公司并购频率比较低、股权不够分散、资本市场不够发达等等,也有学术研究中的因素。

侵权模式的第一个困难在于其核心所在:理性人的假设。理性人假设和"预见能力"问题紧密相关②,但对它的界定则是侵权法的"谜"。非但如此,在界定董事和高管人员的责任的时候,其标准也在不断发生变化,"注意义务是由普通法和衡平法共同发展的,从历史上看,它建立在不同的注意标准之上,在很多方面并不相同"。③

以始终采用侵权模式的英国法为例,传统上的标准是由 1925 年的 Re City Equitable Fire Insurance Co. 判例确立的,Romer 法官在该案中明确以"普通人在相同情形下处理自己事务的注意"为标准,这基本上是最低的标准,也是重大过失的标准④;这种情况随着社会变化而改变,在 1991 年的 Norman v. Theodore Goddard 一案中,Hoffman 法官援引了 1986 年破产法上的更高要求,该法规定了两个标准,客观的董事本人所具有的一般知识、技能和经验和主观的人们对他的期望,这明显大大

---

① See V. Finch, Company Director: Who Cares about Skill and Care?, *Modern Law Review*, Vol. 55, 1992, p.179.
② See Leon Green, Foreseeability in Negligence Law, *Columbia Law Review*, Vol. 61, 1961, pp. 1401—1424, at 1420.
③ See Paul L. Davies, *Gower and Davies' Principles of Modern Company Law*, 7th edition, London: Sweet & Maxwell, 2003, p.432.
④ See Joanna Bird and Jennifer Hill, Regulatory Rooms in Australian Corporate Law, *Brooklyn Journal of International Law*, Vol. 25, 1999, pp.555—606, at p.562.

提高了标准。① 在澳大利亚的实践中，Rogers 法官则采用了更高的"商业性的现实主义的义务"，在该案中宣称"最近的观点是认为董事义务的本质就在于董事必须采取合理的措施指导和监控公司的经营活动。董事被要求对公司事务和公司财务变化情况至少有一般的了解，董事应对提交董事会决议的事项有一定的了解并且为独立的判断"。② 侵权的理性人标准的波动，也反映出这种模式并不比业务判断规则更为清晰。

对董事的理性人标准界定的困难，是因为来自于对董事究竟应当是职业的，还是一般人，来自于其所服务的公司的类型、董事的角色、不同的职能、具体的职位，等等，"没有一个单独的，想象中更为严格的董事义务可以满足这种多样性"。③

侵权模式的第二个困难在于：事后的评价如何作出。除了在判断什么是理性人上存在着不同的做法而模糊不清之外，侵权诉讼的特点决定了法官、专家或者陪审团需要对决策进行实体性的裁量。而业务判断规则中的程序和实体划分的标准，可以避免法官介入这一判断。诚如 William Allen 所说，

> 我认为，不存在这样的合法性基础，如果无利害关系的董事，行为是善意的，对问题采取了合理注意，并且属于董事的权限范围，这种情况下管理公司的经营和事务，要被施加损害赔偿（或者禁令）。承认法院来审查业务判断的实质是否属于公平的、合理的或者理性的剩余权力，而这一业务判断，是无利害关系的董事善意的，在适当注意作出的下，将会使得法庭成为超级董事。④

业务判断规则和侵权模式的一个根本不同在于保护天才的决策。当

---

① See Paul L. Davies, *Gower and Davies' Principles of Modern Company Law*, 7th edition, London: Sweet & Maxwell, 2003, p.434.
② 〔马来西亚〕罗修章、（中国香港）王鸣峰：《公司法：权力与责任》，杨飞等译，法律出版社2005年版，第453页。
③ R. A. Riley, The Company Director's Duty of Care and Skill: The Case for an Onerous but Subjective Standard, *Modern Law Review*, Vol. 62, 1999, pp.697—724, at p.699.
④ Re RJR Nabisco, Inc. Shareholders Litigation, Del. Ch. Jan. 31, 1989, p.91.

法官不采用侵权模式的审理方式介入到具体的业务判断的裁量之中的时候,其中一个重要的理由在于,保护天才的决策。任何天才的决策,可能在开始的时候都会被视为愚蠢的,而法官不去判断,就避免了采用常人的标准来衡量天才的困境,尽管可能会有更多愚蠢的决策逃脱。侵权的一般人标准也好,普通商人标准也好,常常会像希腊神话中的普洛克路斯忒斯,用法官的智商、认知衡量所有人。

侵权模式的第三个困难在于,没有事前的概念。按照 Eisenberg 的说法,它不能区分坏的决策和决策的变坏(bad decisions and decisions turn out badly)。[1] 侵权只是考察了义务、过错、因果关系和损害,而没有考虑决策作出的过程和决策实施之间的差异。公司的本质在于社团性,而社团意志的特点在于程序,是由公司治理所确立的决策过程。业务判断规则实际上属于一个安全港规则(safe harbor)[2],考虑了事前的信息获得,善意状态和决策作出时候的谨慎。

最后,我们当然也可以将侵权模式和业务判断规则结合起来,将业务判断规则看成是侵权中的注意义务下的免责事由,而并非是"非此即彼"的对立关系。但这并不妨碍业务判断规则的独立性,因为无论是注意义务,还是侵权行为,不可避免地要有一套规则来作出界定具体界定。业务判断规则的模糊,并不比其他规则更过分,相反,它至少为法院从何种角度考虑公司决策问题,提供了思路,在这个意义上,将其理解为一个思维模式也是非常恰当的。

其实,正如已经指出的那样,业务判断规则的模糊性,很大程度上是因为董事的职位、个人能力、具体职责、公司特性等等的千差万别,而规则的特性是统一,这两者之间的矛盾造就了这一特点。这种矛盾,需要在应用这一规则的时候,考虑公司的特性。一个公共性较强的公司,受到业务判断规

---

[1] See Melvin A. Eisenberg, The Duty of Care of Corporate Directors and Officers, *University of Pittsburgh Law Review*, Vol. 51, 1990, pp.945—972, at pp.961—962.
[2] See Bayless Manning, The Business Judgment Rule in Overview, *Ohio State Law Journal*, Vol. 45, 1984, pp.615—627, at p.618.

则的保护就应当更多,而一个公共性较弱的公司,则更需要向股东负责。①

还需要解答的一个问题是:为什么美国法对独立的业务判断规则的需要如此突出呢?为什么其他国家包括英联邦国家并没有采纳这一规则呢?在我看来有以下几个原因:(1)市场因素。相对其他各国,美国的股权市场分散,而经理市场发达,造就了独立的公司地位,从而对职业群体的激励提出了需要,而其他各国则缺乏这一背景。这两个市场的发展在全球化下会不断向美国模式靠拢,在这一意义上来说,公司法规则在各国的分布是进化过程中的不同阶段而不是生物多样性的表现。(2)公司治理的因素。各国的历史、文化、制度等等因素造就了不同的治理模式,德国的共同决策机制和主银行制度,日本的相机治理模式和内部人控制,英国对职业会计群体的依赖都不同,而美国则依赖于派生诉讼为代表的股东监督机制,在这种背景下,也导致了对法律规则的不同需要。(3)组织的公共性程度不同。公司日益独立于股东,社团独立于成员,既产生了公司法日益独立的倾向,这迫使业务判断规则从侵权中独立出来,也导致了股东和公司对决策不同态度下法院必须发展某种规则应付挑战,在这个意义上,以大公司为主的特拉华州在法律规则的进化上走在了前面也就不难理解了。② (4)行为的复合性程度不同。由于资本市场中的兼并收购,不断挑战着传统的注意义务和忠实义务的划分,董事对带有混合动机的并购行为的积极参与,使得法律规则需要一个独立的判断标准,而不是运用传统的规则来敷衍。

那么,在这种不断发展的法律规则和法学理论中,中国公司法中的注意义务和业务判断规则又如何呢?

1993年版本的《公司法》中,并没有界定注意义务,而在2005年修订

---

① 参见邓峰:《作为社团的法人:重构公司理论的一个框架》,载《中外法学》2004年第6期,第742—764页。
② 特拉华州在大公司上的领先地位,See Lucian Bebchuk, Alma Cohen, and Allen Ferrell, Does the Evidence Favor State Competition in Corporate Law?, *California Law Review*, Vol. 90, 2002, pp.3—47.

的版本中,在§148中第一次提出了"勤勉义务"的概念,但并没有任何的进一步界定,同样也就很难有业务判断规则的界定,非但如此,这一勤勉义务究竟是指 duty of diligence 还是指 duty of care 也是有待于推敲的。但对董事的决策责任,则在两个版本的《公司法》均有规定,2005 CA §113.3 规定了股份公司的董事决策责任,"董事应当对董事会的决议承担责任。董事会的决议违反法律、行政法规或者公司章程、股东大会决议,致使公司遭受严重损失的,参与决议的董事对公司负赔偿责任。但经证明在表决时曾表明异议并记载于会议记录的,该董事可以免除责任",而对有限责任的董事决策只是 2005 CA §49.2 要求,"董事会应当对所议事项的决定作成会议记录,出席会议的董事应当在会议记录上签名"。这一规则和注意义务相比,更多指向了遵守法律的义务(obey the law)和遵守公司形式,强调决策行为的正当性。这和注意义务之间有不同,但是也有重叠,这是由于法律和章程常常会采用比较含糊和笼统的表述。具体判断的时候还是需要借助于特定事项是否符合注意义务,是否造成了公司损失来判断。不过,其中的决策责任的抗辩理由,有令人啼笑皆非的感觉,如果董事签名反对了就可以免责,那么现行的股份公司制度下,董事的最优选择是"反对",因为不作为,不决策,就无需承担责任。

尽管在中国现行的股东控制公司模式下,股东仍然可以更换不作出决策的董事来达到控制和激励的平衡,但如果再进一步考虑我国的诸多上市公司都属于公共性更强的国有企业,他们既不能分享剩余,也不能获得与业绩相关的激励,董事和管理者的行为规则更近似于官员而不是企业家,多一事不如少一事,最后的结果可能就是"枪打出头鸟",而什么决策都不作的反而免责,这如何促使管理层有效决策?

总体上来说,我国的模式,既不是侵权模式的责任规则,也不是业务判断规则,完全是一个僵化的"签名认定标准"。可是即便如此规则,我们还可以从"郑百文"的"陆家豪"被证监会处罚中看到另外一种逻辑,一个人不参与决策,并且实际上不能参与决策,反而被处罚。这种激励将会引导公司去向何方?

§7 中国公司理论的检讨

自1855年伊始,公司成了社会—经济生活的主角,进入到1870年代之后,兼并逐步兴起,公司本身也成了被买卖的客体。在这种人格—财产的双重性下,法律理论始终不能解决这一困境:公司,究竟是主体还是客体?

19世纪下半期,公司的迅速扩张的时代,也是一个合同自由的时代,法律用来解决公司的理论,也不过是合同理论的延伸。从达特茅斯学院案件解决了公司章程的自主性地位开始①,一直到道奇诉福特案解决了董事的诚信义务必须指向股东,在此阶段,公司被视为信托的财产,而董事则是看护者,由此,董事的决策必须以股东利益最大化为导向。自萨洛蒙诉萨洛蒙案开始,则确立了公司的有限责任意味着公司的人格独立性,从而使得萨洛蒙这个控股股东加债权人可以轻易地侵害债权人的利益。在保护债权人上,公司被视为是财产;而在股东的控制上,公司则被赋予相对独立的人格。

而在我国的公司理论中,或者说,法人理论之中,通说认为存在着三种不同的观念:法人实在说(corporate realism)、法人拟制说(fiction theory)和法人否认说(symbol theory),尽管这三者的划分,在我国学者的引用之中,都直接或者间接来源于德国法。② 法人实在说和有机体说混同,用

---

① See Kermit. L. Hall, ed., *Law, Economy, and the Power of Contract: Major Historical Interpretations*, New York, London: Garland Publishing, Inc., 1987, pp.485—601.
② 史尚宽:《民法总论》,第121页,台北自出,1981年版。该书最早出版于1971年,来源于30年代梅仲协先生的归纳。参见梅仲协:《民法要义》,中国政法大学出版社1998年版,第65页。我国现代学者沿用了这一划分。

来说明公司的实体性;而拟制说则是指人格与责任均来源于法律,否认说则是指公司是自然人的集合。

事实上,这三者并不是等价的,它们并不是按照一个标准划分的。这带来了诸多的理论困惑,在进一步的梳理之中,存在着许多不同版本的解释。其实,这种三元论,不过是一种归纳而已,许多学者提出过不同的划分①,比如(1)公司实在论(corporate realism)/扩展的否认论/拟制论/拟制论(Maitland 提出);(2)公司人格实体论/主体权利论/拟制论(Hallis 提出);(3)基尔克的实在论/耶林的否认论和布雷兹(Brinz)的目的论/萨维尼的拟制论(Derham 提出);(4)人格理论/团体理论/创制物理论(creature theory)或者特许理论(concession theory)。三元论的总结显然混同了社会理论和法律理论,每个理论都并不是站在法律规则的分析上进行的,而是站在对公司的实体化认识基础上的。显然,这三种归纳都难以涵盖现实生活中的多元化的组织模式。对这种三元论奉为经典,并试图在此框架内来硬生生套在公司和企业之上,在某种程度上也是概念法学的延续,这是因为对这种以法律解释为主体的法学而言,没有概念就没有起点。②

拟制说最早起源于教皇英诺森四世(Pope Innocent IV),其本意在于,公司是一个独立的社会实体,但其人格完全是国家或者法律拟制的,因此,其灵魂不可能得到救赎。这一理论被萨维尼所发展,并被大陆法系所发展。但萨维尼的理论其实更接近于特许理论,即法律先于公司,强调公司的人格是法律赋予的产物,任何非经法律确认的,都不会享有主体资格。这种拟制理论,其实更准确地应当称之为特许理论。在历代法学家中,均是一脉相承的。科克在 1613 年声称,"(法人)仅仅是一种抽象存

---

① See Katsuhito Iwai, Persons, Things and Corporations: The Corporate Personality Controversy and Comparative Corporate Governance, *American Journal of Comparative Law*, Vol. 47, 1999, pp. 583—632.
② 比如汉密尔顿指出,各种理论,拟制说、实在说、特许说、契约说等等,都有助于解释公司,但都不完全正确,也不完全错误,都应当占据一席之地。See Robert W. Hamilton, The Law of Corporation, 法律出版社 2008 年版,第 4 版影印版,第 5 页。

在(abstracto)……法人①……是看不见的,不朽的,仅仅取决于法律的正当解释和考虑"②。

布莱克斯通(Blackstone)在《英格兰法评论》中指出,"在私法法系,法人可以完全通过法律来创立,通过其成员的自愿联合,只要这种契约并不违反法律,否则是一种非法社团……但是,在我们英格兰,任何公司的设立,都需要国王无论是明示还是默示的同意"③。显然,拟制论强调的是主体的合法性,其目的主要是控制私人结社的自由程度和市场准入。这在早期拟制论中,带有明显的痕迹,而这种法律对主体资格的确认,是国家或者法律藉以控制公司成立、控制组织和融资方式的一种方式。拟制论和特许理论的结合,在某种程度上和公司成立制度中的特许方式,是一致的。

正如弗里德曼所指出的,"公司在无数的法律书籍中,是一个虚拟的人(artificial person)。这意味着它是一个法律实体,和一个人一样,可以起诉和被诉,拥有财产,以及进行商业交易。和自然人不同,公司可以在任何一个成员死亡后仍然存在。其生命开始于其章程,在章程到期之后终结……章程是统治者的权威授权,该授权界定了这一实体权力、权利和义务。在1980年代的美国,任何人只要填上一个简单的表格,支付一小笔费用,就可以获得组建公司的章程,开展公司业务。但在19世纪的早期,立法机关则一个一个的根据条例来发放授权……1800年以前,大多数的殖民地法人是教堂、慈善机构、城市或者自治社区"④。在达特茅斯

---

① 此处的 corporation 应当翻译为法人,而不是公司,现代法意义上的公司直到 1855 年英国制定了《有限责任法》之后,允许自由组织公司才出现。类似的表述在布莱克斯通的《英格兰法评论》中,主要是指以大学为中心的法人组织。
② Case of Sutton's Hospital, 77 Eng. Rep. 937, 973 (K. B. 1613), quoted from Larry D. Soderquist and A. A. Sommer, Jr., *Understanding Corporation Law*, New York: Practicing Law Institute, 1990, p. 3.
③ See Sir William Blackstone, *Commentaries on the Laws of England*, Chap. 18: Of Corporations, electronic version, be available at internet.
④ Lawrence M. Friedman, *A History of American Law*, Second Edition, Simon & Schuster, Inc., 1985, p. 188.

学院案中,大法官马歇尔沿用了拟制论和特许论,其表述是非常明确的,"公司是一个虚拟的存在,看不见的,无形的,仅仅是在法律的思考(contemplation)中存在的……一个公司被设立的目的,通常是政府希望促进的那些。他们被认为是有利于国家,这种利益构成了其对价,在大多数案件中,唯一的对价就是授权"。[1]

很明显,这是传统法人理论的延续,拟制论导致了如下的结果:第一,公司的成立必须得到法律的确认,或者有权机关的确认,从而获得法律对组织的主体能力和资格的确认。这在马歇尔的表述中最为明显,即"对价为授权"。第二,章程的自治性类似于合同,是保护公司自治的"外壳",公司通过获得"法律"的"特许",而获得自治和存在的根本。第三,公司可以独立地、永久性地存在。

特许理论随着法人组织的主体从大学、财团、慈善机关到商业性企业的兴起,随着法律的非歧视性以及法律实施中的法典化而发生变化。随着1855年英国的《有限责任法》颁布,私人可以自由地结社,公司登记变成了"准则主义",因此,"拟制""特许"变成由国家颁发执照或者确认章程的程序化行为。这种确认章程的拟制行为,以公司登记为核心,变成公司通过登记行为,而获得"授权"对价,但这并不能阻挡国家或者法律对公司的监管。

拟制论和特许论的核心,是法律先于公司,只有获得了国家或者法律的帮助,公司才会存在,才能获得相应的资格和能力。进一步推论,公司的能力、资格,以及公司的性质,应当通过法律来界定,无论是"逐一的"(case by case)的"特许"(concession),还是准则主义的现代商业公司制度。这种对待公司的态度,在法律规则中被灌输了更多的公共政策——

---

[1] Trustees of Dartmouth College v. Woodward, 17 U. S. (Wheat.), 1819, quoted from Lawrence E. Mitchell, Lawrence A. Cunningham and Lewis D. Soloman, *Corporate Finance and Governance*: *Cases, Materials, and Problems for an Advanced Course in Corporations*, Second Edition, Carolina Academic Press, 1996, p.7.

如不同种类的公司可以享受不同的税收优惠,采用不同的治理结构,在法律规则中抛弃了形式化的"意思自治"之后,在法律更多地考虑实质性的对价的同时,就会遭遇困境。比如,非营利性的合作社和营利性的公司,两者的税收负担、治理结构、劳动关系、决策规则都是不同的,高级管理人员的责任是诚信义务还是公共责任[fiduciary duty or accountability]①更是不同的,而按照拟制论,对这种不同性质的公司的定位,仅仅是在公司成立的时候,依据登记和授权来认定,这就造成了严格的"公司名称"的控制制度,在这种情况下,拟制论和特许论就和"唯名论"没什么区别。换言之,公司的不同,在拟制论下,是根据登记和国家颁发的"执照"、证书,而不是根据公司的实质运作行为来认定的。这种弊端在中国法中暴露无遗,企业法中困惑于"假集体、真个人",或者"假合资""假联营"等问题,本质上就是这种理论延伸的结果。

拟制论在今天更存在着众多逻辑上的问题。一个外国公司,在该国被认定为有限责任公司,或者是合作社,或者是公众公司(public company),在中国要不要得到承认?如果法律先于公司,就会造成这种困难。对此的一个辩护是,两个法域的公法存在着这种相互确认关系,那么,让我们举一个极端的例子,王永庆的台塑,在大陆我们要不要承认其法人地位?

法人实在论的产生、出现,在某种程度上是对拟制论的否定,但两者不是在一个方向上相对的,在某种程度上,两者还会共存。换言之,实在论和拟制论并不是矛盾的两端。实在论的核心,不过是法人的人格是独立的,要和其成员划清界限。事实上,这最早可以追溯到乌尔比安,这也是为什么普遍被认为大陆法采取了法人实在论的原因之一,他著名的格言是,公司所有的,并不等同于个人成员所有,也不等同于全体成员所有。② 这一

---

① Accountability 是近年来得到广泛运用的概念,对此的定位,参见邓峰:《论经济法上的责任:公共责任与财务责任的融合》,载《中国人民大学学报》2003 年第 3 期,第 146—153 页。
② See S. P. Scott, A. M., *The Civil Law*, Vol. 3, VI The Enactments of Justinian The Digest of Pandects, electronic version, available at http://www.constitution.org/sps/sps03_j2-03.htm.

理论被萨维尼所重复,他也使用了实体(entity)这一概念。①

所谓的实在论,目前总是将其与基尔克的"有机体论"等同,由此,不过是指公司先于法律②,在这个意义上,对实在论的这种理解显然是正确的。但无非是解决了上述的拟制论的弊端而已。即对法人要按照实质标准来认定,而不是仅仅根据授权来认定;同时,也要承认事实上的公司。如果这是实在论的核心,则大多数国家的法律采纳了这种"实用主义"的观点。

公司实在论的第二个表现,依据某些学者的说法,在美国,因为公司管理层日益控制公司的判断,从而使得公司实在论在19世纪的最后10年中成为流行理论③,其论据是Santa Clara一案中,美国最高法院的费尔德法官拒绝给予公司和自然人同样的宪法权利保护,"无论公司财产是否和自然人的财产一样,依据同样的评价和税收规则"。④ 但正如霍维茨(Horwitz)⑤的说法,这并不代表最高法院抛弃了任何"拟制"的理论。对此,霍文坎普(Hovenkamp)也指出,这一案件恰恰表明了公司不过是人的组合。⑥ Santa Clara案,不过是表明了在公司的私权的平等性上,和自然人产生了差异而已。这在美国最高法院今天的判例中,也表现出这种不同,比如1978年的First National Bank of Boston v. Bellotti一案中,最高法院认为公司依据宪法第一修正案,享有自由言论的权利,那种"认为公司,

---

① See Katsuhito Iwai, Persons, Things and Corporations: The Corporate Personality Controversy and Comparative Corporate Governance, *American Journal of Comparative Law*, Vol. 47, 1999, p. 601.
② See Arthur W. Machen, Corporate Personality, *Harvard Law Review*, Vol. 24, 1911, pp. 253—261.
③ See Gregory A. Mark, The Personification of the Business Corporation in American Law, *University of Chicago Law Review*, Vol. 54, Fall, 1987, pp. 1441—1481.
④ Quoted from John Flynn, The Jurisprudence of Corporate Personhood: The Misuse of Legal Concept, in Warren J. Samuels and Arthur S. Miller, eds., *Corporations and Society: Power and Responsibility*, Greenwood Press, 1987, pp. 277—282.
⑤ See Morton J. Horwitz, Santa Clara Revisited: The Development of Corporate Theory, *West Virginia Law Review*, Vol. 88, 1985, p. 173.
⑥ See Herbert Hovenkamp, *Enterprise and American Law, 1836—1937*, Harvard University Press, 1991, p. 43.

作为国家的一个创制物,只能享有国家赋予其的权利"的观点是"极端的"。而在1987年的CTS Corp. v. Dynamics Corp. of America一案中,最高法院则支持了各州的反兼并立法,强调指出,"我认为,上诉法院没有正确地认识商业条款的重要性,是建立在对这一事实的分析基础上的,即州对公司治理的规制,不过是对一个实体的规制,其存在和特性不过是州的法律产物",并且重申了马歇尔大法官在达特茅斯学院案对公司拟制的论述。更为有趣的是,这两种"貌似矛盾"的观点,都是来源于鲍威尔大法官。①

如果公司实在论仅仅是在这两个层面上有别于拟制论,那么这两种理论的对立和区分就是微不足道的,事实上这两个理论处理的根本不是一回事。因此,有学者认为,公司的本质是什么,不能也不应当统帅特定的法律规则,这种争论也是没有意义的。② 这是为什么同一个法官在处理不同案件的时候,采用了不同理论的原因。在这些意义上,两者之间的争论就不是那么重要的,或者说,这种争论根本不是一个层面上的问题。

现实中比较具有积极意义的,公司实在论的讨论,更多的是基于公司是否存在独立意志,以及公司犯罪的考虑。这一争论主要表现在公司犯罪或者违法的时候,是追究公司作出决策的主要成员,还是公司本身的差异。在涉及对公司的控制上,各国现行的刑法、反垄断法、竞争法等法律制度中,均实施对公司的制裁。在这些法律部门中,实在论有一定的实践指导意义。

在拟制论下,罗马法中是依据"社团无犯罪能力"来实施的。但是,现实生活中发生了变化,1889年英国确认法人犯罪;1890年美国确认法人犯罪。1985年,美国伊利诺伊州地方法院判决三家关联公司犯有过失

---

① First National Bank of Boston v. Bellotti, 435 U. S. 765, 778, 1978. Quoted from Gregory A. Mark, The Personification of the Business Corporation in American Law, *University of Chicago Law Review*, Vol. 54, Fall, 1987, footnotes 3 at p. 1442.

② See Michael J. Phillips, Reappraising the Real Entity Theory of the Corporation, *Florida State University Law Review*, Vol. 21, pp. 1061—1077, 1994; See also Gregory A. Mark, The Personification of the Business Corporation in American Law, *University of Chicago Law Review*, Vol. 54, Fall, 1987.

杀人罪,5位公司董事、经理犯有谋杀罪,理由是被告长期将工人置于充满氰化物的剧毒环境中,导致一名工人中毒死亡。法官认为,"声称法人无意志……从而不能被定罪的说法,纯属无稽之谈"。我国《民法通则》也规定,"公民、法人由于过错侵害国家的、集体的财产,侵害他人财产、人身的,应当承担民事责任",更不用说刑法了。① 但这并不能作为区分拟制论和实在论的根据。拟制论强调了人格的来源,有人格自然会有责任,拟制论下的公司,其也可以承担责任,我们也不能根据法人犯罪的存在,认为实在论战胜了拟制论。在这个意义上,合伙和法人本质上是一样的,合伙的犯罪也会区分直接责任人和不知情的合伙人,而合伙如果犯罪,同样也会面临对合伙的人格的否定,所以,人格否认对合伙和公司都是同样的,不能由此区分拟制论和实在论有什么根本性的不同。②

完全的公司实在论显然是危险的,这也是为什么一些学者重新拾起拟制论的原因。③ 如果法人完全是实在的,下述问题的回答,就要大费周章:公司可不可以持有自己的股票?公司的控制者究竟是谁?为什么要

---

① 事实上,在《民法通则》制定前,中国学术界对法人本质的讨论,主要是集中在刑法学界,而不是民法学界。民法学界对公司本质的探讨,一开始是沿用了30年代的梅仲协先生的总结。参见邓峰:《论公司出资形式和出资监管》,载《安徽大学法律评论》2001年第1期,第187—200页。
② 对此一个引申的讨论,是法人人格否定,是一个不能自圆其说的概念。如果法人的人格遭到否定,其依据仅仅是法人从事了不当行为的话,那么这个概念就是不周延的,因为任何一种组织形式的非法行为,都会导致主体资格的丧失,比如合伙从事了违法行为,同样也要被吊销营业执照;而反之,如果公司的股东变成了承担"直索责任",法人的人格并不因此遭到否定,法人的人格只有在执照被吊销之后才完全丧失。因此,在股东责任的承担上,用"刺破公司面纱制度"显然是更为准确和更为合理的。这种错误,是将法人和有限责任混同之后的结果,也是民法理论延伸到其力所不能及的组织理论之中的结果。鲍威尔在1931年就分析了这一问题,指出使用"人格否认"(disregard of the corporation)是错误的,而刺破公司面纱(Veil-Piercing)是"更准确的表述"。See Frederick J. Powell, Parent and Subsidiary Corporations: Liability of a Parent Corporation for the Obligations of its Subsidiary, chapter 1; 沃姆斯则指出,"人格否认"比刺破公司面纱范围更大。See I. Maurice Wormser, Piercing the Veil of the Corporate Entity, *Columbia Law Review*, Vol. 12, 1912, p.496; See also I. Maurice Wormser, *The Disregard of the Corporate Fiction and Allied Corporate Problems*, New York: Baker, Voorln's and Co., 1927.
③ 参见江平、方流芳:《法人的本质和为拟制论辩护》,载《中国法学》1998年第3期,第187—200页。

限制公司的关联交易？为什么要刺破公司面纱？等等。甚至可能引发这样的疑问,公司可不可能变成"自动运行的机器",变成董事的雇主,取消了雇员？是否可能出现这样的情形,即"当这些机器进入政治,或者说,任何一种活动的时候,它的自我利益和任何管理者个人的利益完全不同"？[①] 毫无疑问,由于中国现行法律制度中,错误地运用了法人实在论,导致了许多弊端,但这并不意味着采用了拟制论就恢复了公司的本来面目。

公司本质的争论,究竟重要还是不重要？拟制论、否认论和实在论并不能告诉我们答案,正如已经指出的,这不是一个层面的问题。拿一个来反对另外一个,在某种程度上,类似于"关公战秦琼"。从根本上来说,是来源于我们没有区分:不同的法律部门和法律调整,需要不同的目光,这不是取决于公司的本质,而是取决于法律或者说规则的目的。[②] 而我们则产生了诸多的"虚假的"对立,比如认为公司否认论对管理中心主义持敌对态度;公司实在论则支持管理中心论,或者法人实在论就是要承认法人所有权,拟制体论就是要坚持股东所有权等等。事实上,真正贯穿公司法的历史的争论,并不是拟制论和实在论之间的冲突。

7.1 财产还是人格

从某种意义上来说,美国公司法的进化历史,可以构成1855年之后商业公司法出现之后公司法发展的典型代表。这和美国社会,特别是公司历史的自然演化是紧密相关的,而其他国家,即便是包括德国、法国等先进大陆国家,在公司法上,由于产业升级受到国家产业政策、行政性指

[①] A. Hacker, ed., 1964, The Corporation Take-over, Harper and Row, quoted from James S. Coleman, *Foundation of Social Theory*, The Belknap Press of Harvard University Press, 1990, pp. 554—556.

[②] 参见邓峰:《经济法学漫谈:正义、效率与社会本位》,载史际春、邓峰主编:《经济法学评论》2003年第四卷,中国法制出版社2004年版,第1—80页。

令较多影响,而本身历经战争,其法律制度并不典型。

公司法律规则的变化,其主导性的争论,并不是拟制和实在之间,而是在于如何对待公司之上:财产还是实体(property or entity)?① 这种争论在我国也不例外,不过表现形式有所不同而已。

公司是股东的财产,还是一个独立的实体?这几乎是公司法规则的不同选择、公司理论争论的全部。公司是私人的融资工具,还是独立的市民?私人的融资工具就是要实现个人利益最大的工具,董事和经理人员就是股东"手臂"的延伸,这是所谓的股东利益导向模式(stockholder)②,在我国著名的"法人财产权"争论中,也表现为强调股权应当归入所有权的论点;公司法的核心目的就是保护股东的利益,而董事不过是股东的代理或者工具,其必须最大善意地为股东的利益而服务,一切的权利义务配置都应当以股东的意志或者利益最大化为目标。在这种情况下,公司法的模式就是"财产模式"(property model),公司被看成了财产。而在实体模式(entity model),公司法的价值取向,应当是最大化公司本身的长期利益,而不是纯粹的股东的意志和利益,董事是公司的雇佣者,而不是股东的工具。这一理论在我国也颇有市场,除了在某种程度上更为正宗的利益相关者(stakeholder)模式外③,在法律理论中则和法人实在论结合在了

---

① See Melvin A. Eisenberg, The Conception that the Corporation is a Nexus of Contracts, and the Dual Nature of the Firm, *The Journal of Corporation Law*, Vol. 24, 1999, pp. 819—836. See also William T. Allen, Jack B. Jacobs and Leo E. Strine, Jr., The Great Takeover Debate: A Mediation on Bridging the Conceptual Divide, *The University of Chicago Law Review*, Vol. 69, pp. 1067—1100.

② Stockholder 模式的说法,借用了汉斯曼教授的说法,他将整个世界范围内,公司法的基本模式,分为 stockholder-oriented; stakeholder-oriented; state-owned-oriented; labor-oriented 和 manager-oriented 的五种,将 stockholder-oriented 视为正统模式,其他的都是变异模式,并且认为其他模式正在衰落之中,已经被证明是缺乏效率的。这被称之公司法的进化终结。See Henry Hansmann and Reinier Kraakman, The End of History for Corporate Law, *Georgetown Law Journal*, Jan 2001, Vol. 89, Issue 2; pp. 439—469.

③ 中国经济学界中对此进行介绍的,见崔之元:《美国 29 州公司法变革的理论背景及对我国的启示》,载《经济研究》1996 年第 4 期,第 35—60 页;以及沈艺峰:《公司控制权市场理论的现代演变(上)——美国三十五个州反收购立法的理论意义》,载《中国经济问题》2000 年第 2 期,第 16—25 页;沈艺峰:《公司控制权市场理论的现代演变(下)——美国三十五个州反收购立法的理论意义》,载《中国经济问题》2000 年第 3 期,第 20—35 页;更为系统和正式的文献,参见杨瑞龙、周业安:《企业的利益相关者理论及其应用》,经济科学出版社 2000 年版。应当说,利益相关者理论和公司治理成为主导性研究主题和社会热点问题,两者是紧密相关的。

一起,强调公司对其财产应当拥有完全的所有权。① 不过,正如在第一部分中已经指出的那样,我国法学界存在对实在论的误解。

这两者之间的争论是如此重要,以致直接影响到了不同法律规则的选择,而这种法律规则上的冲突,和拟制论、实在论那种在人格上的争论、脱离现实的争论不同,它甚至是公司法理论的全部争论所在,甚至包括不同的研究方法的分歧,具体体现在:

第一,公司的控制权究竟在谁手中?

这一争论实际上涉及两个层面,首先是公司实际上被控制在谁的手中? 公司应当被谁控制? 前者是一个事实判断,后者则是一个价值判断。公司实际上被控制在谁的手中,在1932年,伯勒和米恩斯发表了《现代公司和私有产权》,指出"这个国家有近似2/3的产业财富,从个人所有权,转移到了大型、公开融资的公司,从根本上改变着财产拥有者、工人的生活,以及财产的占有(tenure)方式。控制权从所有权中分化出来,随这一进程而来的,必然是涉及社会经济组织的一种新形式"②,由此"两权分离"成了一个基本的事实判断。伯勒和米恩斯认为这是一个财产形态的变化,当然,对其的批评也不绝于耳③,甚至许多学者认为其对事实的判断是错误的。④

显然,如果公司的控制权仍然控制在股东手中,公司不过是一个工具,正如法律经济学学者,特别是芝加哥学派所强调的,公司是一个"合同

---

① 对法人财产权的讨论,是中国90年代后期公司理论的核心命题,对此的综述,参见史际春、温烨、邓峰:《企业公司法》,中国人民大学出版社2001年版。
② Adolf A. Berle and Gardiner C. Means, *The Modern Corporation and Private Property*, Revised Edition, New York: Harcourt, Brace & World, Inc., 1968, Preface VII—VIII.
③ 比较著名的批评,参见 Walter Werner, Management, Stock Market and Corporate Reform: Berle and Means Reconsidered, *Columbia Law Review*, Vol. 77, 1977, p.388.
④ 对此的批评,包括许多著名的经济学家,如德姆塞茨、斯蒂格勒等等,See Harold Demsetz, The Structure of Ownership and the Theory of the Firm, *Journal of Law and Economics*, Vol. 26, 1983, p.375; See also George J. Stigler and Claire Friedland, The Literature of Economics: The Case of Berle and Means, *Journal of Law and Economics*, Vol. 26, 1983, p.237; See also Herny Manne, The "Higher" Criticism of the Modern Corporation, *Columbia Law Review*, Vol. 62, 1962, pp.399—407.

的连接体"(nexus of contract)①;而如果公司的控制权掌握在经理和高管人员手中,公司就具有独立的意志,不同于股东,法律有必要区分名义上的公司控制者(股东)和实际上的控制者(董事,常常是控制股东)。

这场争论是旷日持久和激烈非凡的。"(企业)并不具有任何来源于法令的权力,不具有任何的权威,也没有任何纪律性行为,和普通市场中任何两个人之间的合同一样,并没有任何最细微的不同"②,制度经济学中的这一"万能合同"理论,彻底否定了法人的独立意志特性;在这种情况下,公司法甚至是不必要的,许多学者强调公司法应当类似合同法,其主要应当是"授权性法律规范"(enable rule),避免法律更多地介入公司的内部关系,强调公司董事的诚信义务。③ 而在另一端,则是另一种声音,一些学者认为现实中公司法,包括立法和司法,都已经放弃了合同理论,"不仅如此,公司——更为一般化的来说,企业——并不仅仅是一个层级组织,它还是一个官僚的层级组织。这意味着,在其他事物中,公司内的许多事务,是建立在官僚规则,而不是开放式的不断重新检查和重新谈

---

① 公司是一个合同的连接体,这种视野基本上构成了早期法律经济学学者的基本判断和假设,最典型的表述是詹森和麦克林,See Michael C. Jensen and William H. Meckling, The Theory of the Firm: Managerial Behavior, Agency Costs, and Ownership Structure, *Journal of Financial Economics*, 1976, p.305。哈特和格罗斯曼则是将合同反转,即合同由于信息问题不可能穷尽所有发生的若然情况(contingencies),因而必要采用赋予一方以所有权,从而解决合同中不能穷尽的问题;这基本上也是沿着这一思路展开的,不过是把合同换成看似更为法律化界定的"产权"(property right);但这种产权的概念和法律上的物权存在着极大差异。See Sanford J. Grossman and Oliver D. Hart, The Costs and Benefits of Ownership: A Theory of Vertical and Lateral Integration, *Journal of Political Economics*, 1986, Vol. 94, p.691. See also Oliver Hart, An Economist's Perspective on the Theory of the Firm, *Columbia Law Review*, Vol. 89, 1989, p.1757.
② See Armen A. Alchain and Harold Demsetz, Production, Information Costs, and Economic Organization, *American Economic Review*, Vol. 62, 1972, p.777.
③ 代表性的作品非常多,几乎是目前的法律经济学公司理论的全部,See Joseph T. Walsh, The Fiduciary Foundation of Corporate Law, *Journal of Corporation Law*, spring 2002, Vol.27, pp.333—337; See also Larry E. Ribstein and Henry N. Butler, Opting Out of Fiduciary Duties: A Reply to the Anti-Contractarians, *Washington Law Review*, Vol. 65, 1990, p.1; See also Henry M. Butler, The Contractual Theory of the Corporation, *Georgia Mason Law Review*, Vol. 11, 1989, p.99; See also Jonathan R. Macey, Corporate Law and Corporate Governance: A Contractual Perspective, *Journal of Corporation Law*, Vol. 18, p.185; See also Larry E. Ribstein, Choosing Law by Contract, *Journal of Corporation Law*, Vol. 18, 1993, p.245.

判的基础上的"。① "合同主义的运动已经越过了顶峰,在几年前已经达到了其最高位。合同主义分析应当退回它在公司法律分析工具箱中的正确位置,恢复其作为一种分析性工具的本来面目。"② 许多公司法上的案例,由于采用了逐案审查(case by case)的方法③,导致双方各自都有大量的判例作为支持。在这两者之间,已经有许多学者注意到了科斯《企业的性质》中的"立场模糊",他并没有界定企业究竟是什么,但是显然科斯明确提到了"企业内的权威指挥"替代了"市场中的合同"。④

这场争论,在根本上是一个公司法的定位,甚至是存废的问题。"合同连接体"理论,强调公司作为一个契约的特性,公司法的功能就是授权性的,在某种程度就是财产权和合同理论的延伸;而与之相类似的,则是产权理论,公司是股东财产的延伸,公司的控制权是核心要素。在这背景下,法学界用财产权理论来解决,大陆法更为狭窄的物权理论——有体物理论,更是将公司看成是"集合财产"。这种概念上的混用,导致了法学理论的混乱,诸如争论股权的定位问题。在 CA §3"法人财产权"的争论中更为明显,乃至于有学者解释财产权应当是权利束。事实上,将其理解为权利束,等于没说,因为所有的实体性权利都可以被看成是一束权利,

---

① See Melvin A. Eisenberg, The Conception that the Corporation is a Nexus of Contracts, and the Dual Nature of the Firm, *The Journal of Corporation Law*, Vol. 24, 1999, p.829.
② See Douglas M. Branson, The Death of Contractarianism and the Vindication of Structure and Authority in Corporate Governance and Corporate Law, in Lawrence E. Mitchell, ed., *Progressive Corporate Law*, Westview Press, 1995, p.95. 持有这一观点的学者阵营也相当之多,代表性的人物包括 Machen, Mitchell, Eisenberg, Blair 等等。兹不一一引述。
③ 对公司法的法律调整方式,采用的 case by case 的方法,也有许多学者提出批评, See Marcel Kahan and Ehud Kamar, Price Discrimination in the Market for Corporate Law, *Cornell Law Review*, Vol. 86, 2001, pp.1205—1239; See also Ehud Kamar, Shareholder Litigation Under Indeterminate Corporate Law, *University of Chicago Law Review*, Vol. 66, 1999, pp.887—891. 事实上,这是在存在重大理论争议,以及法院的能力受到限制的时候,必然采取的方式。公司法的大多数有争议性的规则和案例,都和本书所讨论的理论分析相关。对 case by case 的审判方式, Cooter 指出,在长期进化中,如果法院遵守"先例必须遵守",则可以产生有效率的规则。See Robert Cooter, Lewis Kornhauser and David Lane, Liability Rules, Limited Information, and the Role of Precedent, *The Bell Journal of Economics*, Vol. 10, Issue 1, 1979, pp.366—373.
④ See Ronald H. Coase, The Nature of the Firm, *Economica*, Vol. 4, 1937, pp.387—388.

这种观点是一种偷换概念。

在事实判断上也存在着不同的视野,产生了反对"内部人控制"是否应当成为公司法的主要目的的争论。当事实判断和价值判断纠缠在一起的时候,就产生了更多的争论。许多学者以家族企业由控股家族出任管理层,或管理层持股等现实,否认现代社会中存在着严重的内部人控制;而相当多的学者则是站在价值判断的立场上,认为法律的目标应当在于实现股东的利益,进一步将这一目标上升到极端的立场,凡是小股东的,就是对的、正当的,凡是控股股东的就是坏的、恶的。在公司治理理论成为世界性的潮流理论之后,这种价值判断上的冲突进一步涉及公司的目标问题。

公司的目标关切到会计法律制度中的核心问题:公司价值最大化还是股东价值最大化?① 在强调公司的社会责任、商业伦理的今天②,以及非营利部门和非政府部门日益增多的今天③,会计责任(accountability)应当是指向股东还是指向公司?董事的自由裁量权的边界是什么,是对公司有利还是对股东有利?对企业的性质的这种定位,还会涉及税法中对公司双重征税的争论,如果公司仅仅是合同的连接体,那么对公司双重征税的依据何在呢?④ 最近的研究指出,双重征税显然是树立在"两权分

---

① See Mark J. Roe, The Shareholder Wealth Maximization Norm and Industrial Organization, *University of Pennsylvania Law Review*, Vol. 149, 2001, p. 2063.
② See Margaret Blair and Lynn A. Stout, Director Accountability and the Mediating Role of the Corporate Board, *Washington University Law Quarterly*, 2001, summer, p. 403. See also H Lowell Brown, The Corporate Director's Compliance Oversight Responsibility in the Past Caremark Era, *Delaware Journal of Corporate Law*, Vol. 26, 2001, pp. 4—145. See also Eric W. Orts, Corporate Governance Stakeholder Accountability, and Sustainable Peace: War and the Business Corporation, *Vanderbilt Journal of Transnational Law*, Vol. 35, 2002, p. 549.
③ See Gail A. Lasprogata and Marya N. Cotton, Contemplating "Enterprise": The Business and Legal Challenges of Social Entrepreneurship, *American Business Law Journal*, Vol. 41, 2003, p. 67.
④ 在公司的税收理论中,双重征税和实体论必然是联系在一起的, See Daniel Shaviro, Beyond Public Choice and Public Interest: A Study of the Legislative Process as Illustrated by Tax Legislation in the 1980s, *University of Pennsylvania Law Review*, Vol. 139, issue 1, 1990, p. 60; See also Barry Adler, Financial and Political Theories of American Corporate Bankruptcy, *Stanford Law Review*, Vol. 45, 1993, p. 311.

离"的基础上的,如果不对公司实施征税,那么公司的管理者将面临被迫分红的境地。①

然而,公司性质的争论,之所以重新成为焦点,是由于企业并购和反垄断法中出现了规则的冲突。② 为什么在资本市场中,美国 80 年代的兼并浪潮中,如此狂热的购买企业,而不是购买资产呢?这必然意味着企业的总体价值大于"财产集合"的价值。导致这种价值升级的是什么?控制权是公认的答案。同样,在今天的中国公司法命题中,也出现"控制权溢价"③的命题。

企业、公司乃至于组织,和"集合财产"的区别在于其隐含价值(hidden value),其一加一大于一的价值,究竟是什么,来源于哪里?显然,将公司看成是集合财产的观点,是因为受到了"平等的""抽象的"法律观念的影响,在民事法律中,并不存在任何"权力"的观念,权力的价值也无从体现,控制权溢价、企业的整体商誉价值等等也不能得到法律的确认,从而由公司的集中控制而导致的"集合的财产"大于"财产的集合"的观念

---

① See Jennifer Arlen and Deborah M. Weiss, A Political Theory of Corporate Taxation, *Yale Law Journal*, Vol. 105, Issue 2, 1995, p.325.

② See Lynn A. Stout, The Shareholder as Ulysses: Some Empirical Evidence on Why Investors in Public Corporations Tolerate Board Governance, *University of Pennsylvania Law Review*, Vol. 152, issue 2, 2003, p.667; See also Bernard Black and Reinier Kraakman, Delaware's Takeover Law: The Uncertain Search for Hidden Value, *New York University Law Review*, Vol. 96, 2002, p.521,在该文中,两位学者指出,公司的隐藏价值是存在的,属于努力工作的董事会可见的,而对股东和潜在的进入者而言,是不能看到的。由于 80 年代的并购和反并购的大争论,导致公司的性质成了理论焦点,并且这场争论越来越持续,进一步延伸到公司的各个制度规则之中。这也是本书的主要的写作动机。这种争论的主要表现,文献众多,可以参见 Ronald J. Gilson, A Structural Approach to Corporations: The Case Against Defensive Tactics in Tender Offer, *Stanford Law Review*, Vol. 33, 1981, p.819; See also Frank H. Easterbrook and Daniel H. Fischel, The Proper Role of a Target's Management in Responding to a Tender Offer, *Harvard Law Review*, Vol. 94, 1981, p.1161; See also Lucian Arye Bebchuk, The Case for Facilitating Competiting Tender Offer, *Harvard Law Review*, Vol. 95, 1982, p.1028. See also John C. Coffee, Jr., The Bylaw Battlefield: Can Institutions Change the Outcome of Corporate Control Contests? *University of Miami Law Review*, Vol. 51, 1997, p.605; See also Jeffery N. Gordon, "Just Say Never?" Poison Pills, Deadhand Pills and Shareholder Adopted Bylaws: An Essay for Warren Buffet, *Cardozo Law Review*, Vol. 19, 1997, p.511.

③ 参见连建辉:《融资结构与企业控制权争夺》,载《财经研究》2002 年第 1 期,第 63—67 页。同时参见张秋生、李霞、吴丽青:《控制权市场浮出水面》,载《中国证券报》2002 年 11 月 7 日。

并不能得到正确的法律规则反应。显然,控制一个公司和控制一堆资产是完全不同的。

第二,董事的责任和权力应当指向谁?

公司是一个财产还是一个实体,是一个客体还是一个主体,争论的核心还在于:公司的控制者,其权力应当指向谁?这当然也会涉及实然和应然的区分,公司是否在实际上被控制在董事手中,公司法和公司治理的目的是不是克服"内部人控制"?

显然,目前的主流经济学的态度,在实然层面是承认存在严重的"内部人控制",在应然层面,则是将法律规则和公司治理的目标设定为"维护股东的利益"①。而在现实的公司法司法实践中,由于 case by case 的审查方式,导致了许多不同的处理模式,也因涉及两种路线的斗争而呈现出不同的特色。

如果公司仅仅是合同的连接体,或者说,是股东作为所有者的完全产物,是股东之间的契约安排,而其他的主体,包括债权人、劳动者、高管人员等等,均属于可以按照合同安排获得合同中的权利的人,公司的董事和高管人员就不应当享有任何"独立的"权力,而必须为股东利益而工作。这就是诚信义务(fiduciary duty)被强化的原因。可以说,1970 年代以来的"股东行动主义"(shareholder activism)与此紧密相关②,克服内部人控

---

① See Jean Tirole, Corporate Governance, *Econometrica*, Vol. 69, No. 1, 2001, pp. 1—35;作者指出,"在法和经济学学者中,公司治理的标准定义就是如何保护股东的利益"; see also Andrei Shleifer and Robert W. Vishny, A Survey of Corporate Governance, *The Journal of Finance*, Vol. 52, Issue 2, 1997, pp. 737—783;在该文中作者认为公司治理就是确保融资提供方获得其回报的途径;而到了 Zingales,他则认为公司是一个影响到准租金的事后谈判的复杂的约束集。See Luigi Zingales, Corporate Governance, in Peter Newman, ed., *The New Palgrave Dictionary of Economics and the Law*, Macmillan Reference Limited, 1998, pp. 497—503.

② See Robert W. Hamilton, Corporate Governance in America 1950—2000: Major Changes But Uncertain Benefits, *Journal of Corporation Law*, 2000, Vol. 25, Issue 2, p. 349, See also Bernard S. Black, Shareholder Activism and Corporate Governance in the United States, in Peter Newman, ed., *The New Palgrave Dictionary of Economics and the Law*, Macmillan Reference Limited, 1998. 有学者认为,股东行动主义已经被更为平衡的公司治理所替代, See David Vogel, Trends in Shareholder Activism: 1970—1982, *California Management Review*, Vol. 25, No. 3, 1983, pp. 68—87.

制成了法律和社会经济生活的主题。在这种思路下,董事不过是财产的监管人和受托人,追求股东利益最大化是其义务的核心。

而如果公司是一个实体,公司独立于股东,由此董事和高管人员不仅仅是股东的受托人,还应当是公司的核心权力来源,特别是在董事会中心主义的现代社会和现代法律中。董事和高管人员事实上控制着公司,这是董事会中心主义和大股东中心主义相结合的趋势,而这种"权力"能不被法律承认吗?股东的盈利意图往往被公司制度和"诚信义务"放大到违反社会善良风俗的境地,在这种情况下,当强调公司的商业伦理、"善良市民"、社会责任等诸多主题的时候[1],董事的权力行使,就会和"营利性"的股东意志相违背。由此,董事的责任逐渐变成了"经济法上的责任"(accountability),即公共责任和会计责任的融合。

究竟是 fiduciary duty,还是 accountability,这一争论涉及的董事权限的对立,仍然是 stockholder 和 stakeholder 之间的对立,是公司作为"财产"还是"实体"这一争论的延续。

如果董事控制公司的权力可以得到承认,如何判断"当"与"不当"?如果公司的"控制权"是可以作为交易的客体,这种控制权如何衡量其价格?这些问题在逼迫、挑战和拷问着公司法。

第三,法定资本制还是授权资本制?

公司制度也是资本、金融制度的重要内容,而"集合物"的观点往往忽略了这一点,特别是当融资制度多元化之后,随着衍生证券、基金、投资银行等新生事物的产生,债券和股票之间的界限也日趋模糊化。会计、银行、金融、财政等领域不断交织,公司法上固有的资本不变、法定和维持三

---

[1] 这一主题较早是由斯通提出的,他探讨了对公司控制的传统法律模式。See Christopher D. Stone, *Where the Law Ends*: *The Social Control of Corporate Behavior*, Waveland Press, 1975. See also David Millon, Communitarians, Contractarians, and the Crisis in Corporate Law, *Washington and Lee Law Review*, Vol. 50, 1993, p. 1373. See also See Lyman Johnson, Individual and Collective Sovereignty in the Corporate Enterprise, *Columbia Law Review*, Vol. 92, 1992, p. 2215; See also David Millon, Theories of the Corporation, *Duke Law Review*, 1990, p. 201.

原则在遭受着新的考验。①

静态对待公司,仅仅将公司看成是一个财产集合,强调在公司出资和资本制度上加以严格的控制,比如中国的资本审查制度,就会坚持法定资本制,强化资本制度的透明和维持;而如果强调公司的董事会中心主义,则更会注重授权资本制,这种冲突在法律上,也是将客体对主体的争论的延伸。

授权资本制的核心,在于公司的融资、资本征收的权力,由股东的承诺和董事会的决策双方来控制,何时变更资本,扩大资本,由董事会根据公司的发展水平和投资机会来确定,同时,股东实际享有的出资份额,包括股东的资格确认、股票的质押登记等等,均由公司机关来控制和确认。而在将公司看成是"集合财产"的情况下,出资是确认主体获得公司成员或者股东资格的条件,而这一确认是由行政登记机关来完成,股东的资格和权利是由登记机关来确认的,公司的资本变动和主体资格的变动规则是重合的——在我国,增减资和公司合并分立的程序一样复杂。

在中国的公司法变革中,将公司仅仅看成是"集合财产"的静态观念已经造成了现实中的诸多弊端,公司变更资本的不便,登记上的冲突(工商登记和公司登记)②,过多的聚敛资本而导致的资金闲置③,以及由此延伸的确保公司资本"法定"的种种限制,比如转投资限制等等,也涉及与之相衔接的"集资"和"私募"等等问题上的困惑。更为重要的是,公司的设立中,作为主体的公司可以设定股东的不同种类的权利,而在"集合财产"的观念下,股权、出资、红利、股息这些本来含义不同的术语,完全被统一化了,股东的权利也都变得相同,"一股一权""同股同权"不仅造成了

---

① 在某种程度上,这也是财产和合同的划分争论的延伸。See Henry Hansmann and Reiner Kraakman, *Property, Contract, and Verification: The Numerus Clausus Problem and the Divisibility of Rights*, Harvard Law School Research Paper No. 237, 2002.
② 参见陈勇:《论公司股权查封冻结顺序的确定标准》,载史际春、邓峰:《经济法学评论》,第四卷,中国法制出版社2004年版,第318页以下。
③ 参见路满平:《上市公司增发新股及其监管》,深圳证券交易所研究报告,be available at http://www.sse.org.

许多公司治理上的不便,在中国的特定情况下,股票市场被分割的情况下,也会造成实质性的不公。当上市公司中的国有股和个人股必须同股同权来进行计算的时候,许多公司的正常经营或者融资行为,比如发行可转换债券,却变成国家从私人手中夺取财富,大股东剥削小股东的斗争。① 从某种程度上,由国家来进行"验资"和"确权",根本上是因为法律行为制度中缺乏"对价"。②

公司是"财产",还是"实体";是法律上的"客体"还是"主体",这一争论的表现诸多,可以说,这是两条路线的斗争,几乎在公司法的各个具体制度中都会表现出来。上述三个方面,只是最为核心的。

7.2 Stockholder vs. Stakeholder

在汉斯曼和克拉克曼教授发表《公司法历史的终结》之后,几乎引起了全球性的公司法争论,是否公司的进化已经表明:股东导向的治理模式才是唯一有效率的选择?③ 对汉斯曼和克拉克曼教授的批评来自于多个方向,站在"地方性知识"和"地方性制度安排"上的,如马克、柴芬斯等④;

---

① 比如招商银行百亿可转换债券的发行,变成中小股东利益的代表——基金组织和大股东的代表之间的斗争。
② 就股东的出资而言,法律对对价的控制,表现为对出资形式的不同控制程度,在英美法中趋向于事后调整和日益放松。See Franklin A. Gevurtz, *Corporation Law*, West Group, 2000, p. 123; See also Hugh Collins, *Regulating Contracts*, Oxford University Press, 1999, p.246.
③ See Henry Hansmann and Reinier Kraakman, The End of History for Corporate Law, *Georgetown Law Journal*, Jan 2001, Vol. 89, Issue 2.
④ See Gregory A. Mark, Realms of Choice: Financial Capitalism and Corporate Governance, *Columbia Law Review*, Vol. 95, 1995, p.969; See also Brian R. Cheffins, Corporate Law and Ownership Structure: A Darwinian Link? *University of Cambridge Working Paper*, 2002. 在很大程度上,这些学者更倾向于分散的所有权。See also Roberta Romano, A Cautionary Note on Drawing Lesson from Comparative Corporate Law, *Yale Law Journal*, Vol. 102, 1993, p.2021. 和公司其他制度一并分析的学者也非常之多,See also David A. Skeel, Jr., An Evolutionary Theory of Corporate Law and Corporate Bankruptcy, *Vanderbilt Law Review*, Vol. 51, Issue 5, 1998, pp. 1325—1398.

站在公共权威模式上的,如艾森伯格等①;或者是站在利益相关者导向的,如布莱尔等②。公司法的导向问题,成了目前的热点问题③,在根本上,这场争论,和其他领域的新争论,包括财产法、合同法等等一样,是如何认识"事物本身"的争论,在公司法中,就是如何在实然和应然两个层面上认识公司本质的问题。

无论是地方性制度安排,还是公共权威模式,争论的核心在于是否承认为股东的利益而服务,是公司的唯一的、根本的、不可动摇的原则。这和我们前面所说的是一致的,公司是一个股东之间的合同连接体(对应的概念是财产的集合),还是一个实体?

在 stockholder 和 stakeholder 之间的争论,最早实际上是 1960—1970 年代布莱尔等人引发的。④ 而经济学界的不同观点,来源于科斯对权威的含混不清的表述。在《企业的性质》中,科斯指出了企业内的交易和企业外的交易是不同的,"如果一个工人从部门 Y 转换到了部门 X,他不会离开,并不是因为相关价格的改变,而是因为他被命令(order)如此做……在企业外,价格运动指导着生产,通过市场中的一系列交换交易来协调。在企业内,这种市场交易被削减,在复杂的市场结构中的交换交易被

---

① See Melvin A. Eisenberg, The Conception that the Corporation is a Nexus of Contracts, and the Dual Nature of the Firm, *The Journal of Corporation Law*, Vol. 24, 1999, pp. 819—836. 最近的经济学学者的研究也对著名的 GM 兼并 Fisher 车体公司的案例提出了新的解释,认为组织的价值在于其内含的人力资本,而不是物资资本的组合。这被"权威"论的学者视为一个重要的论据。See Benjamin Klein, Vertical Integration as Organizational Ownership: The Fisher Body—General Motors Relationship Revisited, *Journal of Law, Economic and Organization*, Vol. 4, 1998, pp. 199—208.

② See Margaret M. Blair and Lynn A. Stout, A Team Production Theory of Corporate Law, *Virginia Law Review*, Vol. 85, 1999, p. 247. See also Margaret M. Blair and Lynn A. Stout, Director Accountability and the Mediating Role of the Corporate Board, *Washington University Law Quarterly*, Vol. 79, 2001, pp. 403—447. 其他的代表性作品,也非常之多。例如 R. Daniels, Stakeholders and Takeovers: Can Contractarianism be Compassionate? *University of Toronto Law Journal*, Vol. 43, 1993, pp. 315—351.

③ See Brian R. Cheffins, Corporations, in Peter Cane and Mark Tushnet, eds., *Oxford Handbook of Legal Studies*, Oxford University Press, 2003, pp. 485—509.

④ See Stephen M. Bainbridge, Director's Primacy: The Means and Ends of Corporate Governance, *Northwestern University Law Review*, Vol. 97, Issue 2, 2003, p. 547.

企业家—协调者的直接指挥生产来替代"。① 科斯认为权威、指挥、命令在企业是存在的,董事和高级管理人员从事着这种职能,这种观点和钱德勒的"看得见的手"是一致的。但这种权力、权威对个体主义理性的经济学而言,是非常难以界定的,这和大陆民法中对"权力"的排斥是一致的。由此,这种权力和权威究竟是什么,来源于何处,不断地被赋予新的诠释。在企业理论中,企业价值的"1+1>2"的观念,被进一步得到发展,这种"增值"来源于指挥,无形资产,或者人力资本和物质资本的有效结合,在经济学中仍然不断地被讨论着。②

在另一个方向上,公司的连接体理论和产权理论是紧密联系的,是"不完全合同"(implicit contract)理论的一个应用。公司是一个由股东、顾客、债权人、政府、公共机构、劳动者、职业经理之间复杂的合同连接体,而由于合同是不可能完备的,有必要在"明示"的合同条款之外,设定一个最终的权利来源,由其作为公司的所有者,而其他人则按照合同取得相应的权利。这种最终的权利来源包括"剩余控制权"和"剩余索取权",是产权的核心。

有必要指出的是,在经济学中的这种"产权"的思路,和大陆法中的"所有权"概念是完全不同的思路,前者强调的是企业作为一个层级组织的"量"的权力分配;后者则是强调"平等主体之间"的"质"的划分,诸如对所有权核心权能的争论就是典型的思路。如果硬要将产权和物权体系一一对应,则在从经济学概念体系向民法体系"翻译"中,总会丧失一些原有的要素,其中最重要的,就是权力的概念。③ 在一个完全平面的私法

---

① See Ronald H. Coase, The Nature of the Firm, *Economica*, Vol. 4, 1937, p.386, pp.387—388.
② 较新的理论,See Raghuram G. Rajan and Luigi Zingales, Power in the theory of the Firm, *University of Chicago Working Paper*, 2000. 两位学者不是从产权而是从对核心资产的"用益权"(Access)的角度来解释企业内的权力形成的。
③ 对法律和经济学中使用的"产权"的概念不同的分析,See Thomas W. Merrill and Henry E. Smith, What Happened to Property in Law and Economics? *The Yale Law Journal*, Vol. 111, 2001, pp.357—398. 事实上,经济学中所使用的"产权",并不一定能够得到法律的确认和执行,它忽略了法律本身的成本和技术限制。因此,产权一词,在很大程度上,是等同于权利的,而且并不限于法律上的权利,并不是什么权利束的概念。

"体系"中不能容纳下不具有"国家法"要素的"权力",同样在一个形式化的,以主观意志理论为基础的正义观念中,也不可能拥有判断"权力"的"正当性"的法律规则。

委托-代理理论对董事和高管人员的权力界定,采用了"无所不包"的产权模式,这仍然是将公司看成"财产",不过是所有者的手臂延伸的一种思维模式。公司治理的核心问题,就是克服高管人员将其自我偏好施加到公司目标之中的弊端,克服高管人员构造"帝国主义"的倾向,社会生活和社会关系的变化,对公司的控制者而言,其独立的偏好是否有正当性呢? 在经济学中,价值判断的选择不是一个问题,而对法律而言,这是一个核心的命题。这就涉及许多决策行为,决策权力的正当性判断。在公司是一个实体的时候,公司的决策、偏好是否有独立存在的空间,而使其有别于股东的加总偏好?

认识到现代公司控制者的偏好有别于股东,最早应当追溯到 1914 年的沃尔特·李普曼(Walter Lippmann),"拿薪水的管理者……(对公司的)管理,与所有权和谈判相分离……获得利润并不是他们的动机"[①]。伯勒和米恩斯则进一步指出,"我们必须得出结论,控制利益和所有权的利益,常常是不一致,而且是激烈相对的;所有者们最经常强调的是,并没有获得寻求利润的控制群体的服务。在公司的运作中,控制群体,即便他们拥有大部分的股份,也常常是用公司的花费来寻求自己口袋的利益而不是为了公司的利益"[②]。显然,在"财产"和"主体"的争论中,其核心在于董事和股东的角色的分离,公司的实际控制者和名义控制者的分离。是否在应然上承认这种分离,以及由此派生的权力、权利和义务关系,构成了公司法的"两难"。

Stockholder 和 Stakeholder,股东导向模式和利益相关者导向模式,不

[①] Walter Lippmann, *Drift and Mastery: An Attempt to Diagnose the Current Unrest*, Prentice Hall, Reprint in 1961, pp. 42—43.
[②] Adolf A. Berle and Gardiner C. Means, *The Modern Corporation and Private Property*, Op. Cit, p. 122.

过是"财产"和"实体"争论的延伸。进入1980年代以来,这一争论甚至被学者称之为"危机",代表了在公司法律规则中两种对立的取向。① 具体而言,表现为如下几个方面规则上的"冲突选择":

第一,终极决策权的控制权应当在谁手中,核心表现就是所谓的董事会中心主义和股东会中心主义之争。②

股东会中心主义在当代公司理论之中,最典型的是格罗斯曼和哈特等"产权"学派的观点,剩余控制权和剩余索取权应当控制在股东手中,而其他的主体,通过不同的合同方式(买卖、租赁、雇佣、劳动、代理乃至于信托),获得一个在缔结的时候就可以预期其成本和收益的支付[payoff],而剩余的风险和收益自然应当归属于所有者。

而董事会控制剩余性的决策权,则是大多数国家目前所规定的,显然,如果公司是一个独立的实体,公司的剩余决策权应当控制在公司机关手中,股东只能通过选任董事、章程和诉权来实现对自己的股权的维护。

在我国的公司法中则对此完全没有交代,股东会、董事会乃至于经理人员的职权都通过法律规则来加以确定,既没有确定谁是根本性的控制者,也没有形成对股东权利的制衡,导致了现实中的众多行为失范。两个中心之间的争夺,并不仅仅是一个理论问题,它的危害和弊端被中国严格的审批制度和政府审查制度进一步放大。在公司登记的时候,工商管理部门对章程的审查权过大,而在工商部门不能一一事前审核控制的情况下,干脆将公司章程这一核心的治理文件变成了申请人的"填空"作业,

---

① See David Millon, Communitarians, Contractarians, and the Crisis in Corporate Law, *Washington and Lee Law Review*, Vol. 50, Issue 4, 1993, p.1373.
② 这是这一问题的争论核心,对此的探讨非常之多,并且仍然在继续之中,例如 See Lynn A. Stout, The Shareholder as Ulysses: Some Empirical Evidence on Why Investors in Public Corporations Tolerate Board Governance, *University of Pennsylvania Law Review*, Vol. 152, 2003, pp. 667—712. 较为综述性的论述,例如 See also Ronald M. Green, Shareholders as Stakeholders Changing Metaphors of Corporate Governance, *Washington & Lee Law Review*, Vol. 50, 1993, p. 1409. 理论化的总结,例如 Lawrence E. Mitchell, Groundwork of the Metaphysics of Corporate Law, *Washington and Lee Law Review*, Vol. 50, Issue 4, 1993, p.1477.

进而导致所有公司的章程都大同小异,进一步扩大了终极决策权的虚空。

第二,公司是否应当以营利为目标。[1]

我们的教科书中几乎均将"营利性"界定为企业的本质之一,然而究竟什么是营利性是非常值得推敲的。公司作为一种典型的企业,是从承担公共职能的特许企业,诸如殖民公司、大学、教会等"非营利性"的组织发展而来的[2],并不一定具有"营利性"的特征。公司或者企业的"营利性",不过是经济学或者企业管理中的一种界定,作为一种基于组织形式和股东责任承担的分类而言,这个界定不过是一种形容性的。换言之,它并不是一个真实的判断标准,一个企业、公司,如果不具备"营利性",就不成其为企业或者公司吗? 反过来,一个合作社,或者公共企业(例如国有自来水公司)不能从事营利性经营吗? 显然,并非如此。在人的普遍商化的命题下,商主体和商行为的概念都已经站不住脚[3],通过营利性来界定公司的特性仍然是"民商分立"的思维方式,很难适应现实生活的实际。

即便我们可以使用营利性的概念,用于区分事业单位、企业单位,或者用于对公司与政府的区分,但在组织的所有权和控制权分离的现状下,营利性标准同样也会面临捉襟见肘的尴尬境地。在强调公司的社会责任、商业伦理的时候,一个公司有能力,或者说应当去追求与其利益最大化相悖的选择吗? 当公司作出了某一行为,并非是出于利润最大化,或者说股东利益最大化的目的,在这种情况下,董事的决策应不应当得到法律的承认? 主流经济学和管理学对董事和高管人员背离股东利益的行为,

---

[1] 有关争论的延伸,以及与 stakeholder 和 stockholder 之间的关系,参见 Thomas A. Smith, The Efficient Norm for Corporate Law: A Neotraditional Interpretation of Fiduciary Duty, *Michigan Law Review*, Vol. 98, Issue 1, 1999, pp.214—268.

[2] See Willston, History of the Law of Business Corporations Before 1800, *Harvard Law Review*, Vol. 2, 1888, p.105.

[3] 参见王利明:《民商合一与我国民商法的关系》,载《西北政法学院学报》1986 年第 1 期,第 45—51 页;参见邓峰:《试论民法的商法化及其与经济法的关系——对民法、经济法社会本位的比较思考》,载《法学家》1997 年第 3 期,第 42—47 页。

其解释是"构造帝国主义的倾向"①,在这种情况下,公司显然背离了"利益最大化"的目的。反过来,"一股主义"和"股东行动主义"的股东,也常常通过持股、控股来向以营利为目的的公司施加"政治、社会目标",诸如环保、人权、教育、福利等等主张,也会造成公司治理中的困扰。1994年之后,世界范围内的大公司通过了"考克斯圆桌商业原则"(Caux Round Table Principles)②。而作为市民的公司(city code)的理论的提出③,也越来越得到许多学者、企业家的青睐。这些无疑是对营利性的抛弃。

但是放弃营利性,如何区分企业、政府、非政府组织和非营利性组织(NGO,NPO)?甚至,如何区分不同性质的行业的决策权的不同?在政府日益参与经济生活的今天,不仅许多公共政策性行为需要借助于以公司为形式的组织来完成,在诸如产业政策、行业准入、税收优惠、补贴和转移支付、公共产品提供,包括反垄断法和竞争法等经济法的领域,不同的组织的法律地位、权利义务、经济待遇等存在着诸多差异。

营利性问题,在两权分离的事实状态下被放大了,当控制股东和非控制股东在这一问题上发生了分歧,或者是董事与高管人员和股东发生了分歧,就会产生纠纷。不过,这仍然是"财产"和"实体"争论的延伸,如果股东的意志和公司的意志不存在分离,营利性标准可能还可以应付一些局面。但事实上,公司越来越趋向于独立的实体,公司、控股股东、小股东、董事和高管人员之间的个体利益分化越来越严重,这就会导致某项决策的合理性必然成为法律要考虑的问题。除非从实然的层面上就不承认存在利益分化和冲突,自然也就不会存在意志分离,但这不过是一种鸵鸟政策,各个不同主体的利益冲突是明显的事实。

第三,也是最关键的,是董事的权限和责任的边界问题。

---

① See George P. Baker and George David Smith, *The New Financial Capitalists*: *Kohlberg Kravis Roberts and the Creation of Corporate Value*, Cambridge University Press, 1999.
② See Henry R. Cheeseman, *The Legal and Regulatory Environment*, Second Edition, Prentice—Hall, Inc., 2000, pp. 34—36.
③ See Andrea Guaccero, Recent Developments in European Takeover and Corporate Law, *Cardozo Journal of International and Comparative Law*, Vol. 12, p.91.

当公司被视为一个实体的时候,公司的决策是由董事和高管人员,或者控股股东作出的,而董事的决策,作为公司个别机关,或者说董事会的决策,作为公司机关,在中国更极端地表现为法定代表人的决策,其实体上的合理性、合法性,会在与全体股东或者部分股东相冲突的情况下,进入法律的考量范围。

在董事和高管人员违反了"道德性"的忠诚义务的时候,决策的实体性判断并不会成为太大的问题,而在考虑"注意义务"("善管义务")的时候,法律不得不面对由于决策分离而带来的价值判断。这一冲突表现为"注意义务"和"业务判断规则"之间的权衡(trade-off)。作为"财产"的公司,"合同连接体"理论的公司,会更强调注意义务;而作为"实体"的公司,"市民"的公司,会更强调"业务判断规则",前者会导致董事责任的加重,而后者则会扩大董事的自由裁量权。

这在以下几个方面中,表现更为明显:

1. 公司的赠与行为

公司是否可以进行赠与,以及与赠与相类似的行为,这和公司的营利性问题有近似的地方,但公司的赠与可以被视为是对公司利益有利的行为,诸如改进公司与社区的关系,塑造公司的形象,扩展公司的营销对象等等。试图禁止赠与,法庭必然陷入——考察合同对价是否合理、真实的汪洋大海;但如果不限制赠与,则公司的自身利益和股东利益必然会受到否定性的影响。

在1919年著名的道奇诉福特(Dodge v. Ford)一案中,法院宣布,"不应当慷他人之慨";但随后的立法均允许公司在一定限度内对外捐赠。[①] 如果公司不存在独立的意志、利益乃至于声誉(reputation),自然赠与与否必须经过股东的批准,但如果赠与完全不受控制,则公司实际上也丧失

---

① See Robert C. Clark, *Corporate Law*, Aspen Law & Economics, 1986, pp. 602—603. See also Robert A. G. Monks and Nell Minow, *Corporate Governance*, Second Edition, Blackwell Publishing Inc., 2000, p.41. See also Franklin A. Gevurtz, *Corporation Law*, West Group, 2000, pp. 304—305.

了存在的价值。

2. 经营行为的授权和约束

将公司看成是股东财产的延伸,则股东的加总授权,尤其是公司的经营范围应当根据股东可以预见的风险和合理的授权来判断;而当公司看成是独立的主体的时候,则公司的控制者则应当根据对公司整体利益的有利程度来进行对外签约等行为。这两者之间的差异,具体地表现为"越权原则"(Ultra Vires Doctrine)的兴衰。①

越权原则最早来自于英国法中 1875 年的 Ashbury Railway Carriage & Iron Company v. Riche,如果公司超越了公司章程中界定的经营范围,会给股东带来不可预见的风险,则超越章程规定的行为,视为没有取得授权,相对方在明知的情况下不能从公司获得相应的期待利益。商业的发展迫使越权原则开始放松,不仅对公司目的作放宽性的解释,同时也注意保护善意第三人,这意味着对公司的控制人员更自由和更大的授权,公司的利益和股东的利益产生了分离。应当说,越权原则在衰落之中,但显著超出股东预期的经营行为,不合理的转嫁风险给股东,违背了股东的授权,损害了股东的利益,不能说就是公平的。尽管不能完全放弃,但越权原则的衰落,代表了法律日益将公司看成是独立实体的倾向。

显然,经营范围,包括了股东授权和市场准入两个方面的控制。中国由于缺乏系统的公司理论,将这一问题简单化和行政化②,认为经营范围只是经济法中的"市场准入"制度的具体化,导致最高法院在 80 年代严格执行这一标准来判断合同的有效性;而在 90 年代自由主义风潮之中,走向了另外的极端,这也体现了中国的公司"实体化"倾向过于严重,而导致股东的利益受损。已经暴露出来的,上市公司任意"脱壳""换壳",而将风险转嫁给广大股东。一窝蜂、赶潮流,缺乏独立的思辨,不能不说这是中国的法学教条主义的一个典型例子。

---

① See also Franklin A. Gevurtz, *Corporation Law*, West Group, 2000, p.221.
② 这也是特许主义理论的产物[concession theory of corporation]。See also Franklin A. Gevurtz, *Corporation Law*, West Group, 2000, p.220.

3. 反收购措施的实施及其程度

财产还是实体的争论在公司收购中,表现得淋漓尽致。[①] 在善意收购中,公司和收购方之间形成协议,在这种情况下,股东的利益是否得到保护,常常会引发诉讼,比如时代和华纳的兼并案中,双方管理者达成的兼并价格遭到了股东的质疑[②];而在敌意收购中,收购方直接向股东发出要约,而公司的控制者常常会采取反收购措施,在这种情况下,公司的决策和股东的决策发生了显著的偏离。在这两种情况下,事实上公司并购至少会涉及三方主体,更遑论债权人等外部利益者。

而我国由于对法人采取了实体主义的立法,导致忽视了股东利益和公司利益的不同,甚至往往置股东的独立利益于不顾。现有的公司购并的规则,完全是由站在债权人利益上的程序性规则构成的,这和民法中对公司"权力"的漠视是紧密相关的。

4. 反股东措施的实施

董事、高管人员,或者说公司是否可以实施对股东的反制措施(anti-shareholder)？这是一个非常值得探讨的问题。显然,这种问题,在公司作为财产的情况下,不会存在。但在"一股主义""股东行动主义"的情况

[①] 对此的讨论非常之多,例如 see Lucian Arye Bebchuk and Martin Lipton, The Case Against Board Veto in Corporate Takeover, *University of Chicago Law Review*, Vol. 69, 2002, p.973. 该文指出不应当允许董事会阻挡超越必要期限的给予了股东以合理选择的要约收购,这是财产论的典型观点。而强调控制权的,则属于实体论。See also Wayne O. Hanewicz, When Silence is Golden: Why the Business Judgment Rule Should Apply to No-Shops in Stock—for—stock Merger Agreements, *Journal of Corporation Law*, Vol. 28, Issue 2, p.205. 有学者也从历史考察中得出了大公司的控制权被实际控制在管理者手中的结论,例如 See David Bunting and Mark S. Mizruchi, The Transfer of Control of Large Corporations: 1905—19119, *Journal of Economic Issues*, Vol. 16, 1982, p.985. 实体论的学者常常关注于控制权的溢价和私自出售问题。例如 See Yededia Z. Stern, The Private Sale of Corporate Control: A Myth Dethroned, *The Journal of Corporation Law*, Vol. 25, 2000, pp.512—552. 其他的讨论,例如 See also Brain R. Cheffins, Mergers and the Evolution of Patterns of Corporate Ownership and Control: the British Experience, University of Cambridge Working Paper, 2003. Lynn A. Stout, Do Antitakeover Defenses Decrease Shareholder Wealth? The Ex Post/Ex Ante Valuation Problem, UCLA School of Law Working Paper, 2002. See also Lucian Arye Bebchuk, Efficient and Inefficient Sales of Corporate Control, *The Quarterly Journal of Economics*, Vol. 109, Issue 4, 1994, pp.957—993.

[②] See Robert A. G. Monks and Nell Minow, *Corporate Governance*, Second Edition, Blackwell Publishers Ltd., 2000, pp.92—93.

下,股东日益将自己的偏好、判断施加于公司身上,诸如持股者通过各种股权的行使途径来向公司提出"政治"、"社会"、"商业伦理"、"弱势群体保护"等目标;或者是存在股权滥用的情况下,通过行使代理或者代表投票权(proxy)、质询权、查阅权或者抱怨(voice)等方式,侵害到公司的商业秘密和核心知识产权等等;再者,通过短期持股行为控制或者影响公司的股东会或者决策。所有这些,公司董事是否可以采取反股东的措施?通过董事会决议限制股东权利的行使?显然,财产论下,不会存在这些问题,因为回避了这一问题;而在实体论下,法院和法律必然会陷入到实体性价值判断的泥潭。

5. 股东控制公司的责任

在公司仅仅是股东手臂的延伸情况下,公司自然是股东的投资工具,但公司的意志在很大程度上是股东加总意志的延伸,而在资本民主下,常常会导致控股股东和公司的意志融为一体。如果公司是一个独立的实体,如何区分控股股东的利益和公司的利益?或者说,是否承认,控股股东的利益就是公司的利益,就会存在着实践的不同。显然,我国的法人实体化倾向过于严重,而导致控股股东控制公司的责任,几乎不受限制。而对发起人等严格的要求,发起人动辄要承担连带责任,也导致股份公司和控股股东完全绑在了一起。

在证券市场中的大股东不当行为被揭发之后,几乎所有的矛头也指向大股东,导致凡是小股东的诉求,就是正当和应当同情的代名词;而在法律中,则完全绑定了发起人的责任,对实际控制者毫无约束,这种奇特的错位现象,从根本来说,就是对公司缺乏正确的认识,缺乏一致性理论造成的结果。

总之,公司是一个财产,是股东的手臂延伸,是股东意志的结合体,还是一个实体?是一个独立的,其利益和股东并不一致的"怪物"?这种冲突,在公司规则的各个方面,在对公司的应然和实然认识中,无处不在。

7.3 公共性维度下的公司

在财产和实体的争论中,一些较为温和、相对保守但又能在框架中留下发展余地的学者,提出了一些略显折中的说法。艾森伯格教授提出了"二元说"[1],认为公司存在着"合同"和"权力"的双重特性。而另一些学者,则修订了所谓的"不完全合同"理论,提出了"关系型契约"的概念[2]。应当说,目前的公司治理文献被这两个合同理论所主宰。

这两个理论还是试图解决公司和市场的区分。在法律经济学中,Fischel 和 Easterbrook 提出了"标准契约"的概念[3],并被波斯纳所接受[4]。标准化契约的提法,试图容纳"合同"和"权力"的双重性,也试图将两个对立的理论协调起来。

在所有理论中,索德奎斯特(Soderquist)的提法最为新颖和生动,他提出公司可以被看成是一个"星座"(constellation),虽然是由不同的主体组成的,但是可以被看成是一个固定框架。[5] 相对于更为松散的星云,相对于更为紧密和实体化的星球而言,这个比喻实在是非常巧妙。标准化的契约,不同于一般的自由缔结的契约,而是固定化的、相对独立的约束性规则,同时,承认其契约的特性,考虑到了不同的主体差异,股东、公司、债权人、政府、雇员等等。和"星座"的理论相类似,我认为都可以归纳为

---

[1] See Melvin A. Eisenberg, The Conception that the Corporation is a Nexus of Contracts, and the Dual Nature of the Firm, *The Journal of Corporation Law*, Vol. 24, 1999, pp.819—836.
[2] See Oliver E. Williamson, Visible and Invisible Governance, *The American Economic Review*, Vol. 84, Issue 2, 1994, pp.323—326.
[3] See Frank H. Easterbrook and Daniel R. Fischel, *The Economic Structure of Corporate Law*, Harvard University Press, 1991, p.1.
[4] See Richard A. Posner, *Economic Analysis of Law*, fifth edition, Aspen Law & Business, 1998, p.431.
[5] See Larry D. Soderquist, Theory of the Firm: What a Corporation is, *The Journal of Corporation Law*, Vol. 25, Issue 2, 2000, pp.375—381.

"框架"理论,即一个标准化的框架。①

但这种认识,不过是一个"实然"层面的理论,"框架"并不能解决实体性的判断价值问题,不能解决"应然"问题。在面临具体的公司规则的判断时候,依据何种准则,谁的利益更高? 自然,对 Fischel、Easterbrook、Posner、Soderquist 这些深受法律经济学影响的学者而言,在美国法强调社会效率的标准下,根本的价值标准不会存在问题,只是在具体制度的规则判断上会产生分歧。但对大陆法而言,尤其是中国法而言,公司理论仍然被强调"形式平等"的规则所控制,根本性的价值标准都是缺乏的,在这种情况下,公司理论和公司规则的孱弱,是必然的结果。

统治中国法学界的法人理论和社团理论,从一开始就缺乏对公司的深入探讨。在实在论、否定论和拟制论下,根本无从指导公司法中具体的、下级的规则形成和制定。在我看来,公司的本质争论,实际上应当分成不同的层次来讨论,而拟制论、实在论和否认论的三元划分远远不能解决这些不同的主题,其理论上的对立是虚假的。事实上,我们只要将不同层面的问题分开,答案自然是非常清楚的:

(1) 公司先于法律而存在,还是后于法律而存在?
(2) 公司的能力、资格和权利是不是和自然人一样?
(3) 公司的意志和个人的意志是不是一回事?
(4) 公司是股东的派生物,还是管理者的实际控制物?

显然,公司应当是先于法律而存在的,实体先于规则,尤其是对司法而言。一方面可以避免了外国公司承认的理论尴尬,而导致理论脱离现实;更为重要的是,不是根据"授权""公司名称""登记"来判断公司的性质、行为的效力,以及股东的责任、企业的独立界限,而是根据公司的实际运作来判断,比如作为合作社所能获得的税收和政策优惠,并不能根据一个企业是否注册为合作社来判断。一个公司并不能伪装成一个合作社而

---

① 也有学者将对企业和公司的认识总结为结构情形理论和组织生态学理论。See Jeffrey Pfeffer, *New Directions for Organization Theory: Problems and Prospects*, Oxford University Press, 1997, p.156.

获得各种政策优惠;一个实际控制权在中国人手中的公司也不能伪装成合资企业而获得免税资格。但在我们现行的理论中,充满了行政性认定的意味,动辄要根据工商局的注册登记事项来作为依据。

但公司的能力、资格和权利和自然人显然不同,而要受到众多的限制,毕竟将公司看成是一个实在的实体的理论,走得过远。但由此以"拟制理论"的视野来判断公司的意志和股东的意志就是一回事,将公司简单看成是"合同的连接体",就会大错特错。公司的根本存在是公司的章程,而章程和合同有着根本的不同,章程是多数表决的结果,无论是资本民主还是社员民主;同时章程和合同在时间上的约束力完全不同,一个新进股东必须先接受章程,才能按照章程所规定的方式来修订它。进一步来说,作为合同连接体的公司理论,其所说的合同,完全不是大陆民法中的合同,而是所谓的"关系型契约""不完全契约"的概念,是威廉姆森从法学家麦考莱那里借来的。[1] 关系型契约和不完全契约,其合同的概念可以等同于合作[2],而法律中的合同,则要狭窄的多,如果看不到这些合同和法律中的合同的不同,简单地将这一理论引入到法律中来,宣称所谓的公司法和合同法之间的交叉,或者是公司规则中的合同自由,只能导致更大的理论混乱。

一个标准化的契约,或者毋宁说,一个标准化的不同主体的"结构",和自由签订的合同并不相同,其外壳恰恰正是公司的人格。而这一人格

---

[1] See Oliver E. Williamson, *The Economic Institutions of Capitalism*: *Firms*, *Markets*, *Relational Contracting*, Free Press, 1985, p.10.
[2] 这涉及另外一个命题,即现代合同理论的问题。See Ian R. Macneil and Paul J. Gudel, *Contracts*: *Exchange*, *Transactions and Relations*, *Cases and Materials*, Third Edition, Foundation Press, 2001, p.25; See also Oliver E. Williamson, The Firm as a Nexus of Treaties: An Introduction, in M. Aoki, B. Gustafsson and O. E. Williamson, eds., *The Firm as a Nexus of Treaties*, Sage Press, 1990, p11. 同时,合同、财产和意志自由之间的关系, See James Gordley, Contract, Property, and the Will-the Civil Law and Common Law Tradition, in Scheiber, Harry N, *The State and Freedom of Contract*, Stanford University Press, 1998. 阿蒂亚则通过对传统合同的批评,指出了现代合同的广泛性, See P. S. Atiyah, Contracts, Promises and the Law of Obligation, *Law Quarterly Review*, 1978; reprinted in P. S. Atiyah, *Essays on Contract*, Clarendon Press, 1986, pp.10—56.

的根本存在,是公司的章程。章程作为一个相对独立的东西(thing),是公司控制者的权力来源。如果不能承认这种带有上下指挥、集中命令性的权力,公司就不能被完整和正确的认识。

在纷纭芜杂的公司规则中,我们可以看到对公司本质的辩证态度。既要规定公司的独立地位,也要对控制股东的实体责任进行追究;既要有限责任来保护真实、诚实的投资者,也要通过刺破公司面纱、欺诈性产权转让规则、控股股东债权请求权延迟(subordination)以及股息和红利控制等一系列制度来防止公司沦为某个或某群股东的手臂;既要确保董事的自由裁量权(business judgment rule),也要使其对股东负有责任(fiduciary duty);既要使得公司资产在资本市场中自由流动(自由兼并),也承认公司的价值可能被市场低估(反并购措施)。而标准化契约,"结构"理论,既认识到内部关系和外部关系的不同,也认识到两者之间的相互转化,才能有效地对公司的行为和治理结构进行调整。

当我们将目光投向更为复杂和多元化的组织时,越来越多的组织采取公司的形式,公司作为股东追求利润的工具的色彩日益淡化,或者说,公司和组织越来越类似的情况下,法律规则对公司的调整,应然的态度是什么呢?在涉及内部权限的分配,董事的自由裁量权,公司和股东之间的独立程度时候,应当采用何种标准呢?特别是在公共企业、合作社、国有或者国营公司,和注册的商事公司之间,难道仅仅是股东身份的不同?

一个完整的公司或者组织理论,依据汉斯曼和克拉克曼的说法,应当能够:(1) 区分出资产的来源,将债权人的利益和股东的利益加以区分;(2) 区分出大企业和小企业,告诉我们形成大企业有什么优势;(3) 区分组织和个人的资产;(4) 组织如何开展商业活动,缔结合同。[1] 如果仅仅是根据"框架"理论,标准契约的提法,并不能有效地区分出不同的公司

---

[1] See Henry Hansmann and Reinier Kraakman, The Essential Role of Organization Law, *Yale Law Journal*, Vol. 110, 2000, pp.387—440.

之间的治理上的差异。如果仅仅是根据大陆法的出资独立标准,以及法人实在论的观点,同样也无法回答这四个问题。

我认为,解决公司是作为独立的主体还是股东派生的财产问题,首先要理解公司的独立意志的来源,这是公司独立存在,或者社团独立的根本。社团的意志显然不同于股东的意志,在于社团的意志是加总的股东意志,这两种意志的分离程度,构成了公司独立性的基础。而这种分离程度,是包括内部人控制、两权分离、公司营利性、stockholder 和 stakeholder 等等争论的核心。

作为应然的判断,我认为,公司虽然千差万别,但仍然可依据公司的公共性来判断其独立性。当公司的公共性增强的时候,股东的加总意志和股东的意志的分离程度大,在这种情况下,法律应当赋予公司以更为独立的权力,董事会拥有更大的决策权,而可以更多地要求公司考虑社会利益、外部利益者,越趋向于 stakeholder 治理模式,在前述的争论中,更倾向于"实体",董事的责任应当是从诚信责任(fiduciary duty)向公共责任(accountability)进化。反之,公共性程度越小,越应当考虑限制董事会的决策权,公司不过是股东寻求商业利益的工具,而公司的治理上也应当坚守 stockholder 的原则。在这个维度中,依据公共性的维度,依次应当是:独资企业——合伙企业——有限责任公司——股份有限公司——国有的"私法"公司——商业银行、保险公司——非营利性组织——非政府组织,而其内部治理结构也自然随着公共性维度而变化。

很显然,随着公共性的增强,公司的本质也是从"财产的组合形态"(如合伙)发展到"独立的财产集合"(小型的私人公司),而不断地向"独立的人格"(较为典型的有限公司)发展,这类似于星尘发展成为星球,而当公司的公共性进一步增强的时候,则是从星球发展成为星云,各个相对的主体,诸如债权人、政府、社区、劳动者的利益也日益独立出来。

7.4 公共性理论

从内涵上来,公司的独立意志构成了社团的根本,社团法人的存在,可以根据其社员的意志来进行改变,而财团法人则完全以初始的意志作为法人存在的依据。加总意志,更准确地说社团意志,和其成员的意志相分离,是表明了社团作为一个组织,其存在、权力的存在依据。不同的组织:事业单位、合作社、公共企业、上市公司和有限责任公司,其社团意志独立于成员意志的程度不同,而这种程度,受到组织和社团的公共性的维度影响。中国的立法在法人的本质上,将法人的本质视为"财产的独立性",导致了法人和有限责任绑在了一起,从而将独立的财产特性"神圣化",忽略了意志的独立性才是法人的本质,进而形成了立法中的许多弊端。

公共性的不同,带来了内部治理和外部关系上的众多变化,如前面所分析。但作为可操作的法律规则,给定一个公司,如何判断其公共性程度,由此进而决定不同的规则?我认为,有以下几个标准:

1. 股东的人数和异质性程度

股东的人数在很大程度上影响着公司的公共性程度,上市公司、股份有限公司和有限责任公司的股东人数上都会存在着差异,这和公共性来源于"独立意志",而"独立意志"来源于"加总的股东意志"。股东的人数增加,股权的分散程度,会导致公司决策的成本上升,同时,股东的个别意志也会和加总意志有明显的分离。股东的人数在各国的公司立法中都会明显地影响到规则的变化。

人数仅仅是一个判断标准,股东身份转让的变化,以及股东和股东之间的异质性[利益诉求、参与管理程度、投资分散化程度]的增加,同样影响到决策成本和公司意志形成的难易。一个同时存在着 A、B 股、优先股、管理股、员工股、可转换股的公司,公共性程度显然大于仅仅存在普通股的公司。

股东的异质性在实体意义上会和"一股一权"、"同股同权"相冲突，事实上，这两个原则不过是中国法上将法人的本质等同于财产观念的延伸。而如果承认公司董事会对财产的控制性权力，则董事会完全可以根据章程自由地设定股权的模式，在这种情况下，股权的异质性也会增强。这也充分地说明了公共性、主体独立地位、权力之间的统一关系。

当异质性增强的时候，公司的意志和决策，不能仅仅考虑某一种股东的利益，这迫使普通股股东的意志后退，而股东的加总意志变得复杂化。许多案例都说明，优先股、可转换债等主体的利益在特定的情况下必须得到考虑。这也是公共性增强的一个典型表现。

2. 公司的成立依据

公司的成立依据，属于特许企业、公共企业或者国有企业，还是合作社、承担公共职能的私人公司，还是依据《商业银行法》等成立的受规制主体，还是依据普通公司法成立的"商事公司"或"注册公司"，是公共性的一个显著的判断要素。尽管我们不同意公法和私法的简单二元划分，但公司权利能力和行为能力的来源还是会导致公司规则的变化。显然，出让国有公司的股权和私人出让股权，是不同的，不仅仅是程序上的要求不同，更多地应当考虑实体性标准。同样，一个公共企业，其权利能力和私人商事公司也是不同的，内部治理规则也不尽相同，导致董事和高管人员的自由裁量权也不会相同。

公司的成立依据除了上述"依法"之外，还要根据章程作出判断。"不可变更"的初始性授权和社员的意志加总，也会带来不同。例如大陆法系中的财团法人和社团法人之间的区分，事实上是以是否承认社员有可以改变公司的权利能力为界线。一个公司自然可以改变自己的经营范围，但寺院、学校、医院、基金会则不能轻易改变章程和经营范围，这是因为财团法人不存在社员，创立者的初始意志独立于其控制者的意志，公司就获得了更大的独立性和更大的公共性。

3. 公司实际运行中的独立性程度

公司在实际运作中的独立性程度,是判断公司公共性的最核心要素之一,特别是在"机构""组织""公司"成为社员的时候。在公司的实际运作中,公司是否被控制在股东手中,也是判断公司的公共性的一个标准。

如果公司被控制在控股股东手中,其实际经营在对外关系、公司机会、会计核算、人事任免、意志形成五个要素上不能独立于股东,公司就是股东手臂的延伸,在这种情况下,公司谈不上有独立的意志,也就谈不上有独立的人格。一旦公司从事了不当行为,股东也应当对此承担责任。

中国的公司法由于将法人的本质等同于财产独立而不是意志独立,忽视了权力、意志关系对财产关系的控制,导致了许多法律规则的虚无。控股股东借助公司的面纱从事不良行为无法得到有效的纠正。

4. 公司的财产组成方式和来源

我认为,最后一个公共性的判断标准是公司的财产组成方式和来源。当公司的财产组成多元化,并且涉及的利益相关主体多元化的时候,公司的公共性就会增强。在这种情况下,相应地就应当考虑不同利益主体的权利或者期待利益。发行债券的有限公司,吸收客户保证金的证券公司,其公共性必然大于非负债经营的公司,其权力更应当纳入法律的考虑范围。同样,发行内部股票、实现内部集资,无论是采取股权、债权,或者更为形式化的票据的公司,其公共性程度也要高于仅仅由普通股构成的公司。同样,吸收银行存款、保险金的银行和保险公司,其公共性程度必然要大于一般的有限责任公司。

相对于个体,当社员通过"结社自由"组织到一起的时候,社团意志的独立性,带来了主体的独立性,以及相应的内部治理和权力结构,公司和股东产生了分离,这是公共性的第一个层面,我们由此可以解释从个人独资到上市公司之间的不同层面的组织形式;而当公司的股东人数增加、股东的异质性增强、实际运作中独立于股东以及公司的财产组成方式和来源多元化之后,公司的内部治理则会从 stockholder 向 stakeholder 演化。从这个意义上来说,国家,是最大的"利益相关者"组织,而政府得到的自由裁量权最大。换言之,当公司的公共性增强的时候,利益相关者和公司之间的独立性也在增强,而法律相应地对这种结构作出反应。

当公司的公共性增强的时候,其独立于股东的意志会带来相应的内部权力的扩张,但法律总是对权力的限制,尽管在实然层面上也要承认其存在的合理性,在这种情况下,公司法的法律调整,必然会涉及"切蛋糕"的实体性价值判断。如同其他财产形态的变化,必然带来"对价"问题一样,那么什么是我们的判断标准呢?

没有什么可以犹豫的,社会效率,或者按照波斯纳等法律经济学学者的说法——"福利最大化"[1],是对公司的实体性权力进行判断的核心标准。当人们的权利空间被组织压缩到一个"框架性"结构内的时候,"意志自由"、"产权规则"这种建立在"帕累托最优"理论之上的效率标准,是不敷使用的;而必须引入卡尔多-希克斯的加总标准。[2] 无论是并购、赠与、业务判断规则和董事责任、控制权溢价等等所述的冲突,都必然要回到这一加总的社会效率标准。

通过对法人和公司本质理论的梳理,我对中国奉为圭臬的三元理论进行了检讨,"实体"还是"财产"才是公司理论的真正争论点所在。这一分歧,涉及公司的外部关系、内部关系之间的划分,更表现在公司法众多规则之中。

实体和财产、股东导向和利益相关者导向,并不是完全冲突的,而是在同一个维度之上的,即公司的公共性,或者说是社团意志的独立性。作为法律的价值判断而言,在实然层面上,公共性意味着公司从财产—实体—结构的变化;而作为应然层面上来说,采用何种规则,首先应当判断公司在公共性维度上的位置,才能准确地采取不同的调整。

---

[1] See Richard A. Posner, The Justice of Economics, *Economica Delle Scelte Pubbliche*, Vol. 1, 1987, pp. 15—25; See also Richard A. Posner, Wealth Maximization Revisited, *Notre Dame Journal of Law*, Ethics and Public Policy, Vol. 2, 1985, pp. 85—105.

[2] 效率的界定方法非常之多,但这是目前较为成熟的两种。更多的探讨,See Richard O. Zerbe Jr., *Economic Efficiency in Law and Economics*, Edward Elgar, 2001.

并非结论

中国采用直接民主式的股东本位主义,无论是在法律规则中,还是在法律实践中,以及法律理论的阐释之中,都采用了将股东会作为默认权力机关的假定。这种在法律规则背后底层的文化认识,限制、约束着制度的转轨。如同我所强调的,法律的魔鬼细节在于人们的固定思维模式和认知体系。这也反映了法律本身作为一个制度过程的特点。不仅如此,这种股东一年一次或两次的聚会,被视为产生最高权力的来源,同时股东作为所有者之于公司权力的最高权威,得到了政策性的支持,即我所反复强调的作为中国公司法中的帝王规则的"谁投资,谁所有,谁受益";更为奇妙的是,这也得到了两大理论的支持,这包括公司法中的传统理论——滥觞于19世纪的Story大法官而兴盛于19世纪下半叶的财产理论,也包括制度经济学和法律经济学中的不完全合同理论。中国的公司法中本来缺乏理论研究和支持,主流思想或解释体系更多来自于法人理论而非公司,"集合财产"和公司作为"股东手臂的延伸";同时,在法律理论中,中国所继受了更多大陆法系思想和理论的渊源,更擅长于从物权和债权的视角去解释问题,而对公司作为代议制所面临的权力和责任(power and accountability)问题比较陌生。

如果我们将公司回归其商业特性的话,中国引入公司的历史也验证了这一点。公司在清末的引入、设立,并非是基于横向的合同交易而产生的,而是从洋务运动中的官办企业中发展出来的,即便存在着私人企业,也需要从清政府那里获得庇护和特许,这种历史的成长模式决定了公司更多承担了合资、集资、融资的功能,而并非是一种持续存在、独立、自治和关注集体利益的共同体模式。事实上,这种商业模式的推动或制约力,比起法律规则、制度乃至文化而言,影响更大。而公司制度在世界范围内的推手——美国,从产业发展的角度来说,比较起来,则是来源于两个层面:第一,纵向一体化。随着美国内战之后的市场统一(南北方一体化,尤其是废除奴隶制)和扩大(西部扩张),产量提高,以及运河、铁路等交通技术降低了交易成本,原来广泛存在的生产商—代理商—经销商的产业链条上出现了剧烈的纵向一体化。① 第二,横向一体化。随着铁路等产业的快速发展,内在需要相互之间的协调一致,出现了通过联合、并购、重组等方式的现代大企业。② 这些都是在本身存在着市场基础上的合作方式升级。这显然和中国在公司发展进程中更多是放松规制而产生的情形是不同的。

商业发展的需要产生了对代理人的需求,而代议(representation)也仍然带有代理的含义。代理理论之中也需要界定授权,这个中文概念并不能准确地体现代议和代理的共通特性,代理人或者代表人需要 authority 和相应产生的 power,并且都随着代理和代议关系的不同而出现 authority 和 power 的不同。商业公司在代理基础,而非财产基础上发展而来的观念,也因为我们的传统文化和现有制度、理论中对代理的理解不足,而导致了中国公司缺乏代议制制度和实践的特点。

中国今天的公司之中,熟悉公司运作和行为特点的读者,对公司复制现有政治制度中的种种做法和行为模式作为默认的格式的这一点,一定有所体会。不过这一原理对其他国家而言也是成立的。正式组织必然在许多的行为模式上是相互借鉴和学习的,同时组织在市场的制

---

① 参见〔美〕戴维·贝赞可、戴维·德雷诺夫、马克·尚利:《公司战略经济学》,武亚军等译,北京大学出版社 1999 年版,第 41—45 页。
② 参见〔美〕小艾尔弗雷德·D. 钱德勒,《看得见的手——美国企业的管理革命》,重武译,商务印书馆 1997 年版。同时参见〔美〕小艾尔弗雷德·D. 钱德勒,《企业规模经济与范围经济:工业资本主义的原动力》,张逸人等译,中国社会科学出版社 1999 年版。

约下也必然需要去适应其环境。进而,当我们认识到作为过程的法律才是真实的法律这一命题的话,对现有公司治理的改进,我们就能够理解这不只是一个法律规则的引入问题,同样也不是一个简单的法律解释问题。

如果说,缺乏代议制传统的中国,在公司治理上表现如此,那么一个自然的反应是,为什么我们需要欧美化,甚至是美国化的公司法呢?为什么与世界并不相同的公司治理不能独成一家,而作为固有的"中国特色"存在呢?制度嵌入性、政治—经济—社会体系对法律过程的制约、文化传统等等,都已经形成了制度惯性或者路径依赖。何必困扰呢?

这是本书并没有完全作出的答案。这本书更多是对代议制公司所涉及的核心问题的中国版本进行解剖和延伸分析,这也是为什么我将这一部分的标题写成了"并非结论"的原因。不过,我还是尝试表达一个态度:首先,尽管在很多制度和文化上,中国是一个原生型的轴心文明,但如果公司,以及公司化治理的其他中间型组织是经济发展、社会民生的核心动力机制的话,我们就将面临制度的竞争,无论是站在国家的层面还是个体的层面。在全球化的今天,地方性的组织治理模式,比如以色列的基布兹、德国的共同决策机制都面临着和我们的独特公司治理相同的挑战。其次,制度、法律作为一个过程,并不是没有约束条件的,最大的约束条件就是进化。在世界范围内看,公司法自身也在不断地进化。而在本书中所揭示的,即便是试图保持中国不同的特色,在规则和知识的供给上,我们的公司法也明显地存在着逻辑不一致。假如目标是作出区分,手段上则是简单抄袭,那么这并不是一个合理的制度选择或战略方案。现有各国通行的以董事会为权力中心的法律规则体系,固然会产生诸多的偏离某些人眼中的完美理论推导的弊端,但这样的规则体系是一个长期进化的结果。坚持自己的固有不同,而试图独立于这样的一个进化过程,以通过自我进化去形成一个不同的治理规则体系,可能是一个与学习他人相比更为艰巨和成本昂贵的社会试验。最后,学习和前进的成本是看得见的,但是正如本书的各章一贯分析所表现出来的种种不协调,难道这些不正是坚持股东中心主义的成本么？一个理性的选择，应当建立在这种历史和未来的成本衡量上作出，而不是缺乏看到自身成本的能力，缺乏反思诸己的态度，或者缺乏在继续学习的勇气的基础上作出的简单判断。

后　记

这本书是在我作为一个研究者的工作基础上积累形成的,这和作为教师去写一本教科书是完全不同的,至少对我而言是这样。教科书需要尽可能准确、客观、全面,总不能传授给别人未曾深究,难经考验甚至是主观臆断的知识吧。当然,任何人都不可能实现这样的目标,只能算是努力的方向。这本书,至少在我看来,因而少了一些制约,更多是个人化的探索。探索的过程中也总是允许出错的。这给了我很大的自由。这样,在这本书杀青的时候,些许降低了我内心的忐忑。

公司是我的研究领域之一,也是我从我的两位导师那里接过的传承。在这个领域内,除了已经完成的教科书之外,这本书是基于中国公司问题的研究。与本书同时在写作的,还有对公司理论进行全景评析的一本。规划中的写作,还包括公司的案例分析和八卦故事、国有企业治理和改革,以及在我的研究进路上关心的一些公司法的重大命题。这一领域的命题、问题和挑战如此之多,我所担心的只是自己的勤奋和资质。

公司和组织研究作为一个法学和经济学上的微观基础,为我的其他研究——经济法总论、历史的法律经济分析提供了基石,也为我的法律实践提供了入口和舞台。走在这样任重的道路上,我很感激将我带进这一道路的诸多老师。18岁进入大学的时候,我还是一个文学和哲学爱好者(当然,在我这一代人中,谁不是呢),但诸多的师友逐渐地带领我进入了这一领域,并随着不断地探索,延伸到了更广袤的世界。对这些教导、帮助和友谊,我一直心存无上的感激。

我也要感谢教过的学生们,以及我的同事和同行们。他们所提出的种种的疑问、困惑、争论和讨论也促使我不断地回应种种理论、逻辑、历史和现实问题。这本书尽管是一个研究者的独白,但每一个具体的问题、视角和观点,甚至表述,都凝聚了教学相长的成绩。

本书得以问世,"最近因果关系"的推动是我的编辑王晶,以及我的朋友,出版社的邹记东先生,感谢他们的支持、督促和专业效率的工作。在书稿的校对中,我的学生俞广君替我完成了许多繁琐细致的工作,感谢她的勤奋、认真和奉献。

最后,我要感谢家人的支持,无论我的选择是否是"个人主义"的,他们都坚定地站在了我的背后。

纸短情长,恕不一一列举。对所有的关心、爱护和友谊,一并致谢。

邓　峰

2014 年 11 月 15 日于北京大学陈明楼